北京交通博弈

基于京津冀协调发展

袁永科 著

知识产权出版社
全国百佳图书出版单位

图书在版编目（CIP）数据

北京交通博弈：基于京津冀协调发展/袁永科著.
—北京：知识产权出版社，2017.4
ISBN 978-7-5130-4702-9

Ⅰ.①北… Ⅱ.①袁… Ⅲ.①交通运输管理—研究—北京—现代 Ⅳ.①F512.71

中国版本图书馆 CIP 数据核字（2016）第 324235 号

内容提要

随着虚拟经济和"互联网+"应用的加快，知识文明正在逐渐取代工业文明，区域经济发展面临着深刻变化。京津冀的区域协调发展更加吸引人们的关注。本书从文明的不同发展阶段着手，详细分析了工业文明时代的区域经济理论，研究了京津冀区域经济合作，探索了知识文明时代的区域经济的集散性，从政府、私家车车主以及利益相关方等的策略、效用，进行了博弈分析。研究表明，通过提高交通成本等方式改变北京交通的可能性不大，相反，通过疏解交通流，共享交通便捷等方式可能会更好地改善北京交通。从本质上讲，只有运用知识文明的理论指导我们的政策制定，北京交通才会彻底改善。

责任编辑：李 瑾　　　　　责任出版：孙婷婷

北京交通博弈：基于京津冀协调发展

袁永科　著

出版发行：	知识产权出版社有限责任公司	网　址：	http://www.ipph.cn
社　址：	北京市海淀区西外太平庄 55 号	邮　编：	100081
责编电话：	010-82000860 转 8392	责编邮箱：	lijin.cn@163.com
发行电话：	010-82000860 转 8101/8102	发行传真：	010-82000893/82005070/82000270
印　刷：	三河市国英印务有限公司	经　销：	各大网上书店、新华书店及相关专业书店
开　本：	787mm×1092mm　1/16	印　张：	16.5
版　次：	2017 年 4 月第 1 版	印　次：	2017 年 4 月第 1 次印刷
字　数：	300 千字	定　价：	49.00 元
ISBN 978-7-5130-4702-9			

出版权专有　侵权必究
如有印装质量问题，本社负责调换。

前　言

随着虚拟经济和互联网＋应用的加快，知识文明正在逐渐取代工业文明，区域经济发展面临着深刻变化。目前，中央人民政府正在大力倡导区域协调发展，尤其是京津冀的区域协调发展更加吸引人们的关注。这是因为一方面北京的人口和交通已经相当饱满，而另一方面按照工业文明时代的区域经济理论，京津冀区域合作必然引起人口、资源的进一步集聚，进而造成北京交通的进一步拥堵。事实上北京市采取的二环和长安街对外地车辆（包括津冀车辆）的限制就说明了这一矛盾。因此如何从理论和实践上探索这一矛盾的解决具有现实和理论意义。

北京工业大学经济与管理学院袁永科博士多年来一直从事经济学的教学和科研工作，在硕士生李昂、武艳荣、尹瑞婷、任旭东、郭红等的协助下，在北京市教委科研计划的资金资助下，终于完成这本书。

本书首先从文明的不同发展阶段着手，详细分析了工业文明时代的区域经济理论，详细研究了京津冀区域经济合作，探索了知识文明时代的区域经济的集散性，从政府、私家车车主以及利益相关方等角度分析了相关的策略、效用，并进行了博弈分析。我们希望本专著的出版能为北京市交通发展提供一些参考。

在本专著的编写中，李昂、武艳荣、尹瑞婷、郭红与任旭东等搜集并整理了相关材料。李昂参与编写了第1章，尹瑞婷参与编写第2章，郭红、任旭东参与编写第6章、第8章，武艳荣参与编写了第7章。知识产权出版社编辑李瑾同志非常仔细地审阅了全书，并提出了宝贵意见。其后，李昂、武艳荣与尹瑞婷参与了全书的校对工作。对此，作者表示深深的感谢。

尽管我们在撰写本书的时候力求全面，但由于知识有限、能力不足，在某些观点上可能存在待完善之处。特别是在资料文献的引用上，我们力求将看到的文献都罗列在参考文献上，但由于精力有限，可能漏了某些文献的标注。对于这些，希望读者和相关专家给予指导，我们将不胜感激。

最后，我们衷心感谢北京市教委给予的资金资助，感谢知识产权出版社的出版。

目　录

第 1 章　城市的兴起与交通的发展 ………………………………………… 1

1.1　城市的形成与发展 ……………………………………………………… 1

　1.1.1　城市的兴起 ……………………………………………………… 2

　1.1.2　国外城市发展理论 ……………………………………………… 8

　1.1.3　中国城市发展变迁 ……………………………………………… 10

1.2　交通的发展 ……………………………………………………………… 14

　1.2.1　国外交通发展 …………………………………………………… 15

　1.2.2　中国交通发展 …………………………………………………… 20

　1.2.3　轨道交通的经济效应 …………………………………………… 23

1.3　城市与交通 ……………………………………………………………… 24

　1.3.1　空间结构及交通组织 …………………………………………… 24

　1.3.2　国际特大城市空间结构模式与交通组织模式的变化特征
　　　　　…………………………………………………………………… 27

1.3.3　外国城市与交通的经验 …………………………………… 31

第2章　区域经济理论与交通的变化 ……………………………… 34
2.1　工业文明下的区域经济理论及对交通的影响 …………………… 35
　　2.1.1　工业文明 …………………………………………………… 35
　　2.1.2　工业文明下的区域经济理论 ……………………………… 41
　　2.1.3　工业文明下区域经济理论对交通发展的影响 …………… 55
2.2　京津冀区域高端制造业协同发展分析 ……………………………… 60
　　2.2.1　高端制造业发展现状及问题 ……………………………… 62
　　2.2.2　理论分析、研究方法及数据来源 ………………………… 67
　　2.2.3　实证分析 …………………………………………………… 69
　　2.2.4　京津冀高端制造业协调发展下的交通产业发展分析 …… 72
2.3　知识文明下的京津冀区域协调发展理论对北京交通的挑战与机遇 …………………………………………………………………… 73
　　2.3.1　知识文明 …………………………………………………… 73
　　2.3.2　知识文明下的区域经济理论 ……………………………… 75
　　2.3.3　知识文明下的京津冀区域协调发展理论对北京市交通的挑战与机遇 …………………………………………………… 78

第3章　交通拥堵治理主体的行为分析 …………………………… 81
3.1　城市交通拥堵及其治理主体 ………………………………………… 82
　　3.1.1　交通拥堵治理的供给主体选择 …………………………… 83
　　3.1.2　地方政府在交通拥堵治理中的角色定位 ………………… 84
　　3.1.3　交通拥堵治理中的相关利益主体及其相互间的利益矛盾 …………………………………………………………………… 85
3.2　京津冀区域下的政府部门分析 ……………………………………… 87
　　3.2.1　中央在京机构 ……………………………………………… 87
　　3.2.2　北京市人民政府 …………………………………………… 88
　　3.2.3　天津市人民政府和河北省人民政府 ……………………… 88

3.2.4 政府沟通交通干线 ………………………………………… 89
3.2.5 政府合作现状 ………………………………………………… 90

3.3 交通拥堵治理及北京市地方政府行为选择 ……………………… 91
3.3.1 交通拥堵治理原则 …………………………………………… 92
3.3.2 交通拥堵治理中北京市政府面临的两难选择 ……………… 93
3.3.3 北京市交通拥堵问题治理可供选择的策略 ………………… 94
3.3.4 北京市交通拥堵问题治理受约各方分析 …………………… 98

3.4 北京市交通管理政策 ……………………………………………… 99
3.4.1 北京市出台的《缓解交通拥堵综合措施》（2010 版）要点
  …………………………………………………………………… 99
3.4.2 2016 年北京市缓解交通拥堵行动计划 ……………………… 99
3.4.3 北京市缓解交通拥堵措施述评 …………………………… 101
3.4.4 伦敦交通拥挤收费的实施效果 …………………………… 102

第 4 章 京津冀区域协调发展下的北京私家车的行为分析 ………… 104

4.1 京津冀协调发展下的北京交通出行现状 ……………………… 105
4.1.1 全国交通产业发展现状 …………………………………… 105
4.1.2 人均汽车拥有水平与交通拥堵 …………………………… 107
4.1.3 北京交通出行现状 ………………………………………… 107

4.2 京津冀三地私家车的关系 ……………………………………… 108
4.2.1 异地办公情况分析 ………………………………………… 108
4.2.2 京津冀交通体系的现状及问题 …………………………… 110

4.3 北京私家车车主购车原因 ……………………………………… 111
4.3.1 节省时间：购买私家车第一原因 ………………………… 111
4.3.2 出行更自由 ………………………………………………… 112
4.3.3 刚性需求 …………………………………………………… 113

4.4 北京私家车车主交通方式的选择 ……………………………… 114
4.4.1 影响私家车车主出行因素分析 …………………………… 114

003

  4.4.2　私家车车主对各交通方式的选择 …………………………… 120

  4.4.3　小汽车依赖症 …………………………………………………… 122

 4.5　北京私家车车主的分类及弹性 …………………………………………… 124

  4.5.1　北京私家车车主的分类 ………………………………………… 124

  4.5.2　北京私家车车主的参数估计及影响因素分析 ………………… 125

  4.5.3　北京私家车车主的用车弹性 …………………………………… 127

  4.5.4　不同类别北京私家车车主的用车替代 ………………………… 128

  4.5.5　北京私家车车主的用车弹性估计 ……………………………… 129

第5章　完全信息静态非合作博弈与"公共地悲剧" 132

 5.1　完全信息静态非合作博弈 ………………………………………………… 132

  5.1.1　博弈与纳什均衡 ………………………………………………… 132

  5.1.2　博弈分类 ………………………………………………………… 137

  5.1.3　完全信息静态非合作博弈 ……………………………………… 139

  5.1.4　博弈论的局限性 ………………………………………………… 142

 5.2　北京交通的"公共地悲剧" ……………………………………………… 144

  5.2.1　"公共地悲剧"及其治理 ……………………………………… 144

  5.2.2　交通中的"公共地悲剧"模型 ………………………………… 146

 5.3　北京私家车车主交通出行博弈分析 ……………………………………… 148

  5.3.1　私家车车主出行选择博弈模型 ………………………………… 148

  5.3.2　交通顺畅时的私家车车主出行选择 …………………………… 149

  5.3.3　交通拥堵时的私家车车主出行选择 …………………………… 150

  5.3.4　交通顺畅、拥堵临界时的私家车车主出行选择 ……………… 151

  5.3.5　停车收费时的私家车车主出行选择 …………………………… 152

  5.3.6　限制车牌发放的主要模式及分析 ……………………………… 154

 5.4　北京交通管理的"公共地悲剧" ………………………………………… 155

  5.4.1　北京交通管理的相关方 ………………………………………… 155

  5.4.2　上级与下级之间的一般博弈模型 ……………………………… 157

目录

  5.4.3 地方政府与中央政府的非合作博弈 …………………… 160
  5.4.4 2016年北京市缓解交通拥堵行动计划中的博弈分析 …… 162

第6章 京津冀区域协调发展下的北京交通博弈分析 ……………… 164
 6.1 京津冀区域及其协调发展 ………………………………………… 164
  6.1.1 经济学视角下京津冀区域软实力分析 ………………… 164
  6.1.2 基于投入产出模型的区域经济差异性分析 …………… 174
  6.1.3 京津冀产业约束条件下北京市交通产业优化研究 …… 181
 6.2 动态博弈 …………………………………………………………… 192
  6.2.1 序贯博弈 ………………………………………………… 192
  6.2.2 重复博弈 ………………………………………………… 194
 6.3 京津冀区域协调发展下的交通博弈研究 ………………………… 196
  6.3.1 京津冀地方政府与交通单位的序贯博弈 ……………… 196
  6.3.2 出行者出行方式选择行为的重复博弈分析 …………… 197
  6.3.3 京津冀区域实际情形分析 ……………………………… 200

第7章 知识文明视角下区域协调发展的北京交通博弈 ……………… 204
 7.1 知识文明下区域协调发展的空间集聚 …………………………… 204
  7.1.1 空间聚集的霍特林模型 ………………………………… 205
  7.1.2 知识文明下的博弈 ……………………………………… 209
  7.1.3 基于空间集散的京津冀区域产业、政府布局分析 …… 217
 7.2 北京交通出行的不完全信息动态博弈——精炼贝叶斯纳什均衡
  ……………………………………………………………………… 220
  7.2.1 不完全信息动态博弈——精炼贝叶斯纳什均衡 ……… 220
  7.2.2 私家车车主出行违反交通法律法规的博弈 …………… 221
 7.3 知识文明视角下区域协调发展的北京交通合作博弈 …………… 226
  7.3.1 合作博弈 ………………………………………………… 226
  7.3.2 信息合作与博弈 ………………………………………… 227
  7.3.3 收益分享 ………………………………………………… 229

第8章 面向私家车车主的城市公共交通系统设计研究 ………… 231
8.1 引言 ………… 231
8.2 文献回顾 ………… 233
8.2.1 私家车出行的趋势及弊端 ………… 233
8.2.2 缓解城市交通拥堵的三种观点 ………… 234
8.2.3 综合述评 ………… 235
8.3 私家车车主出行效用模型 ………… 236
8.4 面向私家车车主的城市公共交通系统的设计 ………… 240
8.4.1 面向私家车车主的城市公共交通道路网络设计 ………… 240
8.4.2 面向私家车车主的城市公共交通方式运行频率及收费标准的设计 ………… 243
8.4.3 面向私家车车主的城市换乘预警机制的设计 ………… 244
8.5 结论 ………… 245

参考文献 ………… 247

第1章
城市的兴起与交通的发展

1.1 城市的形成与发展

城市自产生以来，已经有六千多年的历史，并伴随着人类社会的发展而发展。工业革命拉开了城市化的序幕，带来了城市的繁荣和扩张，城市的地位和作用大大增强，近代意义上的城市开始形成。工业化是城市化的直接驱动力，工业化在给城市带来发展和繁荣的同时，也使城市结构和城市形态发生变化，城市开始遭受"城市病"的困扰，如大城市的极度膨胀造成环境污染严重、交通拥挤、空气混浊等。如何解决城市面临的问题，实现城市的良好发展，成为国内外城市研究者和规划者关注的焦点。

毋庸置疑，城市发展在不同的历史阶段面临着不同的难题，当然其研究的成果也各具不同。回首一百多年来的历史，城市发展理论研究诞生了许多优秀成果，如霍华德的田园城市理论、1933年的《雅典宪章》、1977年的《马丘比丘宪章》、1999年的《北京宪章》以及2004年的《知识城市宣言》等。可以说，从过去的田园城市到今天的知识城市，这些理论对世界城市的发展历程产生了重要影响，人类探索城市发展规律的努力也始终没有停止过。

1.1.1 城市的兴起

从人类历史的发展看，城市是人类在不断改造和利用自然界的过程中逐步产生的，正如马克思和恩格斯所言："物质劳动和精神劳动的最大的一次分工，就是城市和乡村的分离。"工业革命以后，人类进入工业社会时代，社会经济发展的重点开始由农业生产转向工业生产，大规模的工业生产则带动了大宗原材料、劳动力、能源及资本的聚集，进而将城市发展带入全盛时代。经济结构的变动推动了农村人口向城市人口的转变，人口不断由乡村向城市聚集，城市人口比重不断上升，形成了城市化现象。

20 世纪是城市发展的世纪，发达国家经历了自工业革命以来百余年的城市化历程，德国、美国等发达国家城市化增长速度趋于平缓。从 20 世纪中叶开始，城市化发展的主流从发达国家转向发展中国家。进入 21 世纪后，发展中国家的城市化进程仍然保持高速增长，成为全球城市发展的主要推动力。

随着世界范围内城市化进程的不断推进，大城市以及特大城市人口在城市人口中所占比重不断提高，在城市体系中的地位不断上升，成为世界城市发展过程中备受关注的现象。一方面，大城市功能的综合化、高端化和复杂化使其在全球经济地理中的增长极作用不断强化；另一方面，其规模迅速扩张、数量持续增加，已成为人类聚居的主要地理空间。城市发展和交通运输存在密切的联系。交通运输是城市聚集和扩张的必要条件，城市空间结构的演化又促进了交通运输的发展，交通运输和城市发展互相影响，是不可分割的有机整体。城市交通系统是城市体系的重要组成部分之一，它为城市社会经济的增长创造必要的物质条件，是保证城市生产和运行的重要支持系统。城市化的迅速发展、经济活动的日益频繁、人口的迅猛增长和城市规模的扩大等都对城市交通系统提出了越来越高的要求。世界大城市发展经验表明，社会经济发展会带来人口和就业岗位的集聚和空间分布变化，居民的生活、工作活动和出行模式也在发展过程中逐步形成，由此形成的交通模式对于社会、经济、环境的影响也是不同的，城市空间结构与交通模式之间存在着紧密的内在联系。

塞缪尔·亨廷顿说过："现代化的发展是以城市的发展来衡量的。"城市化是工业化的必然产物，随着工业化运动的展开，人口日益由农村向城

第1章
城市的兴起与交通的发展

市集中，新的产业部门在城市聚集，导致城市地域景观也发生了根本不同于传统城镇的变化，生活其中的人们的生活方式、文化观念也都随之改变。因此，城市是现代化运动的自我空间表现。19世纪后半期，中国开始了一场前所未有的社会大转型，用李鸿章的话说，便是进入了一个"三千年未有之大变局"。这场变革是全方位的整体变革，是由一个传统的农业文明向现代工商业文明，人治、专制的社会向民主、法制的社会，以乡治为主的乡村社会向以市政为主的城市社会迈进的现代化大转型。在这场转型中，其现代化历程的最直观表现便是第三种变化，即在传统乡村社会肌体上发生的城市化历程。城市化是人口、地域、社会经济关系、生活方式由农村型向城市型转化的自然历史过程。中国原先是一个由众多城镇乡邑构成的农业大国，古代城镇主要是作为政府控制国家的政治军事中心而存在，不是作为与国家对立的工商业中心和城市共同体而存在。但是，鸦片战争之后，一批对外通商口岸相继建立，在这些口岸，商业和工业化的早期现代化推动了当地由传统城镇向现代城市的转变。这一变化犹如在一个古老的肌体之上注射了一针外来的新鲜药剂，从此向整体输送传播，开始了全国的城市化进程。进入20世纪后，中国的城市化运动有了明显的进展。

关于20世纪初中国城市的数量和人口统计，在民国时期已有不少学者和组织做过这个工作。由于从近代直到中华人民共和国成立后相当长一段时期内，中国并无严格的"城市"与"乡村"的界定，因此对城市人口的统计往往是建立在估量的基础上，不同的学者和组织其考察的结果也常常有很大不同。我们今天对当时城市人口的研究也只能建立在估量上。据1921年海关统计，人口在百万人以上的有3个城市，50万~100万有5个，25万~50万有11个，15万~25万有15个，人口在10万~15万有14个，人口在5万~10万有82个，也就是说，20世纪20年代初，人口5万以上的城市共有130个。根据中华续行委员会的调查与估计，1918年中国共有171个5万人以上的城市，共有人口25 360 537人，占全国人口6%。其中10万人以上的城市共50个。这个统计数值高于1921年海关的统计。

据中国内地会调查，1928年，人口百万以上的都会有3个，50万~100万有6个，25万~50万有11个，15万~25万有15个，人口10万~15万有15个，5万~10万有83个，25 000~50 000有193个。也就是说，

20世纪20年代末5万人以上的城市有133个。5万人以上的城市人口约占全国6%。1万~5万的城市人口约占6%,所余88%居住在1万人以下的城市或乡村中。20年代末的城市人口与20年代初大致相当。据《上海日报》社1933年所编的《中国年鉴》统计,到30年代,我国10万人以上的城市达到116个。据民国学者沈汝生统计,至30年代,中国5万人以上的城市共有189个,10万人以上的有76个。也有学者统计是10万人以上城市112个,30 880 400人,5万至10万的城市178个,11 356 400人。所以到了30年代,中国5万人口以上的城市至少在260个以上。世界上满百万人口的城市,约有30个,有3个在中国,分别是天津、北平、上海。而实际上武汉三镇于1927年合并后,据皮明麻先生统计,到1930年也已突破百万大关,1935年达到最高,约为1 290 280人。有当代学者曾统计,若以5万~10万作为城市人口的标准,19世纪末全国城市大约有88个,20世纪30年代后有城市160个。中国城市在这段时期的真实数量比当代学者的估计要多一些。

现代城市之不同于传统城市,根本在于其兴起是以现代工商业为第一推动力,其城市功能亦主要是为工商业贸易提供一个发展的空间。工业革命,是促使西方社会由中世纪农业文明走向现代都市文明的关键因素。中国近代自开埠通商后,由于外国资本主义带来了先进的工业技术和现代企业,也逐步开始了自己的产业革命,城市化进程也随之发展。工业化带动城市化,是近代城市化的一个重要特点,尤其是在19世纪末20世纪初这一段时期,中国城市迎来了一个初步发展阶段。这个阶段的出现和当时工业的发展有着直接联系,1895年的《马关条约》多少可以看作中国城市发展的一个转折点,因为它的条款鼓励在数目已增加的通商口岸发展现代机械工业,并且开始了一个铁路建设的新时代。这样,中国几个地区城市体系朝现代化方向转变,在19世纪90年代晚期实实在在地开始了。19世纪末20世纪初,世界资本主义和中国都进入了一个新的发展阶段。从世界来看,主要欧美列强由自由竞争资本主义向垄断资本主义过渡,形成了资本主义世界市场体系,帝国主义加剧了对亚非拉不发达国家的资本输出,中国是它们进行资本输出和商业竞争的重要场所。尤其是中日甲午战争之后,中国被迫缔结《马关条约》,给予了列强在通商口岸开矿设厂之特权,于是列强掀起了一个在中国兴办工业的高潮,相继出现了日本东华公司、英国老公茂纱厂和鸿源纱厂、德国瑞记纱厂等企业。从中国自身来看,经

第1章
城市的兴起与交通的发展

过甲午战争的惨败后，洋务运动的缺陷暴露于国人面前，一批地主、士绅、资本家决定走"实业救国"之路，而清政府经庚子国变后，亦痛定思痛，开始推行新政、立宪。内外力量的交相作用，列强、朝廷、士绅、官僚、商人、知识精英等各种利益集团的竞争博弈、奋斗努力，客观上推动了中国的工业化和城市化的艰难起步。1912—1934年中国工业的年平均增长率是9.4%，超过了日本（6.6%）、英国（4.4%）、俄国（苏联）（7.9%）。1927年国民党上台后，南京国民政府颁布实施了一系列工业化政策，客观上促进了工业的发展，这段时期被称为"黄金十年"。据统计，1928年至1936年，中国现代工业的平均增长率为8.4%。

尽管20世纪初，中国城市化运动有了初步发展，但是，城市化的动力机制仍然存在不少缺陷。据估计，1933年全国商业人员约1171万人，是当时工厂职工人数的24倍，商业资本约为工业资本的10倍。这说明中国城市经济的功能还是多以商业贸易为主。民国著名经济学家何廉指出中国工业发展还存在着两大根本缺陷，一为畸形发展，二为全是殖民地的工业。畸形发展是指工业发展的不平衡，首先是地理空间上的不平衡。不但工厂多集中在东南沿海沿江城市，就是金融机关也主要集中在这些地区，上海、天津、青岛、广州、南京、汉口六大都市的银行占全国70%以上，而这六大都市的人口却只占全国2%。江浙两省人口只有全国的15%，而银行占了全国20%。而且，在这有限的工业生产中，上海又尤其为全国资源之聚集地，民国学者龚骏在20世纪30年代通过对纺纱、缫丝等几种工业的考察，得出结论：无论工厂数、资本、工人、机械，都市工业比例超过60%。无论何种工业，均以上海占绝大势力，有过分畸形发展特征。

改革开放三十多年以来，中国社会经济发展的工作中心转移到经济建设上来，深入体制改革，实行对外开放，进行社会主义现代化建设。实行社会主义市场经济体制；大力发展外向型经济；与全球化经济发展接轨，大力引进外资。与此同时，城市建设方针政策也由"控制大城市，合理发展中等城市，积极发展小城市"转向"严格控制大城市规模，合理发展中等城市和小城市"，但土地有偿使用制度使城市土地利用向着市场经济方向发展。虽然中国一度严格控制大城市规模，但大城市依然得到快速发展，2000年，中国城镇人口比重36.09%，设市城市为663个，其中特大城市达到40个。中国已经进入快速城市化阶段，这一点已经成为学术界的共识。中国有着自己特殊的发展背景和现状特征，中国特大城市在快速城市化时期应该选择什么样的发展模式，不仅对各特大城市的发展至关重要，也必将对中国乃至世界的发展产生重大的影响。

不仅如此，我国城市规模、空间结构和城市交通系统也都发生了翻天覆地的变化。由于我国人口基数庞大，快速城市化过程中大城市和特大城市的人口聚集和空间膨胀成为特别突出的特征。新中国成立六十多年来，我国大城市交通系统实现了从以步行、自行车为主的非机动交通时代到以私人汽车、公共汽车和轨道交通为主的机动化交通时代的跨越。但这种超常规的城市增长和交通发展使得城市规划无法跟上城市变化的脚步，城市基础设施建设和土地利用无法得到有序配置，因而造成了严重的城市交通问题。进入21世纪以来，我国大城市小汽车拥有量呈现爆发式增长，使得原本已经不堪重负的城市交通系统雪上加霜，北京、上海、广州、深圳、杭州、武汉等特大城市相继出现严重的交通拥堵问题，使得城市发展面临前所未有的严峻挑战，转变传统城市空间和城市交通的发展思路已迫在眉睫。

城市轨道交通在城市发展的过程中一直扮演着重要的角色。世界上第一条地下铁路在伦敦建成开通，此后巴黎、纽约、芝加哥、波士顿、东京等大城市相继修建轨道交通系统，到21世纪初，轨道交通已经成为这些大城市交通出行的骨干网络。由于城市条件、建造技术和人口规模等原因，早期的轨道交通系统以有轨电车和高架铁路为主，运行速度较慢，运载量较小。随着城市化过程的推进，城市人口不断聚集，交通需求迅速增长，有轨电车不再适应城市交通发展的需求，而以地下铁路为代表的重轨系统逐渐取代原有的有轨电车网，因此目前世界上大城市和特大城市的轨道交通系统都以速度快、运量大、装备水平高的重型轨道交通为主。20世纪中叶以来，随着城市空间规模的不断扩大，城市的空间形态从原来的"聚集"开始走向"扩散"，而城市交通系统经历了从步行时代到马车时代至有轨电车时代再到小汽车时代的不断演化。大城市空间结构和交通系统的演化也出现了两个截然不同的发展方向：低密度蔓延的小汽车城市和高密度发展的公交城市。

"二战"后，由于小汽车的普及和高速公路大规模建设，欧美发达地区城市发展出现了郊区化的新现象。郊区化主要表现为人口、产业和经济发展格局的新一轮空间重组，以美国的城市蔓延最为典型。历史上美国先后爆发了四次郊区化浪潮。

首先是人口的外迁，其次是工业、零售业和办公服务业的依次跟进。

其中，人口的地域空间变动是郊区化最明显的标志。城市蔓延从本质上来看是由小汽车引导城市开发，进而引起个人机动化的出行方式和低密度、分区开发的土地利用形态相互作用的过程。随着土地政策和交通政策的放松，城市居民不断追求更自由便利的出行方式和更宽敞舒适的居住空间，使得原本相对聚集的居住和出行模式不断向依赖小汽车出行和分散独立居住的趋势发展。城市蔓延带来了大量土地低密度开发和过多的汽车出行，导致了土地资源的低效率利用、石油能源的大量消耗以及噪声和空气污染，并在大城市形成了严重的交通拥堵。

大城市空间演化的另一个方向是由大容量公共交通，特别是轨道交通引导的高密度开发模式，或称为公交城市。亚洲的东京、大阪、新加坡、首尔、香港，欧洲的斯德哥尔摩、慕尼黑、苏黎世，美洲的渥太华、库里提巴、墨西哥城，澳洲的墨尔本，都建立了多层次的公共交通系统，并配合城市土地的高密度开发和混合利用，提高了城市交通和土地利用的效率，其中东亚的几个特大城市更是这种城市土地与交通运输联合发展模式的典范。

在这种发展方向上，城市空间拓展和土地利用一直紧紧围绕在轨道交通周边，依托大容量、高速度、安全稳定的轨道交通网形成出行便捷可靠、土地高效利用、资源环境可持续的高密度城市空间体系。公交城市在世界各地的盛行证明，相对于小汽车，轨道交通网络能够给城市空间发展带来更为正面的影响：降低通勤成本，保障城市运行效率，提高城市人口容量，约束城市低密度蔓延。从目前我国城市发展的前景来看，这种发展模式无疑是我国大城市和特大城市的未来方向。

相对于欧美城市轨道交通系统的较长建设期，我国大城市轨道交通建设速度与城市化进程一样具有超常规发展的特征，即以短短10年到20年的时间跨越其他欧美地区30年到50年的发展经验。尤其是进入21世纪以来，以北京、上海、广州、深圳为代表的特大城市轨道交通里程迅速增长，在短短数年时间内形成网络化运营，成为我国大城市发展中的一大特点。另外，发达国家和地区的城市轨道交通发展与其城市化过程有较好的同步性，即人口总量和地理空间的增长和轨道交通运营里程的增长具有相对一致性。而我国却是在城市人口和地域空间范围已经达到相当规模的情况下才开始进行大规模的轨道交通建设，因此轨道交通对于城市空间结构的调整作用就显得更为明显。

在我国城市化的特殊背景下，由城市道路网络大量建设和小汽车普及带来的低密度郊区化，以及由大规模城市轨道交通建设运营引致的高密度轴线扩散几乎在同一时期出现，因而该时期我国大城市空间结构的调整和空间形态的转变将显得尤为剧烈，城市交通网络与城市空间之间的相互作用也更值得深入观察和研究。

1.1.2 国外城市发展理论

在不同的历史阶段，城市发展面临着不同的社会环境，遭遇着不同的问题，城市的研究主体也不尽相同，由此形成各具特色的城市发展理论。但各个阶段的城市发展理论是一脉相承的，它们是在批判和弘扬前人的观点和理论上生成的一种难以割舍的关系，这些理论的传承性、批判性、创新性、象征性是不同语境下人类共享的文明成果。在我国城市化快速发展的今天，梳理这些理论成果及其特点无疑可以帮助我们增加城市化的路径选择，为我国城市的可持续发展提供借鉴。

工业革命拉开了世界城市化的序幕，推动了城市化的第一次浪潮。城市化带来的聚集效应，改变了城市的产业、人口、社会和空间结构，让城市成为财富和知识的聚集地，促进了城市的繁荣发展，同时也让城市遭受交通拥挤、环境恶化、空气混浊、就业困难等"城市病"的困扰。农村由于人口的外迁，也变得破落，"从城市化那天起，就埋下了罪恶的种子"。凡此种种，不得不引起人类对城市发展的反思和理论探索。其中，以英国城市研究者埃比尼泽·霍华德（Ebenezer Howard）在1898年出版的《明日的田园城市》（Garden Cities of Tomorrow）一书中提出的田园城市理论最为著名，影响最为深远，被认为是翻开了城市规划的新篇章，开创了近代城市规划学的先河。田园城市理论不仅是一条社会改革的和平途径，而且就实现田园城市这一目标本身的途径而言，也要靠示范的力量，而不是个人主义的无序发展或社会主义的强制组合。田园城市理论的三个主要贡献：一是在工业化导致城市自然无序发展的背景下，表达了"城市需要规划"的思想；二是田园城市对生态环境的关注与今天的可持续发展观念具有一致性；三是田园城市理论不仅关注人类生存的自然状态，更关注社会状态，主要表现在对住宅、就业、公共场所、学校、教室等的设计上。当然，田园城市理论并非万能的钥匙，由于受到历史的局限，批评其理论的也不乏其人。比如，著名社会学家简·雅各布斯（Jane Jacobs）在其出版的《美国大城市的死与生》（The Death and Life of Great American Cities）一书中就对田园城市理论进行了尖锐的批评，她反对霍华德把好的城市规划看作一系列静态的行为，勾销了大都市复杂的、互相关联的、多方位的

第1章
城市的兴起与交通的发展

文化生活。认为霍华德的理论如所有的乌托邦计划一样，拥有任何重要计划的权利只属于手握重权的规划者[①]。

城市化的主要动力源于工业化和城市交通的发展。20世纪20年代，随着汽车工业的迅猛发展，城市道路基础设施建设以及交通得到极大改善，大大促进了城市空间结构和形态的转变。1928年，国际现代建筑协会在瑞士成立。1933年，在雅典召开了其第四次会议，会议的主题为"功能城市"。会议结束时发布的《雅典宪章》（Athens Charter）是现代城市规划的大纲。一方面，《雅典宪章》宣称"人的需要和以人为出发点的价值"是衡量一切建设工作成功的关键，宪章强调对人的尊重，对人的需要的满足；另一方面，《雅典宪章》包含了保护历史遗产的思想。

"二战"后，世界各国纷纷致力于重建家园、大规模地发展经济，世界经济进入繁荣发展的黄金时代。世界人口的增多和城市增长速度的加快，导致生态、能源和粮食供应出现严重危机。城市衰退、住房缺乏、公共服务设施以及生活质量的普遍恶化成为不可否认的后果。1977年，世界建筑师、规划师会聚秘鲁利马召开了国际学术会议。会议签署了《马丘比丘宪章》。《马丘比丘宪章》则是对环境污染、资源枯竭的反思，表现出对自然环境的尊重，强调要客观理性地看待人的需要，对自然环境和资源进行有效保护和合理利用。

20世纪70年代，环境污染、资源枯竭、民族冲突成为主导人类社会的三大问题，这对人类自身的生存和发展构成了严重的威胁。面对新的困境，人们不得不反思传统的发展模式，探索一种人与人之间、人与自然之间可持续发展的新观念。世界环境与发展委员会发布的《我们共同的未来》（Our Common Future）中定义了可持续发展。

进入21世纪后，城市发展面临着诸如"大自然的报复""混乱的城市化""技术'双刃剑'""建筑魂的失色"等挑战。面对这些问题，1999年，来自世界100多个国家和地区的建筑师聚首我国首都北京，出席国际建筑协会第20届世界建筑师大会，签署了由吴良镛先生执笔的《北京宪章》，明确提出"变化的时代，纷繁的世界，共同的议题，协调的行动"的纲领。

---

① ［加］简·雅各布斯. 美国大城市的死与生［M］. 金衡山, 译. 南京：凤凰出版传媒集团, 译林出版社, 2006.

1.1.3 中国城市发展变迁

新中国成立后，中国经历了十二个五年计划（规划）。每个五年计划（规划）时期，政府从国家层面上确立的路线、方针、政策，都直接或间接地对中国城市化发展产生了重要的或根本性的影响（表1.1）。[①]

表1.1 中国城市发展总体方针演变历程与指导效果

发展时间	年限	城市化发展方针或政策的主要内容	对国家城市化进程的指导效果
"一五"时期	1953—1957	项目带动，自由迁徙，稳步前进	项目带动的自由城市化进程
"二五"时期	1958—1962	调整、巩固、充实、提高	盲进盲降的无序城市化进程
"三五"时期"四五"时期	1966—1975	控制大城市规模，搞小城市	动荡萧条的停滞城市化进程
"五五"时期	1976—1980	严格控制大城市规模、合理发展中等城市和小城市	改革恢复的积极城市化进程
"六五"时期	1981—1985	严格控制大城市规模，积极发展小城镇	抓小控大的农村城市化进程
"七五"时期	1986—1990	严格控制大城市规模、合理发展中等城市和小城市	大中小并举的多元城市化进程
"八五"时期	1991—1995	开发区建设拉动大城市发展	大城市主导的多元城市化进程
"九五"时期	1996—2000	严格控制大城市规模，突出发展小城镇	大中小并举的健康城市化进程
"十五"时期	2001—2005	大中小城市和小城镇协调发展	大中小并进的协调城市化进程
"十一五"时期	2006—2010	以城市群为主体，大中小城市和小城镇协调发展	中国特色的健康和谐城市化进程
"十二五"时期	2011—2015	城市群与大中小城市和小城镇协调发展	符合国情的积极稳妥城市化进程

正是在这些国家政策的引导和宏观调控下，中国城市化发展才取得了举世瞩目的成就。但由于城市化方针与道路在不同时期表现出不同的特点，受历史条件和特定政治经济环境所控，甚至伴随经济发展政策出现过部分失误，由此体现出城市化发展方针与道路的曲折性。具体表现为，从1953—2010年的58年间，中国城市化发展先后历经了"一五"时期项目带动的自由城市化道路、"二五"时期盲进盲降的无序城市化道路、"三

---

① 陈雯. 城市发展方针的再探讨[J]. 科技导报，1995（8）：14—17.

第 1 章
城市的兴起与交通的发展

五""四五"时期动荡萧条的停滞城市化道路、"五五"时期改革恢复的积极城市化道路、"六五"时期抓小控大的农村城市化道路、"七五""八五"时期大中小并举的多元城市化道路、"九五"时期大中小并举的健康城市化道路、"十五"时期大中小并进的协调城市化道路、"十一五"时期中国特色的和谐城市化道路、"十二五"时期积极稳妥的健康城市化道路。城市发展总方针历经数次调整,确保了中国城市化道路在曲折演变中总体朝着多样化、协调化和健康化方向发展[①]。

"一五"时期执行了"项目带动,自由迁徙,稳步前进"的城市发展方针。1953—1957年,国家城市建设把力量集中在156项重点项目所在地的重点工业城市,推行了城市对农村开放、重大项目建设拉动农民迅速进城的"项目带动、稳步前进、自由迁徙"的城市发展方针。1954年中国第一部宪法公布后,镇被明确规定为属县领导的与乡或民族乡同级的行政区域。1955年6月国务院颁布了新中国成立后第一个市镇建设法规《国务院关于市镇建制的决定》,同年12月又颁布了《关于城乡划分标准的决定》,使城市发展逐步步入规范化轨道,极大地推动了城市化进程。到1957年,中国城市数量已从新中国成立之初的135个增加到176个[②]。

"二五"时期的1958—1962年,伴随"大跃进""反右倾"运动和三年困难时期等影响,1961年国家开始实行"调整、巩固、充实、提高"的城市发展方针,动员更多的城市劳动力回到农村参加农业生产,大规模压缩城市人口[③]。据统计,从1961—1963年年底,全国共下放城镇职工1 887万人,减少城市人口3 000万人,城市人口比重下降到16.8%。1963年12月又下达了《关于调整设置市镇建制、缩小城市郊区的指示》,要求撤销不够设市条件的市,缩小市的郊区,提高设镇标准。规定人口在3 000人以上,非农业人口占70%的可以设镇;人口10万以上,非农业人口占80%以上的可以设市,而且规定城市人口和集镇人口只包括市和镇中的非农业人口,缩小了城镇人口的统计范围。据统计,到1964年年底全国共撤销39个市,使城市数减至169个;到1965年年底,全国共撤销1 527个镇,使建制镇减至2 902个,国家城镇化水平在18%左右。

---

① 方创琳. 中国快速城市化进程中的资源环境保障问题与对策建议[J]. 中国科学院院刊, 2009, 24 (5): 468—474.
② 李梦白. 我国城市发展的基本方针[J]. 瞭望, 1983 (2): 9—11.
③ 汪冬梅. 中国城市化问题研究[M]. 北京: 中国经济出版社, 2005: 11—14.

"三五""四五"时期的1966—1975年，是长达10年的"文化大革命"时期。受当时"备战、备荒"的国家战略和大搞"三线"建设、"不集中建大城市"的指导思想影响，1 700多万知识青年"上山下乡"和千万干部下放农村劳动，更多的人力和物力撤离城市，投入到"三线"建设中，根本无法形成像样的城镇。其间，国家一直贯彻执行"控制大城市规模，搞小城市"的城市发展方针，执行了严格控制城市人口的政策，表现为一个动荡萧条停滞的城市化发展进程。10年间，中国城镇化水平一直停滞在17%左右。

"五五"时期的1976—1980年，中国城市发展出现了严重困难，国民经济比例失调，人口生育进入高峰期，知识青年回城就业压力巨大，基础设施建设滞后，尤其是大城市困难突出。在这种形势下，1978年全国第三次城市工作会议确立了"控制大城市规模，多搞小城镇"的城市发展方针。城市数量由1978年的190个发展到1980年的223个，城市化水平相应地由17.92%提高到19.39%。1980年国务院批转了《全国城市规划工作会议纪要》，提出但并未执行"控制大城市规模，合理发展中等城市，积极发展小城市"的城市发展方针。

"六五"时期的1981—1985年期间，党的十一届三中全会通过了《中共中央关于经济体制改革的决定》，改革重点从农村推向城市。1984年10月，民政部放宽了建镇标准，是促使此后建制镇数量迅速增加的主要制度性因素；1984年10月13日发布的《国务院关于农民进入集镇落户问题的通知》提到："凡申请到集镇务工、经商、办服务业的农民和家属，在集镇有固定住所，有经营能力，或在乡镇企事业单位长期务工的，公安部门应准予落常住户口，及时办理入户手续，统计为非农业人口。"新的户籍管理政策和市镇标准的建立，大大促进了中国城镇尤其是小城镇的发展。中国建制镇的个数从1981年的2 678个迅速增加到1985年的9 140个，城市个数由1981年的226个，增加到1985年的324个，城市化水平也由1981年的20.61%上升到1985年的23.71%。

1986—1990年的"七五"计划执行期间，国家明确指出了"坚决防止大城市过度膨胀，重点发展中小城市和城镇"的城市发展方针。1990年4月1日开始实施的《中华人民共和国城市规划法》中也提出"严格控制大城市规模，合理发展中等城市和小城市"的城市发展方针。

1991—1995年的"八五"计划执行期间，中国进入以开发区和大城市建设为主的阶段，实际执行了以开发区建设拉动大城市建设为主的发展方针。城市化以大城市扩大为主要特征，城市数目由1991年的479座增加到1995年的640座。在开发区和城市房地产建设热潮中，城市化进程速度较快。城市化水平由1990年的26.41%提升到1995年的29.04%。

1996—2000年的"九五"计划执行期间，国务院于1997年6月10日批转了公安部《城镇户籍管理制度改革试点方案》和《关于完善农村户籍管理制度意见》的通知，"允许已经在小城镇就业、居住并符合一定条件的农村人口在小城镇办理城镇常住户口，以促进农村剩余劳动力就近、有序地向小城镇转移，促进小城镇和农村的全面发展"；2000年7月中共中央、国务院颁布了《中共中央关于促进小城镇健康发展的意见》。在这些政策的支持下，中国小城镇数量由1995年的17 532个增加到2000年的20 312个；而城市数量变动不大，由1996年的666座先增加到1997年的668座，后又减少到2000年的663座。城市化水平由1995年的29.04%提升到2000年的36.22%，进入城市化发展的中期阶段。

2001—2005年的"十五"计划时期，中国《国民经济和社会发展第十个五年计划纲要》把推进城市化提升为国家战略，并正式提出多样化的城市发展方针，明确指出"推进城市化要遵循客观规律，与经济发展水平和市场发育程度相适应，循序渐进，走符合我国国情、大中小城市和小城镇协调发展的多样化城市化道路，逐步形成合理的城镇体系"。有重点地发展小城镇，积极发展中小城市，完善区域性中心城市的功能，发挥大城市的辐射带动作用，引导城镇密集区有序发展。城市化水平提高较快，由2000年的36.22%提高到2005年的42.99%。

2005年10月11日，党的十六届中央委员会第五次全体会议通过了《中共中央关于制定国民经济和社会发展第十一个五年规划的建议》。明确提出要"促进城镇化健康发展，坚持大中小城市和小城镇协调发展，提高城镇综合承载能力，按照循序渐进、节约土地、集约发展、合理布局的原则，积极稳妥地推进城镇化"。2007年10月15日，党的"十七大"报告再次明确提出，要"走中国特色城镇化道路，按照统筹城乡、布局合理、节约土地、功能完善、以大带小的原则，促进大中小城市和小城镇协调发展。以增强综合承载能力为重点，以特大城市为依托，形成辐射作用大的城市群，培育新的经济增长极"。

2011年的《中华人民共和国国民经济和社会发展第十二个五年规划纲

要》明确提出，按照统筹规划、合理布局、完善功能、以大带小的原则，遵循城市发展客观规律，以大城市为依托，以中小城市为重点，逐步形成辐射作用大的城市群，促进大中小城市和小城镇协调发展。构建以陆桥通道、沿长江通道为两条横轴，以沿海、京哈京广、包昆通道为三条纵轴，以轴线上若干城市群为依托、其他城市化地区和城市为重要组成部分的城市化战略格局。积极稳妥地推进城镇化，在东部地区逐步打造更具国际竞争力的城市群，在中西部有条件的地区培育壮大若干城市群。科学规划城市群内各城市功能定位和产业布局，缓解特大城市中心城区压力，强化中小城市产业功能，增强小城镇公共服务和居住功能，推进大中小城市基础设施一体化建设和网络化发展。积极挖掘现有中小城市发展潜力，优先发展区位优势明显、资源环境承载能力较强的中小城市。有重点地发展小城镇，把有条件的东部地区中心镇、中西部地区县城和重要边境口岸逐步发展成为中小城市。

1.2 交通的发展

国内外对城市空间结构的研究都表明，城市交通对城市空间扩展起着关键作用；城市空间扩展也要考虑城市交通的发展，通过城市空间结构对城市交通模式与空间组织加以限制和调控。事实证明，两者相互支撑才可能有利于城市空间的合理扩展和组织，但城市空间的合理扩展必须满足城市自组织发展机制的要求。

目前，我国经济持续高速发展，一方面，城市化进程速度不断加快，城市高速度、高密度、集中开发的特征十分明显。许多大城市的土地利用显现出人口高密度、开发高强度、综合多元化、城市布局形态集中紧凑等显著特征。另一方面，交通机动化进程速度也不断加快。交通需求猛增，许多大城市的交通系统正处于由步行、自行车为主要构成的传统交通结构向机动化交通结构转变的时期，各种交通问题与城市用地矛盾十分尖锐。两个方面叠加，构成了我国对城市交通系统与城市土地利用两者相互关系研究的突出国情特征。

目前国内外城市交通系统主要分为两类，即小汽车为主和公共交通为主的多方式交通系统。如美国的城市多属于第一类，中国香港、新加坡等城市属于第二类。从城市空间发展规律来看，对应于小汽车自由发展和公共交通为主发展两种主要模式，交通可达性相应地可分为小汽车交通可达性和公共交通可达性两类，这样会分别形成城市空间的两种发展策略。我国城市由于快速城市化，城市空间扩展模式处于转型期，交通方式结构也正处于转型之中，存在着向上述两个方向转变的可能性。

1.2.1 国外交通发展

下面以六个国外城市为例分析其交通发展。

1. 纽约

纽约于1916年颁布第一部城市规划法，并在1921年进行第一次区域规划，此时纽约面临城市无序发展和蔓延问题，因此规划目标为城市"再中心化"。此次规划加强了CBD的建设，建立区域性公路网和铁路网，奠定了后续发展的框架，城市轨道交通网络在20世纪30年代就已基本建成。

20世纪50年代开始，私人小汽车的迅速普及和高速公路的建设大大延伸了人们的活动空间，低密度的郊区迅速蔓延，纽约中心区的人口和就业岗位减少，出现中心区衰落。在这一背景下，1968年纽约第二次区域规划提出"抑制城市蔓延，中心再聚集和区域可持续发展"的规划目标，规划提出建设多中心城市，加强交通运输，将区域内的运输系统联系起来，为之后区域的蓬勃发展奠定基础，但是由于私人小汽车迅速占据主导地位，抑制城市中心衰败的措施效果有限，城市郊区化现象一直持续至20世纪80年代才逐渐好转。

20世纪90年代后，由于经济和石油危机导致美国经济衰退，纽约在国际经济中的地位受到了挑战，于是1996年第三次区域规划的主要目标转向提高纽约在全球经济中的竞争力，规划提出建立全新的交通网络联结，重新强化纽约的中心地位，推动区域可持续发展，提高纽约集中全球资本的能力，大规模的交通基础设施建设到这一时期基本结束。

进入21世纪，纽约的规划目标转向城市的中心地位巩固和可持续发展。2002年"纽约市战略规划"（New York's Strategic Plan，2002）的目标为"将纽约建设成为一个充满机遇的世界城市和可持续发展的城市"，规划加强了纽约与其他世界级区域之间的联系，提高了城市竞争力（2002—2007年是纽约机场历史上客流量增长最快的时期）。2007年"纽约市城市总体规划"（PlanYC：A Greener，Greater New York）提出"建设一个更绿色、更繁荣的纽约",规划致力于改善交通拥堵,提高公交运输能力,提高空气质量和节能减排等。到2013年,规划的快速公交系统(BRT)、自行车交通系统和轨道交通等基础设施建设得到较好实施,提升了城市交通功能。

2. 伦敦

伦敦的城市规划历史可以追溯至1898年霍华德提出的"田园城市"理论,该规划提出在中心区周边建设花园新城,并通过交通干线与中心区连接。虽然这一规划的实践并不成功,但提出了较为完整的规划思想体系,对现代城市规划理论起到了启蒙作用,对之后的卫星城理论具有重要影响。

1944年,第二次世界大战欧洲战场基本结束,伦敦进行了"大伦敦规划"(Great London Plan,1944),旨在修建基础设施、疏散人口和改善居民生活条件,规划提出构建同心圆状的城市结构和建设卫星城等,这一做法之后被世界各地所效仿。该规划建立了城市空间和道路骨架,但由于人口增长远超预测、新城建设不成熟,反而加重了通勤交通负担。

进入20世纪60年代,伦敦也出现了城市中心区衰退以及人口和就业岗位减少的困境。1964—1976年,伦敦提出了一系列规划,总称为"大伦敦发展规划",旨在防止城市中心区衰退。该规划促进了地区基础设施建设,整合了高效的公共交通系统。

伦敦市政府于1985年被撒切尔政府解散,直到1999年才重新成立,政府管理的缺位导致一系列城市问题的出现,此时伦敦面临中心区功能高度集中、可达性下降等矛盾。利文斯通在2000年当选市长后开始着手解决交通问题,并于2001年出台了第一轮"市长交通战略"(Mayor's Transport Stategy,2001),目标是提高伦敦交通系统的效率、能力、质量和可靠性,措施包括发展公共交通、控制交通需求(拥堵收费等)和优化各种交通方式衔接等。这一时期伦敦开始管理小汽车需求,重视不同交通方式的整合,并形成了差异化的交通政策。由于人口不断增长和环保意识的提高,伦敦于2005年提出"2025长远交通规划"(Transport 2025:Transport Vision for a Growing World City),目标包括促进经济发展、应对气候变化、提高交通服务覆盖面和发展公共交通,措施包括交通基础设施扩容改造、管理交通需求和鼓励绿色交通等。该规划推动了轨道交通和地面公交的建设维护,公共交通系统效率得到提升,伦敦开始系统性地发展步

第1章
城市的兴起与交通的发展

行和自行车交通,并于 2006 年前后逐渐形成了步行和自行车交通发展潮流。

在规划实施 5 年后,人们对交通服务的公平、安全、环保和便利性等提出了更高要求,而 2012 年奥运会的交通保障也备受关注。2011 年,伦敦提出了新的"市长交通战略",目标是提高市民生活质量、完善系统服务、应对气候变化以及保障奥运会等,措施包括提高公共交通服务满意度、节能减排改善环境、减少交通事故、鼓励步行和自行车交通。由此城市交通系统进入功能优化提升阶段。

3. 巴黎

1934 年,巴黎在进入大规模机动化时代后城市迅速扩张,引发环境污染和交通拥堵问题,在这一背景下"巴黎国土开发计划"(Plan Prost 1934)出台,目标是限制巴黎恶性膨胀和美化城市,提出了跨行政区域的大巴黎地区规划,明确了构建放射路与环路相结合的道路结构以及保护绿地等措施。该规划建立了地区道路网络骨架,巴黎的发展和规划进入新阶段。

20 世纪 50 年代,伴随第二次世界大战后经济社会的快速发展,巴黎出现了空间无序蔓延的问题。大巴黎地区政府在 1964 年成立,于 1965 年出台"巴黎地区国土开发与城市规划(1965—2000)"。大区政府的成立为地区规划打破了行政藩篱。新的规划改变了以往限制巴黎扩张的政策,通过修建区域高速公路和高速铁路系统、构筑交通网络来调控区域空间布局,并开始建设新城,被称为巴黎区域规划的转折点。

20 世纪 90 年代后,巴黎的城市发展趋于稳定,开始出现城市中心区就业岗位减少、人口增长缓慢的情况,城市空间调整和分散中心区功能日益重要。1994 年的"巴黎总体规划"(Sdrif 1994)通过加强地铁环线,增强地铁与有轨电车、常规公交以及私人小汽车的协调等措施促进不同区域的功能互补,加强不同区域的相互联系及协作。2000 年"大巴黎交通出行规划"(Le Plan Pduif,2000)则通过建设城市副中心、外迁部分机构等措施分散中心区功能和交通压力。该规划推动了轨道交通和常规公交的建设维护,公共交通系统的运行效率得到提升,并开始系统性地发展步行和自行车交通。

2007 年,萨科齐当选法国总统后提出了"大巴黎计划"(Le Grand Paris,2007)。该计划针对巴黎面临的交通发展受限、古建筑保护和高耗能旧工业退化等问题，提出"重塑巴黎，重组交通，建成可持续发展、具有国际竞争力、不再有郊区的绿色环保大都市"的规划目标；措施包括加强新城轨道交通和道路连接，引导人口疏散，推动各种交通方式互相配合和鼓励绿色交通等。交通系统品质提升和引导区域一体化成为这一时期巴黎的交通战略主题。

4. 东京

1923年关东大地震使东京自江户时代以来形成的城市结构成为废墟。东京在当年提出"震灾复兴规划"（Earthquake Disaster Recovery Plan，1923），以恢复基础设施和推进"帝都复兴"。规划进行了土地区划整理，推动道路、铁路、运河和防灾建筑建设，打破江户时代以来旧的城市街区格局，为东京成为现代化大都市打下基础，城市沿铁路迅速扩张。

1945年，东京由于第二次世界大战中的大轰炸而再次沦为废墟，因此当年的"战灾复兴城市规划"（Postwar Reconstruction，1946）重点关注建设基础设施，并提出划定首都圈范围和建设卫星城的设想。但是，由于战后人口迅速向东京聚集，再加上财政紧缩，规划变为纸上谈兵，实施效果并不理想。战后的东京由于经济复兴而快速发展，为控制城区无序扩张和缓解交通压力，东京在1956年出台了第一次"首都圈整备计划"（Tokyo Megalopolis Planning）。该计划受1944年"大伦敦规划"影响较大，提出在距离城市中心5～15 km的地带建设环状绿带和城市副中心，提高交通系统输送能力。由于后来城市扩张远超预期，该计划实施效果不佳，但之后东京的轨道交通开始进入快速发展时期。

东京中心城区功能过度集中和地区不平衡的矛盾随着城市发展而加剧，1968年东京出台了第二次"首都圈整备计划"，规划在距都心30～40 km的地带建设新城，大力建设轨道交通系统，并且外迁部分机构，以引导人口疏散和分散中心区高密度压力。但由于前期资金投入不足，新城配套设施滞后，对疏散人口的作用甚微，人流往返加重了交通负荷。

20世纪70年代后，经过长期建设，新城开始繁荣，地区轨道交通网络基本成型。

1976年东京出台了第三次"首都圈整备计划"，规划继续在更广阔的范围内建立更多的新城，以分散中心区部分中枢职能。这一时期东京的新城数量和质量稳定增长，开始形成良性循环。随着轨道交通进一步完善和新城的成熟，东京都市圈在20世纪70年代之后开始逐渐走向繁荣。

第1章
城市的兴起与交通的发展

1986年，伴随经济全球化和信息化的到来，东京出台了第四次"首都圈整备计划"，以强化城市中心区的国际金融职能和高层次管理职能，将更多的城市功能分散到新城。规划还提出改善公共交通网络，提高轨道交通输送能力。这一时期东京的新城逐渐成熟，多核心的都市圈开始形成，轨道交通网络进一步巩固发展。

20世纪90年代末期，由于经济泡沫破灭导致首都圈空心化问题，东京提出第五次"首都圈整备计划"，希望通过培育和依托新城发展，推动基础设施改造和城市空间职能重组。该计划改善了公共交通网络，提高了轨道交通输送能力，推动了多中心、多圈层城市体系的形成，东京都市圈进入繁荣阶段。东京的新城建设经验表明，如果新城的建设完善速度落后于人口和就业的集聚速度，那么新城建设不仅不能取得良好效果，还会带来交通需求量增加、通勤交通负担等问题。

2006年，东京成为2016年奥运会候选城市，以申奥为契机，东京提出了"10年后的东京"（Tokyo's Big Change：The 10-Year Plan）规划，目标是"消除东京都20世纪发展过程中负面遗产，建立美丽、安全和在世界范围内富有魅力的大都市"。规划推动了首都中央环状线等基础设施建设，缓解交通拥堵并满足货运需求，为后续建设勾画了蓝图，交通系统服务得到优化提升。2011年，东日本大地震使东京都外部环境发生很大变化，东京都又对上一轮规划进行了修订，称为"2020年的东京"（Tokyo Vision 2020），规划立足灾后状况，提出"连接海陆空，强化东京的亚洲中心地位，提升国际竞争力"的目标，措施包括强化交通网络、建设环线高速、降低碳排放、降低物流成本和提高防灾能力等，致力于进一步提升交通系统的服务品质。

5. 新加坡

新加坡的英国殖民当局于1958年编制第一次总体规划，并于1959年颁布了第一部规划法，试图解决第二次世界大战后城市面临的基础设施缺乏和空间过度拥挤等问题。希望通过土地规划来实现合理的土地利用，提高居民生活质量，解决城市人口和交通拥堵问题，此后新加坡所有的城市土地开始逐步分区，划出了绿色地带和新城镇区域，城市建设开始起步，为成为现代城市打下了基础。

新加坡于1965年建国，并从20世纪60年代开始经济腾飞。1971年新加坡提出概念规划，目标是解决城市经济快速发展与基础设施建设相对落后的矛盾。规划从生态环境与经济发展平衡的角度出发，建立城市发展的战略框架，建设了高速公路网和机场，并围绕市中心建设新城。该规划树立了城市规划的基本指导思想，促成城市交通网络的建立。

20世纪90年代之后新加坡进入发达国家行列，人口持续增长，机动化需求迅速增加，民众提高了对出行服务水平的要求。

1996年新加坡发布了"交通规划战略白皮书"（White Paper：A World Class Land Transport System），目标为"打造世界一流的陆路交通系统"，规划提出建立综合性的道路网络，大力发展轨道交通和管理交通需求等。该规划促成了城市轨道交通网络的建立，奠定了交通可持续发展的框架，有效抑制了私人小汽车的增长。

2000年之后，新加坡人口不断增长，建设国际城市的目标和经济增长对交通系统提出了更高要求。2008年新加坡颁布了"陆路交通规划（2008）"（Land Transport Master Plan，LTMP），目标是建设一个更加以人为本的陆路交通系统，措施包括发展公共交通、管理道路使用和满足不同群体的出行需求等。该规划推进了道路和轨道交通建设，建立了高品质的公共交通系统，并提高了城市竞争力。2013年由于"陆路交通规划（2008）"提出的许多目标已取得重大进展，外部环境也产生很大变化，新加坡又提出了"陆路交通规划（2013）"，目标是"建立更加安全、高效、可靠和舒适的陆路交通系统"。规划提出整合不同交通系统，推进基础设施建设，提高公共交通服务品质和降低对私人交通的依赖等措施，其交通战略与政策进一步走向精细化，也更加重视交通系统服务提升。

1.2.2　中国交通发展

1. 新中国成立以前我国城市交通的发展状况

我国城市交通建设开始于20世纪初。随着自行车、三轮车、汽车以及电车在我国城市的兴起，一些城市开始修建车辆与行人分离的道路。在上海、天津等市的租借区和青岛、大连等新兴城市，开始按照当时西方的道路规范修建铺装道路。在建设中对道路网络布局也做了一些调整，如开通主干道等。但是由于历史原因，在20世纪前半期，我国城市道路建设缓慢。到1949年，全国仅有130个城市建有铺装路面的道路，而建有较高级路面的城市仅有79个，总长仅1 903千米。

值得一提的是我国城市公共交通体系的建立也始于20世纪初。1906

年天津建成了第一条有轨电车线路。上海自 1908 年建成有轨电车线路后，1914 年建成了我国第一条无轨电车线路。1924 年上海、天津相继开办了公共汽车运营。尽管当时国内少数城市已经出现公共交通的发展，但是对于国人来说步行和人力车（黄包车）、三轮车等是当时市民的主要出行方式。

2. 新中国成立后到改革开放前我国城市交通的发展状况

新中国成立时，共有铺装道路 1.1 万千米，道路面积 8 431.6 万平方米。随着大规模城市建设的开展，到 1960 年城市道路总长度和总面积比 1949 年增长了 1.1 倍和 1.4 倍。1960 年到 1970 年由于国内将建设重心转向重工业，城市建设投资相对减少，道路建设进展缓慢。到 1978 年道路长度和面积仅比 1960 增长 16% 和 12%，远落后于城市交通量的增长。1978 年以后，中国城市道路建设进入迅速发展时期。1995 年城市道路总长 137 953 千米，是 1978 年的 5.12 倍，1949 年的 12.4 倍。道路总面积达 140 046 万平方米，为 1978 年的 6.2 倍。广泛开展的城市交通规划，新建设的交通系统，以及道路立交桥的出现，使城市交通面貌有了很大改善。

与此同时，中国城市新的公共交通方式也从 20 世纪 80 年代后有所发展。直到 1981 年，北京面向公众的地铁线路才开始正式运营，天津地下铁路 1984 年建成，长 7.4 千米。20 世纪 90 年代初全国仅有北京和天津两个城市建有地下铁道。1994 年上海地铁开通运营，全长 17 千米，采用了"市区地下、郊区地面"的布局方式。1978 年前城市出租车一直处于停顿状态，到 1978 年仅有 11 市共 1 628 辆出租车。80 年代出租车行业也开始发展，到 1988 年全国已有 300 多个城市开办了出租汽车业务，共有出租车 8.2 万辆，主要服务于旅游业。当然由于出租车运价过高，未能成为居民大众出行的主要方式。90 年代以后出租车行业取得迅速发展，出租车也逐步成为人们出行的交通方式。

3. 改革开放以后，我国城市交通的新发展

随着改革开放的不断进行，我国的城镇化进程进入快速发展阶段。我国各大型城市正经历着人口快速增长以及城市扩张的阶段。无论是城市边缘的延伸或与邻近区县的合并，以及新 CBD 与产业园区的建设，都带来了就业、居住等方面进一步的流动。随着城市范围的扩大，人们在工作与购物休闲方面的交通需求由此增加。同时大城市进入汽车化社会，虽然主要大城市机动车增长速度各异，但是发展趋势相同，都是以私家车为主的机

动化发展逐步加快。

　　这一阶段的另一个特点是公共交通发展滞后于城市交通需求。近年来，我国多数城市已经初步形成以公共汽车、电车为主，以出租车、轨道交通为辅的公共交通体系。北京、上海等一些城市轨道交通发展已经具有一定规模，但相对于交通需求的急剧暴增，公共交通没能满足城市居民的日常出行要求。

　　通过以上城市交通发展历程的梳理，可以看出我国城市交通拥堵问题的形成和很多城市化进程中的问题一样有其历史原因，并且表现为现阶段的集中爆发。交通拥堵的危害有很多，主要包括：降低行车速度，使交通延误增大；延长交通参与者的出行时间，增加出行成本；另外机动车的低速行驶导致油耗增加，增加汽车尾气污染，加重环境恶化，等等。

　　交通运输基础设施是现代经济最重要的基础设施之一。然而，作为经济发展的必要条件，中国经济发展长期面临着运输基础设施短缺及运输供给总体能力不足的压力，所谓发展中的"瓶颈"约束尚未得到根除。在资源有限及资本相对稀缺的约束下，中国交通发展必须解决两个基本问题：一是如何有效地建立适应中国空间经济发展的交通运输基础设施问题，围绕此问题的研究形成了综合交通理论的一个理论分支，即中国交通运输布局与规划理论；二是如何妥善地处理交通运输发展过程中各种运输方式发展的相互关系，需要研究交通运输系统的构成及其结构问题，围绕此问题的研究形成了中国综合交通发展理论的另一理论分支，即交通运输系统分析理论。

　　从方法论上看，中国运输布局理论以描述性研究和需求预测研究为主，其主要论点是生产力布局和自然资源布局决定客货运输需求的空间布局，从而决定运输资源的布局。运输布局理论较早地对中国运输资源配置问题做出了探索，特别是对中国的运输通道和运输枢纽布局等问题的研究，为中国交通运输发展研究提供了历史和经验的借鉴。中国运输布局理论着重研究中国交通运输与空间经济的发展关系，但不能从理论上解决交通运输系统内各种运输方式之间的发展关系等结构性问题。针对中国交通运输体系的构成及其结构问题的研究，交通运输系统分析理论包括交通运输系统的构成、功能及结构，交通运输布局和规划的系统分析，交通运输网络、通道和枢纽的系统分析，以及各种运输方式的系统分析等。

　　从现有文献研究分析，中国运输布局理论和交通运输系统分析理论总体上都是从运输供给能力（生产力）发展方面考察问题，不妨将中国的运输布局理论和交通运输系统分析理论称为传统的综合交通理论，其理论逻辑是各种运输方式具有各自的技术经济优势，客观上存在各种运输方式的互补性，包括技术上的互补性和经济上的互补性，因此交通运输发展需要各种运输方式在系统意义上的综合，即建立支撑经济发展的综合交通系统，综合运输规划成为传统综合交通理论的核心问题。传统的综合交通理论反映了中国交通发展进程的内在逻辑，在交通基础设施供给严重短缺的发展阶段，中国交通运输发展的主题是尽快提高运输生产力水平，特别是扩大运输基础设施的有效供给；但是当中国交通基础设施存量和运输总量积累达到一定规模后，交通运输对经济发展的"瓶颈"约束压力得到释放，运输发展的主要矛盾将从单纯解决供给短缺的矛盾转化为提高交通运输发展效率和实现可持续交通的矛盾，而发展模式选择关键在于交通运输集约式和内涵式的增长。因此，以运输生产力为导向的运输布局理论和交通运输系统分析理论就不能很好地解释中国交通运输的内涵式发展问题，这又正好为理论的发展和创新提供了契机。

1.2.3　轨道交通的经济效应

城市轨道交通在交通运输方面有两个明显作用：通过其安全快捷、舒适高效的特点吸引大量客流，改善城市交通运输体系，提高城市运输体系的整体效率；乘客在乘坐轨道交通出行时所花费的时间和精力减少，提高了个体的劳动生产效率。

交通流的改善促进了城市交通可达性的提高，为城市经济发展提供了条件，它有效缩短了顾客与沿线商家的距离，推动了各区位的人群在城市轨道交通枢纽区域的聚集和扩散。这种围绕着客流的集聚和扩散过程为轨道交通的经济效应提供了两种机制。

1. 诱导效应

以轨道交通线路为轴，大型住宅区、购物商场、学校医院等相继建设，逐渐形成巨大的产业链，相关经济活动使产业结构得到优化，同时创造了大量的就业机会。商业环境和居住环境质量的提升吸引了更多人员的集聚，增加了对交通供给的需求，反过来推动了城市轨道交通的投资建设。

2. 廊道效应

城市轨道交通区域可达性的提高，推动了轨道交通沿线周边商业收益和物业及房产价格的增加，土地得到了进一步的开发利用。商业氛围的改善使得资本、信息、技术在有形载体的诱导下逐步活跃，良好的商业前景和投资回报预期吸引了更多的商业投资。这有助于轨道交通沿线资源的进一步开发利用，给之前发展条件欠佳或尚未开发的区域带来了发展契机，从而加快了区域经济的发展。

因此，轨道交通经济效应的起点在于交通可达性的改善。通过客运里程和客流量的增加，为城市周边土地增值和投资环境的改善提供了直接条件，由此推动了城市服务业的发展，进一步对地区繁荣和地区经济集聚起到延伸作用。

1.3 城市与交通

1.3.1 空间结构及交通组织

城市空间结构不仅具有空间概念的内涵，还具有时间的内涵，即城市空间结构是一定的自然环境条件下城市的经济和社会活动的产物，特别是城市生产和生活的经济活动都按照各自的区位要求，形成在空间位置和规模上相互密切联系的集合体。同时，城市空间结构又是历史与文化的产物，其结构布局的形成是一个历史过程，是城市化的最终物质产品。

城市空间结构反映了城市运行的方式，既把人和活动集聚到了一起，又把他们挑选出来，分门别类地安置在不同的邻里和功能区。

城市空间结构是指城市中各种要素的空间位置关系及其演变的特征，是城市发展程度、阶段和过程的空间反映。城市作为一定地域范围内发展的空间实体，其各项要素和诸多功能活动都不是随意分布的，而是依据一定的空间秩序有规律地联系在一起，从而形成一定的空间结构。城市空间形态是指城市中各要素组合的表象特征，城市空间结构是指这种空间分布的内在关系定式，它们之间是现象与本质的关系。而城市空间组织则是通过一定的自组织法则和组织法则（既包括经济法则也包括社会规范）对城市各要素进行的组合和布局。

总而言之，城市空间结构应该具有如下特征。

第一，城市空间结构是由多种要素有机构成的。构成城市空间结构的

第1章 城市的兴起与交通的发展

要素既有包括自然环境在内的物质实体要素，又有社会、经济、文化等人类活动要素。二者是融于一体的，前者是后者的物质基础，后者又能动地作用于前者。人类活动要素是城市空间结构不断发展变化的驱动力。

第二，城市空间结构是一个有组织、有秩序的系统。

第三，城市空间结构可以从空间和时间、表征和实质内涵、外在静态现象和内在的动态特征、功能组织方式等方面多角度、全方位地去认识。

第四，城市空间结构的发展既具有历史性，更具有阶段性，在特定的时间范围具有相对的稳定性和较强的适应性。城市空间结构随着时间和空间的变化而相应地发展变化。

城市交通是指满足城市居民为从事正常的生产、生活、教育、文化活动等而产生的人流、物流需求的一切输送活动。它既包括地面、地下的道路交通，也包括空中、水上交通运输；它既有车辆、行人在道路上往来，飞机、船舶在空中、水上航行的动态交通的内涵，也有交通工具及行人停驻（静态交通）的内涵。

一般来说，城市交通模式的定义是：在用地布局、人口密度、经济水平以及社会环境等特定条件下形成的交通方式结构，即各种交通方式承担出行量的比例分配。城市交通模式反映了城市交通的发展战略，是在发展战略指导下交通的建设、运行、管理以及其他要素的总和，目的是使城市中各种交通方式所占的比例达成最佳和较稳固的平衡，从而全方位、多层次、高质量地提供方便、舒适、迅速、安全的交通服务条件。

城市交通组织是指城市内部以及城市之间各种交通工具之间质的联系和量的比例关系，以及交通工具与交通基础设施、交通管理体系之间的结构性关系，包括交通结构和交通空间组织两大部分。

交通空间，首先是指各种交通设施有机组合在一起的有形空间。构筑有形的交通空间实质上就是对各种交通设施做出合理的部署。为了发挥交通设施的整体效益，要形成以换乘枢纽为中心，各类交通设施紧密相连和功能互补的交通空间。交通空间，也指交通实际使用的无形空间。构筑无形的交通空间实质上是合理安排各种交通流在空间和时间资源上的分配。不但要以网络运行高效为原则均衡分布空间流向及时空分布，而且要以客货运输高效为原则合理分配各种交通方式对有形交通空间的占用。交通空间还是城市空间中的一个特殊的组成部分，其特殊性主要体现在与城市其他空间的关联。为适应城市居民生活水平的不断提高，要形成与高档住宅、商务和文化娱乐设施相匹配的交通空间。

关于城市空间结构与交通组织复杂的相互作用关系的研究由来已久，尤其是 20 世纪 20 年代以来更成为经济学家、城市地理学家、城市规划师和城市交通工程师们持续探讨、研究的一大课题。从研究阶段上看，人们对城市空间结构和交通组织相互关系的认识随着城市的发展而逐步提高。

交通组织对城市空间结构的影响主要包括交通组织对城市形态、土地利用和个人行为的影响这三个方面。

第二次世界大战以后，城区经济得到迅速发展，城区与其周边地区越来越保持着一种非常深刻的相互依存关系。一方面，城区从其周边地区获得食品和工业所需的原料；另一方面，它又向其周边地区提供工业产品以及娱乐和购物场所。城区与其周边地区之间已经不限于城—郊的依附关系，而是构成了一个统一的地域。这种"城区周边地区"，从某种意义上来说已形成一种特定的社会空间结构实体。按简单的城—郊二分法划分城市空间结构，只能将这一地区作为城市或郊区的一个组成部分，不能恰如其分、准确地描述它的具体特征。为了更准确地进行城市空间结构的划分，城市学家们开始了城区—边缘区—影响区三分法的探索。

从城市社会学角度看，城市空间理想结构模式主要由以下五个部分组成：①中央商务区（CBD）。本区由集中的摩天大楼、银行、保险公司的总办事机构、股票交易市场、百货商店和大量的文化娱乐场所组成。②中心边缘区。本区由中央商务区向四周延伸，往往由若干扇面组合而成，商业地段、工业小区和住宅区分布其间。③中间带。本区具有混合型经济活动特征，由高级单元住宅区、中级单元住宅区和低级单元住宅区组成，且高密度住宅区距中央商务区较近，低密度住宅区分布在其外围。④外缘带。本区为城市新区，轻工业特别是大耗电量和需要大量空间的产业，在该地带逐渐发展；中等收入者多在此拥有独户住宅，形成连片的住宅区；同时，由于环城道路和区域性干道枢纽大多位于这一地带，使之既与市中心保持密切的联系，又具有广阔的用地空间，所以各种中级旅馆、大面积停车场、大型购物均分布于此区。上述 4 个区以同心圆模式布局。⑤近郊区。本区由于城市对外高速公路向外围辐射而具有便利的交通条件，逐步形成近郊住宅区、近郊工业区和近郊农牧区等，空间结构呈放射状。

城市空间结构对交通组织的影响主要体现在城市土地利用特征对交通组织的影响、城市土地利用密度对交通模式的影响、城市土地利用对交出行的影响三个方面。

交通便捷性影响中心城区的功能区分布，从而形成了特有的城市空间结构。以商业空间结构为例，传统的城市中心购物活动受一般便捷性影响最大，呈圆形分布以体现其等级状况及相关城市交通源、交通量及交通方式，从宏观上规定了城市交通的结构与基础。不同的城市土地利用状况要求不同的城市交通模式与之相适应，如高密度土地利用城市就要求高运载能力的公共交通方式与之适应；反之，低密度土地利用城市则导致自由方式的交通。另外，城市交通系统所具有的实际运行水平会对城市空间结构及城市的发展规模产生影响，从而影响到城市土地利用状况，特别是城市交通可达性对城市经济、商业和文化活动用地的空间分布具有决定作用。

1.3.2 国际特大城市空间结构模式与交通组织模式的变化特征

国际特大城市的发展历程说明，城市的扩散是一种必然的发展趋势和长期的发展过程。这种扩散不仅是人口的扩散，也是城市多种功能的扩散。随着城市规模的扩大与功能的疏解，多核心结构的大都市区已经成为发展趋势。国际特大城市发展的经验证明，交通系统的建设在其中起到重要作用，特别是如何控制小汽车的使用、引导包括轨道交通在内的城市公共交通系统可达性的全面改善是一个关键。

（一）单核心高度集中的以集聚为主的城市化阶段

1. 集聚为主的城市化阶段形成了单核心高度集中的空间结构

在国际特大城市的发展进程中，工业革命使城市结构发生巨大变化的直接原因是新的城市功能引发了许多新的城市用地形式，主要是大片工厂区、交通运输的仓库码头区。这些用地给城市带来巨大财富，使城市充满活力。工厂成为城市有机体的核心，其他一切都成了工厂的附属品。在城市中，自由竞争决定了工厂的位置。为了获取最大利润，工厂通常要求邻近铁路线——以最便捷的方式获得燃料；工厂要求位于城市内部——便于在四周布置工人的住所和商业网点，选择好的劳动力。在极化效应的作用下，人口与产业不断向城市集聚，形成人口、产业、资本、技术高度集聚的单核心大城市,城市规模迅速扩张。在西方资本主义国家,这一阶段大约开始于20世纪初,到30年代,大城市人口增长达到高潮。

2. 郊区化的初步发展并不能改变集聚的空间结构

公共马车、蒸汽火车、有轨马车、有轨电车等交通工具的发明和广泛应用推动了发达国家大城市郊区化的发展。如早在19世纪初,美国的郊区化就已经伴随着最早的城市交通工具——蒸汽渡船的使用开始启动。而对美国郊区化初期产生最大影响的交通工具是有轨电车。传统的美国城市也是人口高度密集的,私人经营的轨道交通与房地产开发结合,使美国城市人口开始得以疏解,根据美国学者Warner(1968)的研究,1860年费城的人口密度高达36 400人/km^2,轨道交通引入后到1905年人口密度下降到12 900人/km^2。但在郊区化的初期,城市中心依然具有巨大的吸引力,城市保持着单中心高度集聚的特征。如霍华德1898年提出了"田园城市"的设想,旨在消除由极化现象导致的空间不平衡发展。但20世纪初期,伦敦仅仅在郊区象征性地建立了一些田园城市,新的工业部门的出现使伦敦的人口进一步增加了。

(二)集聚与扩散并行的大都市区形成阶段

在这一阶段,由于特大城市中心区用地紧张、环境恶化,城市用地开始向用地潜力大的郊区扩展,在郊区出现新的居住区、工业区和购物中心,进入郊区化阶段。随着部分产业和人口的外迁,城市中心区职能得以升级和转换,控制和管理功能进一步向中心区集中。这样由中心城市和与其有着密切联系的郊区共同构成大都市区。大都市区是指城市规模发展到一定程度之后,集聚于城市的非农产业活动和城市的其他功能对周围地域的影响力不断增大,使周围一定范围内的地域与中心城市能够保持密切的社会经济联系,从而形成具有一体化倾向的城市功能地域。

1. 单中心高度集聚发展进入新时期

第二次世界大战结束后,发达国家普遍进入了经济发展的"黄金时期",以伦敦、巴黎为代表的大城市经济和人口急剧增长,市区人口和产业的集聚不断加强,进入城市化的高级阶段。这同时也导致了市区用地不断向四周延伸,形成了单中心高度集聚的城市空间结构,中心城区人口密度很高,如20世纪50年代,巴黎市区平均人口密度为2.6万人/km^2。

2. 中心区功能逐渐向郊区"连锁"疏解

单中心高度聚集的城市空间结构给城市生态环境、城市效率以及城市管理等方面带来了诸多问题，如城市环境恶化、城市热岛等生态问题凸显，城市住房短缺，交通拥挤、出行不便等。城市的扩散成为一种必然的发展趋势和长期的发展过程。这种扩散不仅是人口的扩散，也是城市多种功能的扩散。特大城市的扩散大多经历了类似的过程——20世纪初，甚至更早就开始出现中高收入者由城区迁往郊区，以寻求更好的居住环境，结果郊区就出现了大量的独立式住宅。

继居住功能的郊区化之后，其他城市功能产生了"连锁"疏解，主要表现为城市的商业和工业活动的外迁，以吸引城郊的广大顾客群体，或者是从居住—就业平衡的角度出发提供就业岗位。工业园区新城、郊区大型室内购物中心、沿放射型高速公路的产业带的出现使郊区成为具有丰富的多类型城市活动的地区。

大都市区发展到一定程度，其负面影响日益凸显。最主要的是中心城市与郊区发展失衡的问题。在大都市区发展初期，中心城市居主导地位，郊区则是城市功能外延的产物，是依赖于城市而存在的。但随着大都市区的发展，郊区基础设施日益完善，对城市的依赖性降低，开始具备甚至部分取代城市的功能。以美国为例，主要表现在以下几个方面：①郊区的人口数量与就业机会大增，1960—1990年，美国三个大都市区中产生的工作岗位，每6个中有5个在郊区；到1990年，郊区占整个大都市区就业的62%。②产业结构空间重组：1960—1980年，美国在中心城市的制造业劳动力由67%下降到25.8%。1972年，位于郊区的制造业比重分别占纽约、洛杉矶、芝加哥、费城、波士顿、旧金山、匹兹堡、底特律、巴尔的摩等制造业中心城市的53.4%～78.2%；零售业向郊区大规模迁移，美国人口统计署对美国最大的80个大都市区的研究表明，1992年，这些大都市区每1 000美元零售业所得中郊区占728美元，1982—1992年，郊区在零售业中所占比例增长了77%。销售形式也发生了变化，购物城成为郊区的重要地理界标之一。零售业和制造业是反映城市功能的重要指标，中心城市已丧失了优势。

3. 蔓延扩散严重

随着住宅开始在郊区蔓延，城市郊区用地急速向城市建设用地方向转变，无序开发带来了开发效率偏低等一系列问题。

国际发达国家都在不同时期经历了这个过程，如英国的"大伦敦"规划将大伦敦外围划出绿化环带，但事实证明，绿化环带不断地被侵蚀。这种现象在美国最为突出，随着数十年郊区化的发展，到 20 世纪 90 年代初，美国主要城市都已经出现城市向外蔓延并进入远郊的现象，郊区的农田、森林被蚕食，白人中产阶级外迁，而中心城成为低收入者、有色人种的集中地。美国有学者曾对"城市蔓延"下了定义：指依赖于汽车的发展而向城市边缘的低密度扩展。城市蔓延已经成为近年西方城市形态研究领域的一个热点方向。

（三）扩散与集聚有机结合的多核心大都市区发展阶段

1. 郊区化的纵深发展必然形成多核心空间结构

生产空间的变化造成了城市空间结构的巨大变化。在中心城市处于大都市区主导地位的时候，人口基本上在同一城市居住并就业；到了 20 世纪 80 年代，通勤形式及邻里方式发生了变化。交通方式的发展给城市带来了更大的通勤范围，由此带来了邻里空间的重新组合：一是居住的地域分散化；二是居住地域的社区隔离化，这在美国城市郊区有非常明显的景观。居住与就业分离的模式成为主要模式，从通勤时间也可以看出居住区与就业区分离的程度。但是当人们通过分散获得所需的自然环境保证以后，又增加了对邻里交往的要求。

经济全球化、信息化的发展，使大都市区产业结构和空间结构出现新的变化和重组，城市空间扩展与人口分散的趋势日益加强。随着高科技企业和办公部门的迁入，即使是在土地利用低密度开发、城市建设自由度高的美国，郊区中心也得到了发展，具有了一些传统意义上的城市的特征。由于地价便宜、环境优美、距飞机场近等区位优势以及通信技术的提高，郊区已经成为高科技企业的首选地区。发达国家特大城市发展已经进入了扩散与集中的有机结合时期，在郊区出现了新的区域中心——边缘城市、"郊区磁力中心""郊区次级就业中心"等，大都市区空间向多中心网络式结构发展。近年来美国随着分散城市化和高速公路网络化的纵深进行，在城市的边缘正在自组织形成一种新的城市空间现象——边缘城市。这些边缘城市依靠高效的交通和通信网与外界保持联系，而在空间上保持相对独立的特征，大多位于城市地区高等级公路的交叉口，巨型区域性购物中心、商业、工业、文化娱乐等设施一应俱全。这类多功能的结点城市众多，对原来大城市空间结构的变化正产生着新的影响，这是西方国家城市化进入广域阶段以后，在大范围的分散背景下表现出的小地域再集聚现象。

2. 新城建设成为实现多核心空间结构的主要方法

在城市规划作用日益明显和强大的过程中，人们不断探讨分散中心城市压力、扩散与集中有机结合的解决方法。在不断的实践摸索中，各国纷纷选择了新城建设作为实现目标的方法，新城建设也就成了城市空间从单核心向多核心转变的核心手段。

各国具体情况不同，也采用了不同的建设方式，主要有以下几种模式：①英国延续了霍华德"田园城市"的思想，在政府主导下，由新城开发公司进行新城规划与建设。②以捷运交通系统为导向的发展理念成就了TOD新城的发展，其模式特点主要是通过捷运系统与城市中心区建立便利、快速的联系，吸引中心城市的部分功能转移。③与TOD新城模式相类似的是，建立副中心新城，通过保持与城市中心区快捷便利的交通联系，来分担中心区部分城市功能；但与前者的不同在于，其交通模式不一定采取高成本的捷运系统，因而，这样的新城在空间布局上有着距离的限制，根据其交通系统的状况，布局在城市中心区合理的距离范围内。④以一种或多种产业为主导园或产业园的形式建立起来相对独立的新城镇，一般和中心城市距离较远。发展至今，这些核心驱动力不同、功能各异的新城都已经颇具规模和成效。

1.3.3 外国城市与交通的经验

世界发达国家的城市，在其现代化、城市化、机动化的过程中，都曾经历过、现在也依然承受着交通拥堵而备受交通问题的困扰，面对交通拥堵，世界大城市探索了多种治理思路，积累了丰富的治理经验。

经验1：认为机动化是经济社会繁荣的标志。

交通问题是城市经济高速发展伴生的普遍现象，国际大城市数据表明，人均GDP与人均机动车保有量之间有紧密的正相关关系，人均GDP达到1 000美元，机动车进入家庭，人均GDP达到3 000美元，小汽车加速进入家庭，从国际大城市交通发展经历来看，随着经济的发展，各城市在不同时期都遇到了不同的交通问题。美国纽约20世纪30年代人口总量700万，小汽车保有量25万辆，交通非常拥堵；20世纪60年代大伦敦地区机动车保有量为300万辆，高峰期道路运营速度只有10千米/时左右，交通拥堵十分严重；东京在第二次世界大战后快速崛起，机动车保有量从1950年的6万辆增加至1969年的200万辆，1979年达到300万辆，1991

年达到400万辆，饱受交通拥堵的困扰；首尔从20世纪80年代开始，机动车快速增长，1995年达到200万辆，交通拥堵也十分严重。

经验2：城市规划与交通规划相协调。

一是转变城市发展模式，优化城市空间结构调整和功能布局，实现"职住平衡"，从源头上减少交通生成；二是交通引导和支持城市的发展（TOD发展模式），建立以交通为导向的土地开发模式。美国阿灵顿市毗邻华盛顿特区，在新建轨道站点周边开发密度较高的商业住宅，加上良好的步行、自行车出行环境，有效减少了小汽车的使用，避免了潮汐交通和早晚高峰的严重拥堵。加州众多城市为缓解交通拥堵、降低交通事故率、应对能源压力，大力发展公共交通，并对站点周边的用地进行高密度混合型开发。

经验3：差别化交通供给与管理策略。

无论怎样规划与发展，在城市交通体系中，中心区都是交通资源紧张的区域，而又往往是交通需求最高的地区。随着城市规模的拓展，中心区的资源会越发显得紧张。为此许多发达国家城市都采取差别化交通供给与管理策略，一方面对中心区、对交通需求旺盛区域，尽可能用优秀的公共交通体系保障市民出行需要；另一方面对中心区、需求旺盛区域的停车设施供给严格管理，并提高小汽车的使用成本，这样求得一定经济杠杆下的交通供需平衡。市民对这一政策普遍理解并认同：在中心区居住就是要以公共交通方式为主，小汽车的停车位、停车费用一定是一种奢侈的消费。以美国为例，美国人口约3亿，机动车保有量约2亿辆，全美仅有9.7%的家庭没有车，36.5%的家庭有两辆车，52.8%的家庭拥有两辆以上机动车，而最为繁华的纽约市曼哈顿区域却有77%的家庭没有汽车，主要靠公共交通出行。

经验4：单纯的基础设施建设不能真正有效解决交通问题。

20世纪30—50年代，各国城市都曾将大规模建设交通基础设施作为改善交通拥堵的法宝。以美国为例，20世纪30—40年代是美国城市基础设施建设高峰期，在推行大规模援助公路建设的政策下，公路网尤其高速公路网迅速形成。被称为小汽车王国的洛杉矶在这一阶段建成了70%以上的高速公路和漫山遍野的停车场，形成低密度蔓延的城市空间形态。但事实证明，这一思路并未有效解决交通问题。而韩国首都首尔清溪川将道路还原为城市景观的改造工程，成为城市建设和城市交通发展的一个值得思考和研究的范例。

经验5：注重交通尺度，街道设计人性化。

在城市设计方面，首先是考虑市民生活这一基本要素，要使城市有"安全、舒适的步行者的空间"、足够的户外空地以及广阔的活动场所。欧洲中等城市交通设计非常注重行人活动空间，在营造良好步行环境的同时，也促进了商业发展和人与人之间的交流，使街道充满生机。级配、密度合理的城市道路网系统不仅有利于缓解机动车拥堵，也为步行、自行车出行创造了良好的条件。

经验6：优先发展公共交通是解决大城市交通问题的根本出路。

国内外经验表明，单纯依靠增加供给无法根本解决交通问题，优先发展公共交通是解决大城市交通问题的必然选择。

经验7：解决交通问题必须综合使用各类交通治理方法。

各城市经济发展水平、城市形态等各不相同，解决交通问题没有"一招鲜"。随着机动化进程加快，世界各城市相继实施了一系列交通需求管理政策，来综合治理交通拥堵问题。如发展公共交通，建立合理的土地利用模式，引导小汽车的合理保有（车辆指标配额、车牌税、轮胎税）、使用（拼车、尾号限行、社会班车、拥挤收费、燃油费）、停车（停车位控制、停车收费、停车换乘）等。

第 2 章
区域经济理论与交通的变化

从经济学的角度看，城市化强调的是农村经济向城市经济转化的过程；从集聚经济学的角度看，城市化是经济发展的空间集聚与分化过程，是人力、资本、技术等生产要素的集聚过程，即生产、分配、交换、消费的集聚；从增长经济学的角度看，城市化是指社会经济结构中农业活动的比重逐渐下降、非农业活动的比重逐步上升的过程，即"产品的来源和资源的去处从农业活动转向非农业生产活动——工业化的过程；城市和乡村之间的人口分布发生变化，即城市化的过程"；从产业经济学的角度看，城市化是指"第一产业人口不断减少，第二三产业人口不断增加的过程"。究其实质，城市化是一个以人为中心、受诸多因素影响的复杂多变的软硬件系统化过程，是从传统向现代全面转型和变迁的过程，不仅是农业人口向非农并向城镇的聚集，而且是城镇在空间数量、区域规模、功能作用诸方面的扩大，以及城市经济关系、居民生活方式改变的过程。

农业文明时期，土地是农业企业生产函数的重要因素；到了工业文明时代，土地逐渐从企业生产函数要素集脱离出来，形成对产业有品位的要素，这就是工业文明的区域经济理论强调的土地的区位和差异（比如梯度），土地成了基础设施，转换成交通，承载着大工业化所需要的要素流动的平台和产品输出的平台；到了知识文明时代，土地的价值又要变化，相应的区域经济理论即将诞生,我们选取了虚拟经济和"互联网+"这些正在成长的理论试图解说,也希望能起到抛砖引玉的效果,此时的交通又要变化,"互联网+"和虚拟经济指导下的智能交通将挑战现有的产业。

没有达到规模之前的聚集,交通是聚集的帮手;一旦达到规模,其后的聚集,交通将是聚集的阻力。本章将以工业文明和知识文明为标志探索区域经济学理论与交通的变化,进而阐述京津冀区域协调发展对北京市交通的挑战与机遇。

2.1 工业文明下的区域经济理论及对交通的影响

2.1.1 工业文明

工业社会文明亦即未来学家托夫勒所言的第二次浪潮文明,它贯穿着劳动方式最优化、劳动分工精细化、劳动节奏同步化、劳动组织集中化、生产规模化和经济集权化六大基本原则。工业文明是以工业化为重要标志、机械化大生产占主导地位的一种现代社会文明状态。其主要特点表现为工业化、城市化、法制化与民主化等。具体指人口密集的城市化和劳动分工的专业化,相应产生的教育、医疗、保险、服务等现代社会机构与制度以及自动化和信息化,理论和科技占据了社会的中心地位。

迄今为止,工业社会是唯一的一个依赖持续的经济增长而生存的社会。财富的增长一旦停滞,工业社会就丧失了合法性。由财富的不断增长所要求,工业社会离不开创新,创新是工业社会生死攸关的基础。根据创新要求,工业社会中的知识增长也是无止境的。农业社会也曾有过发明和改进,有时发明和改进的数量和规模还相当大,但是,进步从来不是,也不能被期望是持续不断的,即使是进步最快的农业社会(如唐宋时的中国),其创新的数量、水平和影响也远远不能和工业社会相比。农业社会的本质要求相对静止的社会和稳定的分工,工业社会的本质要求永远的创新和变化。

无限增长需要高生产率,高生产率需要发达的分工,还要求这种分工必须有不断的、有时是迅速的变化,因为创新不停地带来新的分工和新的产业。因此工业社会有着比农业社会多得多的职业，但它们存在的时间都很短暂。这个社会中的人一般不会终身待在同一个位置上，他必须时刻准备着从一种职业转换到另一种职业。因而这是一个没有严格划分的职业的世界，人们可以任意选择职业。因此一个成熟的工业社会必须是其成员能够顺利地交流和流动（包括空间的和职业的）的社会。这也就是为什么迁徙自由和择业自由被工业社会视为基本人权的经济根源。

在一个高度流动的社会里，不可能在任何分工之间设置深刻的障碍，不允许社会层级的划分一成不变，那样做会影响流动性。由此带来职业的平等。职业平等的逻辑结果就是待在任何职业中的人的法律、社会和政治的平等，身份基本不起作用。换言之，工业社会有职业、有阶级而无等级。阶级和等级都是分工的产物，差别在于，阶级的成员可以流动，等级的成员不能流动。工业社会在财产占有方面存在着众所周知的巨大差异，与阶级、阶层和职业有关的其他不平等也的确存在，但一般来说，相对于农业社会中的僵化、绝对和深刻的等级划分来说，它们具有一种弹性、相对和温和的性质。工业社会的平等主义既不是完全的幻想，也不是纯粹的现实。工业社会成员不再是贵族、臣民、贱民和愚民，而是公民。

工业社会的消费文化也有助于平等。大众消费是不断的经济增长的绝对需要，为此，就必须使所有人都成为现代工业的终端消费者；进而，一切妨碍消费的过于悬殊的经济、社会、政治和文化差距都不能允许长期存在。

工业社会成员的频繁的大规模流动和平等，意味着一个陌生人社会。工业社会的陌生人之间需要持续、经常和直接地进行交流，为此需要共享一种无条件通用的标准语言，对它的理解不需要任何特殊的文化背景。他们还需要一种为使用这种标准语所必需的、共同的和世俗的文化，这样才能使所有的人在面对面的短暂接触中进行密切交流。这就要求创造一种标准语言并对所有社会成员进行这种标准语言的和其他为社会流动即多变的分工所必需的基础性、通用性和标准化的知识的教育。盖尔纳将掌握标准语及其他与他人沟通所必需的同时也是与他人共有的普通技能，即拥有读写算的能力、基本的表达和理解能力和关于自然和所处社会的基本常识，称为"识字"。

工业国家的官方语言都是半自然半人为的产品，即通过对一种精心选择的方言的改造而来。霍布斯鲍姆指出，欧洲各国语言的标准化过程，多

第2章 区域经济理论与交通的变化

半发生在18世纪末到20世纪初。汉语普通话、白话文和简化字的形成，从19世纪后期到20世纪50年代末，经历了近一个世纪。统一的官方语言的物质基础是工业文明。"标准化的民族语言，无论是口语还是书写文字，若不是借助印刷术的发明，识字率的普及，还有公立教育的广设，将不可能出现。"

在工业社会里，"识字"不再是一种专长，而是所有专长的先决条件。一个人所受的教育中最重要的、赋予他公民身份的那部分知识不再是专门的技术，而是所谓的识字能力。真正职业的教育，虽然也必不可少，但和农业社会比较，重要性已经大大降低。

在这里盖尔纳对农业社会和工业社会的劳动进行了独到的比较。和工业社会相比，农业社会中的劳动有下列特征：绝大多数劳动是体力劳动；绝大多数劳动都是直接和作为劳动对象的物体打交道，而较少和人打交道；较复杂的即包含智力因素的体力劳动的专业化程度很强，特别是在手工业中，这类劳动及其产品的复杂性和艺术性要求劳动者具有长期的训练和娴熟的技能。因此，农业社会劳动者所必备的知识主要是关于作为直接劳动对象的特定物和作为直接劳动过程的特定技术的特殊知识。农业社会的教育属于私人而非公共领域，与农业劳动的这一特征有直接关系。在工业社会中，由于技术进步，类似农业社会中劳动所具有的体力性和智力性越来越多地被机器所消解。工人操作机器，机器才直接作用于生产对象。机器越来越自动化，劳动的体力因素也越来越少，工业劳动特有的智力因素则越来越重要。就后者来说，主要不是关于机器和控制机器的知识，而是适应工作环境的能力和与人沟通的能力。原因有二，一是频繁的职业变换；二是由于工业经济在生产前、生产过程中和生产后的所有环节中都具有的社会性，工业社会的大多数工作都离不开与他人的交流。总之，工业社会的劳动主要是并且越来越是交流性和语义性的，离不开与人、意义而不是与具体事物打交道，只有极少数专家才需要真正专业的知识。换言之，工业文明较之农业文明发达的专业化，仅仅体现在专家和物化的专家即机器中，工业社会对绝大多数人的要求仅仅是识字。笔者以为，工业劳动的上述特点可以称为劳动的普遍性和抽象性；与之对应，农业社会中的劳动充满了特殊性。因此，培养广大劳动者的综合素质，即让他们识字，使之能够不那么困难地和迅速地胜任不同职业，而不是培养专家，成为工业社会的教育体系的主要任务。生产和再生产这种建立在人人识字基础上的、世俗的和大众的文化，是农业社会所完全不可想象的事业，这就需要现代国家。只有拥有社会内部最大范围的和最高的权力及控制最多资源的政治组织即国家才有能力和意愿进行这种大规模的和持续不断的教育。工业社会的成员要想具备工作资格并成为真正的公民，就必须按照共同的要求，达到一定的识字水准，这是家族和地方单位根本不可能提供的。因此产生的对教育的要求也规定了国家这种政治单位的最小规模。这种规模归根到底是由工业的大规模生产和无止境增长所决定的人力资源的规模及大规模流动的必要所决定的。它必须比传统农业社会中的多数文化单位和政治单位要大。

不能过于机械地理解这里的"识字"，盖尔纳把它理解为一种与时俱进的综合素质。在他看来，工业文明的性质要求永远占人口多数的普通劳动者具备大致相同的能力，工业社会的技术进步决定了这种能力肯定是越来越高的，而拥有真正专业知识的专家只是极少数。因此，用"识字"这个词只是表明其大众性。

工业经济决定了国家需要它的成员们在文化上具备相同的特征，或者说，经济增长需要一种由国家维系的普遍识字的大众文化，盖尔纳把它理解为近似于农业文明中的高层次文化的世俗化和普及。是这种跨社群跨地方的大文化而非社群和地方文化提供了国家内部的约束力。"在农业社会里，高层次文化与低俗文化共存，需要一个教会来维持。在工业社会里，高层次文化占据主导地位，他们需要的是国家而不是教会。每一种文化都需要一个国家。"这意味着文化边界和政治边界的一致。随着时间的推移，这样一种普遍的和共同的、与政治单位同一的现代文化的世界对于生活在其中的人们来说，就变成了自然的社会单位。

这种单位就是近代国家。就像他没有具体分析农业国家的政治统治的效果一样，盖尔纳也没有刻意去列举近代国家的政治和文化细节。由于了解这些细节对理解盖尔纳的思想是不可缺的一环，因此笔者以为花些笔墨对这一几近常识的领域作些勾画还是有必要的。近代国家的特征是从工业革命和资产阶级革命时代开始形成的。理想的近代国家都有下述特征：国家在其领土范围内对其人民直接统辖，不存在任何足以妨碍流动的中间统治环节；国家对人民进行普遍的读写文化和公民准则的教育，但几乎都不宣扬宗教；由于普遍的教育、迁徙和就业使几乎每一个国民都成为现代经济的成员，由于等级和身份的废除和经济社会差距的缩小，使得所有人都被赋予纳税的义务和能力,现代国家的财政制度得以建立;由于人民是税收和军队的主要来源,由于平等,近代国家必须时时关注其人民的意见,不得不允许人民参政议政,只有获得人民的认可近代国家才能维持下去。这意味着,和农业时代相比,现代国家或多或少必须是民主国家,至少是大众动员和参与的国家。而在农业文明中,民主属例外,专制是常规。发达的分工和健全的社会与政治网络使统治者和被统治者之间的双向互动的了解和控制在技术上成为可能,从而保证了较高的行政效率。

如果只用一个词来概括盖尔纳所指出的工业文明区别于农业文明的以上种种特征的话,笔者首选同质性或同质化。在文化与政治的关系上,一个工业社会是一个同质的社会,一个农业社会则是一个有着许多异质的亚文化的不同质的社会。统一市场,统一语言,普遍的社会流动和平等,无处不在的标准化,等等,都是同质化的具体表现。

人类自从原始社会开始,就进入了以农业为主、以小农经济为主体的农业文明,到了18世纪,英国的工业革命将人类带入了现代文明——工业文明。从此以后,先后有若干国家通过工业化实现了其大国崛起之梦,比如美国、法国、德国、俄罗斯、日本,也有若干小国和地区通过工业化而进入了现代文明,如韩国、新加坡、中国台湾等。虽然,全世界的所有国家和地区都在不同程度上受到了工业文明的影响,但是,真正成为工业化强国的毕竟是少数,而且,从总体上看来,那些所谓的发展中国家和地区,在与发达国家的比较下,其差距是越来越大,而不是缩小,并且这种格局已呈现出固化的趋势。也就是说,以工业经济为主体的现代文明,经过了200多年的发展,对于大多数的人来说,并不是福音。尤其是,随着像中国这样的人口众多的发展中国家努力实现工业化、努力向工业文明推进时,已经实现了工业化、并且曾经标榜工业文明的发达国家惊人一致地对中国产生了反感。中国"威胁"论的提出、人民币升值的压力、贸易保护主义的兴起、中美贸易的非对称性,足以说明这一点。工业文明,原来是一个只允许州官放火、不允许百姓点灯的(持有双重标准的)文明,这其实是一种极端个人主义的表现。这让我们不得不对其进行反思,同时也让我们不得不重新探讨人类未来的发展方向。第一,工业文明的掠夺性。不管是英国的崛起,还是紧跟其后的美国、法国和德国,在其工业化过程中,都伴随着对外的掠夺——抢占殖民地、掠夺生产资料和海外产品市场以及对财富的赤裸裸的抢夺。鸦片战争、第一次及第二次世界大战等,无一不是这些所谓的工业大国发起的,无一不是为了掠夺生产资料和产品市场而发起的。发达国家就是与发展中国家的市场交换,也是进行的不平等交换、非对称交换,这不过是一种相对文明的掠夺而已。在很大程度上我们可以说,工业化国家的兴起是以非工业化国家的牺牲为代价或前提的。一方面是发达国家的骄奢淫逸,另一方面是不发达国家的失业、通胀、贫困与饥饿、资源的日益枯竭。工业文明,不仅是发达国家对不发达国家的掠夺,而且还表现为人类对大自然的掠夺。对不可再生资源的疯狂开采和使用,对水源、大气的肆意污染,对生态的严重破坏,都在为了发展经济(实际上是指物质财富的增长)、在人类无尽的物质贪欲的驱动下而大行其道。以至于,马尔代夫在水下召开内阁会议,呼吁人类减少温室气体的排放;以至于,也门将在10年以后水源枯竭;以至于,全球有1/6、10.2亿的人口处于饥饿之中……以至于,"寂静的春天"出现。第二,工业文明在本质上是物质至上主义。在工业文明中,亲情、忠诚、友谊、信任等人类自然的情感,都让位于物质需求,让位于金钱关系。正如马克思在100多年前所说的那样,资本主义让人类异化了,异化成了物质、金钱的奴隶。而资本主义正是伴随工业文明而兴起的。这不得不让我们发出这样的疑问:人类是不是从18世纪英国的工业革命开始就误入了歧途?第三,工业文明实际上遵循的是野蛮的丛林法则。工业文明强调自由竞争,强调市场机制配置资源,这其实是一种优胜劣汰的意识形态,这与大自然所遵循的法则——丛林法则没有本质的区别。所谓文明,不过是相对于大自然的野蛮和无情而言的。而我们人类现在所推崇的工业文明却与大自然没有本质上的分别。这样的文明,能否称为文明,实在是值得怀疑。第四,工业文明的不可持续性。工业生产与农业生产的根本不同在于,工业生产能够做到生产资料的几乎是无限的集约化生产,而农业生产严重地依赖于气候、阳光、水、肥料等可再生的生产资料,这些生产资源是不能被集约化的。而且,工业生产的许多生产资料是不可再生的,在物质形式上是不可循环的;而农业生产所需要的生产资源基本上都是可以再生的,在物质形式上是可以循环的。不可循环的经济,从物质形态上讲就是不可持续的。工业文明对大自然的疯狂掠夺注定了其天然具有不可持续性。而且,工业文明所表现出的发达国家对不发达国家的掠夺性也注定其不可持续。总之,工业文明表现出的人类对自然的疯狂掠夺、发达国家对不发达国家的无情掠夺以及发达国家在(根本上是由工业化导致的)经济全球化中的双重标准，也说明了工业文明在哲学和伦理上其实是一个极端的个人主义。一种极端的个人主义文明，怎么可能持续呢？亚当·斯密在工业革命、市场经济刚开始兴起的200多年前指出："在这场合，像在其他场合一样，他受着一只看不见的手的指导，去尽力达到一个并非他本意想要达到的目的。也并不因为是非出于本意，就对社会有害。他追求自己的利益，往往使他能比在真正出于本意的情况下更有效地促进社会的利益。"遗憾的是，在真实的工业文明中，财富分配遵循的是此消彼长、弱肉强食的丛林法则，自利也往往和损人统一在一起。人类的发展需要社会主义。

2.1.2　工业文明下的区域经济理论

工业文明下的区域经济理论基本上可以分为早期的区域区位理论、空间经济学以及新区与经济学三个时期的理论。

早期的区域区位理论，从理论上讲还不能算是真正的区域经济学，它们还是以自然经济（小农经济）和初级工业化为背景，土地要素逐渐从生产要素中脱离出来，形成区域区位理论。这一时期的理论有：杜能的独立国理论、韦伯的工业区位理论、增长极理论、点轴开发力量、中心外围理论、城市圈域经济理论、贸易区边界区位理论、一般区位理论、中心地理论、市场区位理论等。这些理论从其名称上就可以看到土地要素的作用和价值。下面以影响我国区域经济比较大的五个理论进行简要介绍。

（1）工业区位理论。韦伯于1909年出版了《工业区位论》，提出了他的工业区位理论。假定：①原材料产地是已知的；②消费地的位置和规模也是给定的；③劳动力不具有流动性，每个有可能发展工业的区位，都有相应的劳动力供给，而且每类工业的工资率是固定的，在此工资率下，劳动力可充分供给。韦伯认为，假定暂时不考虑劳动力成本和聚集因素对工业区位的影响，那么工业区位就是由运输成本高低决定的，运输成本会将工业企业吸引到运输成本最低的地点上去，运输成本最低的地点即为工业的合理区位，称为运输区位或运输指向的区位。在他看来，假定某一工业企业原料地和产品的消费地为已知，生产分配的运输成本主要是由运输距离和运输重量决定的。而运输重量与生产中使用的原料性质有关。企业使用的原料可分为广布原料和地方原料，前者指各地普遍分布的原料，后者仅限于某地才能获得。原料还可分为纯原料和失重原料，纯原料的重量会完全转移到产品中，而失重原料只是转移部分重量。他认为，企业所使用的原料分布状况决定着要不要运输原料，是纯原料还是失重原料决定着要运多少原料。韦伯还使用了原料指数和区位重两个概念，前者为所使用的地方原料重量与产品重量之比，后者则为所使用的地方原料重量与产品重量的和与产品重量的比例。显然，原料指数衡量的是生产每吨产品所需移动的原料重量，而区位重表示的是生产每吨产品需要移动的总重量。在上述分析的基础上，韦伯分别对生产某种产品使用一种原料和使用两种以及两种以上原料的各种情形下的运输成本最低点进行了分析，认为在前一种情况中，工业区位可由原料指数的大小进行判断；在后一种情形中，可采用"范力农构架"方法对运输成本最低点进行求取。无论哪种情况，运输成本最低点即为工业企业的合理区位。除了运输成本之外，劳动力成本的地理差异也影响着工业区位，从而有可能使由运输成本决定的工业区位结构发生变形。区位的变化只有在新地点劳动力成本可以产生的节约大于为此增加的运输成本的情况下才能发生。他引入等运费线和临界等运费线对此进行了分析。他还提出劳动系数概念作为衡量工业企业受廉价劳动力区位吸引程度的指标，劳动力系数可表示为劳动成本指数与产品区位重之比。劳动力成本指数是每单位重量产品支付的工资成本，这一指数越高，意味着工业迁移到廉价劳动力区位可节约大量劳动力成本，劳动力区位吸引力越大，反之越小；而区位重越大，每吨产品所需运输的重量也越大，工厂迁移增加的运输费用越高，劳动力区位的吸引力越小，反之越大。韦伯还研究了工业的环境条件对工业企业向劳动力区位迁移的影响，其中人口密度和运输条件的影响较大。人口密度低的地区，劳动力密度也低，这样的区域往往是均质区域，各地工人劳动生产率和工资差异不大，工资成本对企业迁移影响较小。

（2）区域分工贸易理论。分工贸易理论，最先是针对国际分工与贸易而提出来的，后来被区域经济学家用于研究区域分工与贸易。早期的分工贸易理论主要有亚当·斯密的绝对利益理论，大卫·李嘉图的比较利益理论，以及赫克歇尔与奥林的生产要素禀赋理论等。绝对利益理论认为，任何区域都有一定的绝对有利的生产条件。若按绝对有利的条件进行分工生产，然后进行交换，会使各区域的资源得到最有效的利用，从而提高区域生产率，增进区域利益。但绝对利益理论的一个明显缺陷，是没有说明无任何绝对优势可言的区域，如何参与分工并从中获利。比较利益理论解决了绝对利益理论无法回答的问题，认为在所有产品生产方面具有绝对优势

第2章
区域经济理论与交通的变化

的国家和地区，没必要生产所有产品，而应选择生产优势最大的那些产品进行生产；在所有产品生产方面都处于劣势的国家和地区，也不能什么都不生产，而可以选择不利程度最小的那些产品进行生产。这两类国家或区域可从这种分工与贸易中获得比较利益。比较利益理论发展了区域分工理论，但它不能对比较优势原理的形成做出合理的解释，并且与绝对利益理论一样，它是以生产要素不流动作为假定前提的，与实际情况不相符。赫克歇尔与奥林在分析比较利益产生的原因时，提出了生产要素禀赋理论。他们认为，各个国家和地区的生产要素禀赋不同，这是国际或区域分工产生的基本原因。如果不考虑需求因素的影响，并假定生产要素流动存在障碍，那么每个区域利用其相对丰裕的生产要素进行生产，就处于有利的地位。生产要素禀赋理论补充了斯密和李嘉图的地域分工理论，但仍存在一些不足之处，一是该理论舍弃了技术、经济条件等方面的差别，并假定各生产要素的生产效率是一样的，从而把比较优势当成是绝对和不变的；二是在分析中所包含的生产要素不够充分；三是完全没有考虑需求因素的影响；四是对自由贸易和排除政府对贸易的干预的假定等与现实不符。

（3）增长极理论。增长极理论，最早由佛朗索瓦·佩鲁提出。汉森对这一理论进行了系统的研究和总结。该理论从物理学的"磁极"概念引申而来，认为受力场的经济空间中存在着若干个中心或极，产生类似"磁极"作用的各种离心力和向心力，每一个中心的吸引力和排斥力都产生相互交汇的一定范围的"场"。这个增长极可以是部门的，也可以是区域的。该理论的主要观点是，区域经济的发展主要依靠条件较好的少数地区和少数产业带动，应把少数区位条件好的地区和少数条件好的产业培育成经济增长极。通过增长极的极化和扩散效应，影响和带动周边地区和其他产业发展。增长极的极化效应主要表现为资金、技术、人才等生产要素向极点聚集；扩散效应主要表现为生产要素向外围转移。在发展的初级阶段，极化效应是主要的，当增长极发展到一定程度后，极化效应削弱，扩散效应加强。增长极理论主张通过政府的作用来集中投资，加快若干条件较好的区域或产业的发展，进而带动周边地区或其他产业发展。这一理论的实际操作性较强。但增长极理论忽略了在注重培育区域或产业增长极的过程中，也可能加大区域增长极与周边地区的贫富差距和产业增长极与其他产业的不配套，影响周边地区和其他产业的发展。点轴开发理论，最早由波兰经济学家萨伦巴和马利士提出。点轴开发理论是增长极理论的延伸，但在重视"点"(中心城镇或经济发展条件较好的区域)增长极作用的同时，还强调"点"与"点"之间的"轴"即交通干线的作用，认为随着重要交通干线如铁路、公路、河流航线的建立，连接地区的人流和物流迅速增加，生产和运输成本降低，形成了有利的区位条件和投资环境。产业和人口向交通干线聚集，使交通干线连接地区成为经济增长点，沿线成为经济增长轴。在国家或区域发展过程中，大部分生产要素在"点"上集聚，并由线状基础设施联系在一起而形成"轴"。该理论十分看重地区发展的区位条件，强调交通条件对经济增长的作用，认为点轴开发对地区经济发展的推动作用要大于单纯的增长极开发，也更有利于区域经济的协调发展。改革开放以来，中国的生产力布局和区域经济开发基本上是按照点轴开发的战略模式逐步展开的。中国的点轴开发模式最初由中科院地理所陆大道提出并系统阐述，他主张中国应重点开发沿海轴线和长江沿岸轴线，以此形成"T"字形战略布局。网络开发理论，是点轴开发理论的延伸。该理论认为，在经济发展到一定阶段后，一个地区形成了增长极即各类中心城镇和增长轴即交通沿线，增长极和增长轴的影响范围不断扩大，在较大的区域内形成商品、资金、技术、信息、劳动力等生产要素的流动网及交通、通信网。在此基础上，网络开发理论强调加强增长极与整个区域之间生产要素交流的广度和密度，促进地区经济一体化，特别是城乡一体化；同时，通过网络的外延，加强与区外其他区域经济网络的联系，在更大的空间范围内，将更多的生产要素进行合理配置和优化组合，促进更大区域内经济的发展。网络开发理论宜在经济较发达地区应用。由于该理论注重于推进城乡一体化，因此它的应用，更有利于逐步缩小城乡差别，促进城乡经济协调发展。

（4）中心—外围理论，首先由劳尔·普雷维什于20世纪40年代提出，主要是阐明发达国家与落后国家间的中心—外围不平等体系及其发展模式与政策主张。20世纪60年代，弗里德曼将中心—外围理论的概念引入区域经济学。他认为，任何国家的区域系统，都是由中心和外围两个子空间系统组成的。资源、市场、技术和环境等的区域分布差异是客观存在的。当某些区域的空间聚集形成累积发展之势时，就会获得比其外围地区强大得多的经济竞争优势，形成区域经济体系中的中心。外围（落后地区）相对于中心（发达地区），处于依附地位而缺乏经济自主，从而出现了空间二元结构，并随时间推移而不断强化。不过，政府的作用和区际人口的迁

第 2 章
区域经济理论与交通的变化

移将影响要素的流向,并且随着市场的扩大、交通条件的改善和城市化的加快,中心与外围的界限会逐步消失,即最终区域经济的持续增长,将推动空间经济逐渐向一体化方向发展。这一理论对于促进区域经济协调发展,具有重要指导意义。即政府与市场在促进区域经济协调发展中的作用缺一不可,既要强化市场对资源配置的基础性作用,促进资源优化配置;又要充分发挥政府在弥补市场不足方面的作用,并大力改善交通条件,加快城市化进程,以促进区域经济协调发展。

(5) 第二次世界大战后,随着世界范围内工业化与城市化的快速推进,以大城市为中心的圈域经济发展成为各国经济发展中的主流。各国理论界和政府对城市圈域经济发展逐渐给予重视,并加强对城市圈域经济理论的研究。该理论认为,城市在区域经济发展中起核心作用。区域经济的发展应以城市为中心,以圈域状的空间分布为特点,逐步向外发展。该理论把城市圈域分为三个部分,一是有一个首位度高的城市经济中心;二是有若干腹地或周边城镇;三是中心城市与腹地或周边城镇之间所形成的"极化—扩散"效应的内在经济联系网络。城市圈域经济理论把城市化与工业化有机结合起来,意在推动经济发展在空间上的协调,对发展城市和农村经济、推动区域经济协调发展和城乡协调发展,都具有重要指导意义。费特贸易区边界区位理论,从市场空间视角对市场竞争力的分析:美国经济学家费特认为,任何工业企业的竞争力取决于销售量,取决于消费者数量与市场空间的大小,但是最基本的是运输费用和生产费用决定企业竞争力的强弱,并且这两种费用的高低与市场空间大小成反比,运输费用和生产费用越低,市场空间就越大,市场竞争力就越强,工业企业的生存和获利的空间就越大。费特假定有两个生产基地:甲地和乙地,根据两地的成本和运输费用的不同,利用等费用线方法,得出两个生产地贸易范围,从而提出两个生产地贸易分界线。如果甲乙两个生产地各自的生产费用和运输费用以及其他条件均相同,则两地的贸易分界线是一条平分两个贸易区的中心垂直线;若甲乙两地的生产费用不同而其他条件相同,则两个市场的边界线是一条弯向生产费用较高贸易区的曲线;如果两个生产地运输费用不同而其他条件相同,则两个市场的边界线是一条弯向运输费用较高贸易区的曲线。

在此基础上产生了平衡发展理论、不平衡发展理论、梯度转移理论、累积因果理论等。其中不平衡发展理论影响比较大。

平衡发展理论，推进理论的核心是外部经济效果，即通过对相互补充的部门同时进行投资，一方面可以创造出互为需求的市场，解决因市场需求不足而阻碍经济发展的问题；另一方面可以降低生产成本，增加利润，提高储蓄率，进一步扩大投资，消除供给不足的瓶颈。平衡发展理论认为，落后国家存在两种恶性循环，即供给不足的恶性循环（低生产率—低收入—低储蓄—资本供给不足—低生产率）和需求不足的恶性循环（低生产率—低收入—消费需求不足—投资需求不足—低生产率），而解决这两种恶性循环的关键，是实施平衡发展战略，即同时在各产业、各地区进行投资，既促进各产业、各部门协调发展，改善供给状况，又在各产业、各地区之间形成相互支持性投资的格局，不断扩大需求。因此，平衡发展理论强调产业间和地区间的关联互补性，主张在各产业、各地区之间均衡部署生产力，实现产业和区域经济的协调发展。

平衡发展理论的出发点是促进产业协调发展和缩小地区发展差距。但是一般区域通常不具备平衡发展的条件，欠发达区域不可能拥有推动所有产业同时发展的雄厚资金，如果少量资金分散投放到所有产业，则区域内优势产业的投资得不到保证，不能获得好的效益，其他产业也不可能发展起来。即使发达区域也由于其所处区位以及拥有的资源、产业基础、技术水平、劳动力等经济发展条件不同，不同产业的投资会产生不同的效率，因而也需要优先保证具有比较优势的产业的投资，而不可能兼顾到各个产业的投资。所以平衡发展理论在实际应用中缺乏可操作性。

不平衡发展理论，是以赫希曼为代表提出来的。他认为，经济增长过程是不平衡的。该理论强调经济部门或产业的不平衡发展，并强调关联效应和资源优化配置效应。在他看来，发展中国家应集中有限的资源和资本，优先发展少数"主导部门"，尤其是"直接生产性活动"部门。不平衡增长理论的核心是关联效应原理。关联效应就是各个产业部门中客观存在的相互影响、相互依存的关联度，并可用该产业产品的需求价格弹性和收入弹性来度量。因此，优先投资和发展的产业，必定是关联效应最大的产业，也是该产业产品的需求价格弹性和收入弹性最大的产业。凡有关联效应的产业——不管是前向联系产业（一般是制造品或最终产品生产部门）还是后向联系产业（一般是农产品、初级产品生产部门）——都能通过该产业的扩张和优先增长，逐步扩大对其他相关产业的投资，带动后向联系部门、前向联系部门和整个产业部门的发展，从而在总体上实现经济

第2章 区域经济理论与交通的变化

增长。不平衡发展理论遵循了经济非均衡发展的规律，突出了重点产业和重点地区，有利于提高资源配置的效率。这个理论出来以后，被许多国家和地区所采纳，并在此基础上形成了一些新的区域发展理论。

在此之后，区域经济理论学科化，出现了空间经济学。

20世纪20—50年代是区域经济学的雏形阶段。其创始人为美国区域经济学家艾萨得教授，其代表作为《区位和空间经济学》，他领导的区域科学领域，集中了一批经济学家、地理学家、生态学家、人类学家以及城市规划方面的学者，集中进行区域经济综合开发方法的研究，促进了区域经济学学科的形成。

点轴开发理论，最早由波兰经济学家萨伦巴和马利士提出。点轴开发理论是增长极理论的延伸，但在重视"点"增长极作用的同时，还强调"点"与"点"之间的"轴"即交通干线的作用，认为随着重要交通干线如铁路、公路、河流航线的建立，连接地区的人流和物流迅速增加，生产和运输成本降低，形成了有利的区位条件和投资环境。产业和人口向交通干线聚集，使交通干线连接地区成为经济增长点，沿线成为经济增长轴。在国家或区域发展过程中，大部分生产要素在"点"上集聚，并由线状基础设施联系在一起而形成"轴"。该理论十分看重地区发展的区位条件，强调交通条件对经济增长的作用，认为点轴开发对地区经济发展的推动作用要大于单纯的增长极开发，也更有利于区域经济的协调发展。改革开放以来，中国的生产力布局和区域经济开发基本上是按照点轴开发的战略模式逐步展开的。中国的点轴开发模式最初由中科院地理所陆大道提出并系统阐述，他主张中国应重点开发沿海轴线和长江沿岸轴线，以此形成"T"字形战略布局。

网络开发理论，是点轴开发理论的延伸。该理论认为，在经济发展到一定阶段后，一个地区的各类中心城镇和增长轴即交通沿线，其增长极和增长轴的影响范围不断扩大，在较大的区域内形成商品、资金、技术、信息、劳动力等生产要素的流动网及交通、通信网。在此基础上，网络开发理论强调加强增长极与整个区域之间生产要素交流的广度和密度，促进地区经济一体化，特别是城乡一体化；同时，通过网络的外延，加强与区外其他区域经济网络的联系，在更大的空间范围内，将更多的生产要素进行合理配置和优化组合，促进更大区域内经济的发展。网络开发理论宜在经济较发达地区应用。由于该理论注重推进城乡一体化，因此，它的应用更有利于逐步缩小城乡差别，促进城乡经济协调发展。

累积因果理论，由著名经济学家缪尔达尔提出，后经卡尔多、迪克逊和瑟尔沃尔等人发展并具体化为模型。缪尔达尔等认为，在一个动态的社会过程中，社会经济各因素之间存在着循环累积的因果关系。某一社会经济因素的变化，会引起另一社会经济因素的变化，这后一因素的变化，反过来又加强了前一个因素的变化，并导致社会经济过程沿着最初那个因素变化的方向发展，从而形成累积性的循环发展趋势。市场力量的作用一般趋向于强化而不是弱化区域间的不平衡，即如果某一地区由于初始的优势而比别的地区发展得快一些，那么它凭借已有优势，在以后的日子里会发展得更快一些。这种累积效应有两种相反的效应，即回流效应和扩散效应。前者指落后地区的资金、劳动力向发达地区流动，导致落后地区要素不足，发展更慢；后者指发达地区的资金和劳动力向落后地区流动，促进落后地区的发展。区域经济能否得到协调发展，关键取决于两种效应孰强孰弱。在欠发达国家和地区经济发展的起飞阶段，回流效应都要大于扩散效应，这是造成区域经济难以协调发展的重要原因。缪尔达尔等认为，要促进区域经济的协调发展，必须要有政府的有力干预。这一理论对于发展中国家解决地区经济发展差异问题具有重要指导作用。

在艾萨得的基础上，区域经济学家又进一步关注了区域经济发展和区域经济差距问题。缪尔达尔于1957年提出了"累积因果论"，明确提出了"市场力的作用在于扩大而不是缩小地区间的差别"的认识。他认为，一个地区的发展速度一旦超过了平均发展速度，与那些发展缓慢的地区相比，它就可以获得累积的竞争优势，从而进一步遏制困难地区的发展，使不发达地区不利于发展的因素越积累越多。赫希曼于1958年出版了《经济发展》一书，提出了类似的观点，进一步提出了"涓滴效应"与"极化效应"，并对"涓滴效应"与"极化效应"进行了具体的论述，同时赫希曼还创立了"核心与边缘区理论"。根据"核心与边缘区理论"，在一个区域中，核心部分的发展固然会凭借扩展效应的作用，在某种程度上带动边缘区的发展，起着扩大地区差别的作用，尽管极化效应与扩展效应会同时起作用，但是在市场机制自发作用下，极化效应的作用是主要的。要改变这种政策手段，促进区域经济在国家宏观经济政策的引导下，有目的地实现区域经济的协调发展。

随着区域经济学的不断演化，它与西方主流经济学不断进行融合，特

第 2 章
区域经济理论与交通的变化

别是凯恩斯主义经济学产生以后,西方经济学的发展对区域经济学产生了巨大的影响。西方一些经济学家在凯恩斯主义的影响下,开始运用宏观经济的分析方法,研究不同区域的资本积累、劳动就业的增加、技术进步、市场体系的形成与区域收入增长的关系;研究人力资本投资、投资率、失业率、工业化、城市化、要素流动、通货膨胀与区域经济增长率的区际差异;研究如何形成国内各地区的最佳产业结构和地区合理分工格局,以及研究如何采用经济手段和行政手段促进落后地区的经济发展,控制大城市的过度集聚和改善生态环境,实现全国各地区的均衡发展目标。通过这些,区域经济学不断吸收西方主流经济学的研究方法,促使了其理论框架的形成。

20 世纪 80 年代以来,世界经济呈现出区域化、集团化、一体化的趋势,与此同时,区域经济学研究也出现了一些新的特征。依据研究方法、分析工具和理论体系上的差别,区域经济学逐步分化形成了不同的理论流派,区域经济学的研究进入了一个全面发展的新阶段。

(1) 新经济地理学派。以克鲁格曼、藤田等学者为代表的新经济地理学派将不完全竞争模型引入区域经济的分析,研究中心—外围均衡的条件。经济地理学派理论的基石建立在三个经济学命题之上。

一是收益递增。这一学派认为收益递增是经济活动通过区域集中而形成的,集中是规模经济的反映,其规模优势远远大于某一个部门或产业的集中优势。

二是不完全竞争。不完全竞争模型被克鲁格曼引入到区域经济的分析当中,"由于不完全竞争的存在,当某个地区的制造业发展起来之后,形成了具有集聚效应的工业地区,而另一个地区则仍处于农业地区,两者的优势被'锁定',从而形成中心区与外围区的关系",因而区域经济学要重视"研究中心与外围关系,以及地理上中心地区的形成机理"。

三是运输成本。即区域经济活动要追求运输成本的最小化。

在这三个基石基础上,新经济地理学派设计出了区域经济的"中心—外围模型"。这一模型既是新经济地理学派对区域经济学的主要贡献,也是当代区域经济学最新进展的突出表现。

(2) 新制度学派。区域经济学的新制度学派研究的中心是将制度要素引入到区域经济分析当中,研究政府及其体制和政策对区域经济发展的影响,并通过制定相应的区域政策,协调区域发展。所以,新制度学派研究的中心是区域政策问题。约翰·弗里德曼认为,区域经济政策处理的是区位方面的问题,研究经济发展"在什么地方",它反映了在国家层次上处理区域问题的要求。区域经济学的新制度学派认为区域经济政策的主要目标包括:提高区域内现有资源的利用水平;更有效地在区域内各种用途间分配资源,实现空间资源配置的优化;实现区域内最佳增长;在区域间有效地再分配生产要素,而且认为区域经济政策制订时必须依据不同的区域和不同区域的发达程度做出合理的选择。

(3)区域管理学派。区域管理学是区域经济学融入管理学的内容后形成的新区域经济学派,它是区域经济与管理学相结合而成的一个新学派,这一学派的形成代表了区域经济学的新进展,而且它对于区域经济学从理论到应用,起着一个桥梁的作用。区域管理理论由三部分内容组成。

一是区域经济发展管理。在公平竞争的前提下,通过对区域内经济资源的有效协调,使区域经济能够健康有效地发展。

二是区域人口管理。区域人力资源开发是近年来颇受重视的一个区域发展的题目。在知识经济时代,人力资源是区域竞争力形成的决定性因素,区域经济的发展状况,在很大程度上取决于这个区域人口教育水平、科技开发能力和技术创新精神。

三是区域环境管理。这一理论认为区域环境管理主要是对区域的水资源、土地资源、大气污染、噪声及废弃物污染等进行管理,体现了区域可持续发展的思想。

空间分析的思维被带入了区域经济分析之中促进了区域经济学的形成,从而完成了从传统的区位理论向系统化、标准化的区域经济学科的蜕变,使区域经济学日益成为规范的空间分析经济学。正如《区域和城市经济学手册(第1册)》的主编彼得·尼茨坎普所指出的那样:"在过去的几十年间,区域经济学已经成为具有坚定的研究方向和巨大研究潜力的成熟的经济学科之一。"

(1)迈克尔·波特:运用产业集群理论对区域经济竞争力的分析

迈克尔·波特发表在《哈佛商业评论》1990年第2期的《国家竞争优势》一文改变了产业集群理论的边缘状态,引起了产业集群研究的热潮。波特认为,产业集群是在某一特定领域内互相联系的、在地理位置上集中的公司和机构集合。波特在《国家竞争优势》中提出了"钻石模型",他认为一个集群的优势依赖于几个相互作用的因素,它们决定了公司的竞争

第2章
区域经济理论与交通的变化

优势。波特利用钻石模型确定了哪些公司和产业具有竞争优势,并且他强调有主导产业存在于集群中获得利益的重要性。该理论是波特的一个庞大的研究成果中最核心的部分。波特在《国家竞争优势》中提出的"钻石模型"适合解释集群的动态竞争优势。他认为"钻石模型"的构成有四个基本因素:"一是要素条件,二是需求条件,三是相关产业及支撑产业,四是企业的战略、结构和竞争对手,同时还有机会和政府两个附加要素。"波特强调只有在每一个要素都积极参与的条件下,国家发展才能有机地组成一个"钻石模型"构架,创造出企业发展的环境,促进整个产业的发展。而国内竞争的压力和地理集中是使整个"钻石模型"构架成一个系统的必要条件。国内市场竞争压力可以提高国内其他竞争者的创新能力;地理集中将使四个基本因素整合为一个整体,从而更容易相互作用和协调提高。波特的国家竞争优势理论认为,集群在三个方面产生竞争优势:一是提高该领域企业的生产率,二是指明创新方向和提高创新速率,三是加强和扩大集群本身。随着集群优势的形成,利润可以在垂直联系及水平联系的企业之间流动。同时认为集群有助于实现内部多样化,并通过诞生企业、分工协作、分包或转包等形式,使知识、信息、技术、价值等在集群内转移和扩散,及时适应多变的技术和市场环境。企业集群竞争优势表现在产品质量、特征和新产品的创新上。

(2) 克鲁格曼:从集聚角度对区域创新的分析

克鲁格曼是继马歇尔之后开始把区位问题和规模经济、竞争、均衡这些经济学研究的问题结合在一起的第一位主流经济学家,他对产业聚集给予了高度的关注,认为经济活动的聚集与规模经济有紧密联系,能够导致收益递增。1991年以来,克鲁格曼发表了一系列有关经济聚集和产业集群的论文和著作,为自己树立了新经济地理学、新国际贸易理论和聚集经济学说代表人物的地位。20世纪90年代以来克鲁格曼还发表了几部重要著作,在产业集群研究领域产生了较大的影响。1995年,克鲁格曼发表了《发展、地理学与经济地理》一书,该书既是他的新经济地理学的一部代表著作,又是对他的产业集群理论的进一步补充,尤其是建立了关于产业集群的新的模型,从地理的角度来研究主流经济学所不能研究的发展问题,开创了发展研究的新思维。1999年,克鲁格曼和另外两位学者合作,发表了《空间经济:城市、区域与国际贸易》一书,相当系统地论述了产业集群和聚集经济的形成因素,并完全用经济学的方法,站在经济学的视野中解释和分析了产业集群和经济聚集这些现象,这部著作在美国经济学界有较高的地位,引起了对发展问题研究的重视,此后的一段时期内在许多重要学术期刊上都能见到该书的书评。

(3) 克鲁格曼、阿瑟和维纳布尔斯及巴罗和沙拉马丁等对新空间集聚的研究

克鲁格曼、阿瑟和维纳布尔斯及巴罗和沙拉马丁等人对新空间集聚的研究是从两条思路展开的：一是从报酬递增角度对空间集聚进行研究,二是从区域成长的角度对空间集聚进行研究。

从报酬递增角度对空间集聚的研究最早是由克鲁格曼、阿瑟和维纳布尔斯等人进行的。这一视角主要建立在这样的理论基础之上,即报酬递增、规模经济和不完全竞争在形成贸易和专业化方面远比报酬稳定、完全竞争及相对优势等更重要；市场、技术及其他使报酬递增的因素在规模上既不是国际的也不是国内的,而是通过区域或地方的经济集聚过程形成的。在空间集聚的过程中,不同的学者强调报酬递增的不同形式。比如在克鲁格曼和维纳布尔斯的模型里,集聚的动力主要是三个外在因素,即劳动力市场、技术溢出、中间商品的供求关系,它们导致区域经济活动的空间集聚。根据巴罗和沙拉马丁的研究,新古典集聚模型在一国内部的区际之间比在国际之间更为实用。这是因为一个国家不同地区的工业发展因素,诸如技术、文化、政府管制与政策、制度和立法体系等具有相似性。这就会导致一国内部的地区之间的集聚比国家之间的集聚更容易实现。经济全球化对区际经济活动集聚与扩散的影响将取决于市场波及范围、交通费用及区域间劳动力可移动性。可以说,经济全球化提高了资本及劳动力的可移动性,这必将产生更大范围的空间集聚,核心和边缘区之间的差距将加大,空间上的不平衡将加剧。

经济全球化的发展使得区域经济发展出现了新的趋势,"经济全球化可以定义为区域经济集团之间不断增长的相互依赖性和经济活动的跨界功能一体化,是一个经济活动的地理范围不断扩大和国际联系不断加深的过程"。全球化发展过程中的主要表现是贸易扩张、资本流动（尤其是直接投资）、新技术浪潮和区域一体化。在区域经济发展新趋势的推动下,区域经济学不断吸收主流经济学的新理论和研究方法,区域经济学的未来发展也出现了新的趋势。

(1) 研究的关注热点：进一步转向"问题区域"的研究

在经济全球化背景下,区域问题日益凸显,形成了区域经济发展中的

第 2 章
区域经济理论与交通的变化

"落后病""萧条病""膨胀病",区域问题如同区域"病症"一样影响着区域经济的稳定发展。由于区域问题的出现,在区域经济发展中出现了各种"问题区域"或者"问题地区"。张可云将问题地区界定为:"中央政府区域经济管理机构依据一定的规则和程序确定的受援对象,是患有一种或者多种区域病,而且若无中央政府援助则难依靠自身力量医治这些病症的区域。"同时将问题区域划分为受援地区、困难地区、危机地区、落后地区、欠发达地区、缺乏优势地区、萧条地区、膨胀地区、拥挤地区和边远地区等。问题区域是一国区域经济发展中的难点,一国区域经济发展是否稳定和繁荣,在一定程度上取决于"问题区域"的解决。因此,在未来区域经济学发展中,问题区域将是区域经济学研究的新关注点。

(2) 研究的着眼点:区域创新和区域竞争优势

随着科学技术的飞速发展,各类产业中技术含量在不断地增加,高新技术产业在国民经济中所占的比重逐步上升,与此同时高新技术产业在一定区域的集聚,形成了带动地区整个经济发展的创新空间。这些创新空间不仅可以促进新产品的研发,而且又会将创新过程和新的技术等扩散到周围地区,形成扩散效应,促进区域经济的发展。在这种背景下,区域创新成为区域经济学研究的一个新的着眼点。区域经济学的研究日益重视区域创新的形成研究,区域创新主体的培育、区域创新系统的构建、区域创新能力的形成、区域创新环境的优化等成为区域创新研究的主要问题。与区域创新研究相适应,区域竞争优势的研究也成为区域经济学研究的一个新的着眼点。传统的区域经济学在区域优势的研究中主要研究的是区域的比较优势,基于比较优势的区域经济学理论认为各地区都应该集中生产并向其他地区输出本地区具有比较优势的产品,同时从其他地区输入自身具有比较劣势的产品,这样每个地区都能从分工中获得比较利益。基于这种认识,传统区域经济学非常重视研究区域经济发展中的资源禀赋,依据区域资源禀赋因地制宜和发展特色经济就是传统区域经济学的基本出发点。但是在现代区域经济发展中,由于科学技术的发展和市场化的深入,区域经济发展更加强调竞争优势,具有比较优势不一定具有竞争优势,区域经济的发展更加强调技术创新、人力资源的开发、区域创新环境的优化、产业集群等区域竞争优势的培育。

(3) 研究的内容:趋于综合化和多样化

从未来区域经济学研究的内容来看,研究内容的综合化和多样化将是一个鲜明的趋势。区域经济学研究内容的综合化和多样化主要是由于区域经济问题日益复杂化和多样化。基于区域经济问题的复杂化和多样化，园区经济的发展、城市化的发展、人口的区域分布、人口和资源的区域流动、区域竞争力、企业区位的选择、家庭区位的选择、住宅区位的选择等都成为区域经济学研究的主要问题。在这种情况下，区域经济学研究内容在以空间资源配置为核心的同时，不断吸收与借鉴主流经济学的思想与方法，综合运用经济学、财政学、金融学、管理学等学科的理论来解释、解决相关的区域经济问题。区域经济学研究内容的综合化和多样化主要表现在：一是区域经济学的研究与其他学科的相互融合与渗透，包括区域经济学研究与企业管理学、公共管理学、政治学、法学的相互结合，在多学科相互结合的视野中加强对区域经济问题的研究；二是区域经济学与自然科学的相互渗透与融合，包括区域经济学与地理学、地质学等自然科学理论的相互结合。

（4）研究的方向：具体化和实用化

传统的区域经济学是针对区域经济发展中出现的区域差距拉大等区域问题而形成的，因而传统的区域经济学主要关注的是宏观或者是接近宏观的区域经济问题，诸如区域增长极的形成、区域战略、区域分工等。但是从区域经济学的未来研究趋势看，区域经济学日益关注区域经济发展中的微观问题。"更多地重视微观行为的分析，因为空间过程和空间动态变化研究只能分析个体动机才有可能的。因此，将进一步加强空间的纵向研究和动态的离散选择分析。"区域经济学的研究出现了新的研究方向，具体表现在：

一是借鉴和运用主流经济学的分析工具，进行区域问题的分析。第二次世界大战以来，经济学的基本理论出现了迅猛的发展态势，区域经济的研究不断地借鉴和吸收经济学基本理论的新发展，重视"运用微观分析工具"，运用微观经济理论中的消费者、厂商和市场理论作为工具。

二是注重研究区域经济的微观活动。从未来的区域经济学的研究趋势来看，区域经济学的研究将更加重视对微观活动和微观行为的研究，例如，集群中的企业行为、厂商的选址行为、家庭的住宅选址行为、企业的创新行为等。

三是促进了应用区域经济学和应用城市经济学的兴起。最近几年中，应用区域经济学和应用城市经济学得到了极大的发展，应用研究的领域在

第 2 章
区域经济理论与交通的变化

不断扩展。在应用区域经济学的研究方面,区域市场问题、区域基础设施问题、区域贫困问题、地方税收和地方公共支出问题等都成为应用区域经济学研究的重要内容。"在应用城市经济学的研究中,保罗·切希尔研究了城市区域规模和结构的变化,米歇尔·怀特研究了分散化就业和城市区域问题,格雷母·R.克兰普顿研究了城市的劳动力市场,斯蒂温·谢伯德研究了住房市场的享乐问题。"

(5) 研究方法:模型化和计量化

经济学的发展历史本身就是经济学分析方法的历史,当今西方主流经济学在分析方法上,定量分析和研究方法的模型化日益得到加强,这也被认为是经济学的科学性不断增强的重要表现。区域经济学是一种典型的空间分析,进行空间分析仅靠定性分析是远远不够的,从20世纪80年代开始,区域经济的研究逐步开始走向数学模型化和计量化阶段,模型化的定量分析方法大量应用,极大地增强了区域经济学的应用性及科学性。大量的数学模型被运用到区域经济分析之中,在区域经济学的研究文献中数学模型随处可见,形成了投入产出模型、线性规划模型、区域空间均衡模型、区域经济增长模型、环境影响模型、动态城市模型、城市体系的一般均衡模型、分散化的城市理论模型。在研究方法上更为显著的特征是计量分析方法的广泛应用,计量经济学的产生不仅对经济学的研究产生了巨大的影响,而且对区域经济学的研究方法也产生了积极的影响。计量分析方法是基于区域的历史资料对区域内和区域间的经济关系进行计量分析的方法。这一方法基于经济理论与区域经济发展的实际需要与可能,将变量、参数和扰动项用数学符号连接成反映各经济关系的函数,建立模型,根据加工过的数据资料,对建立的模型进行估算和验证。计量分析方法在区域经济学中的应用包括三个方面:一是进行区域经济结构分析,对反映区域经济结构的经济变量之间的依存关系进行计量分析。二是进行预测分析,应用计量模型进行计量测算,给出经济变量值在未来时期或其他区域上的预测结果。三是进行政策评价,模拟各种政策措施,对比政策的模拟结果,对不同的区域政策进行评价。

2.1.3 工业文明下区域经济理论对交通发展的影响

经济联系是区域间联系最基本的要素之一,其形式是通过物流、人流、资金流、信息流等来实现的。不仅在工业文明下同时在城市化时期,在市场的作用下，有形的物流和人流对区域经济发展产生直接并重要的影响。尽管资金与信息流的重要性与日俱增，但一定程度上是需要转化成物流和人流的。因此，区域间的运输势必成为区域间经济联系的主要手段，成为现实社会劳动地域分工的重要杠杆。追溯交通运输的历史渊源，它不仅是人类文明的生命线，也是促进经济增长的重要因素且为城市的产生提供动力支持。经济生活中，交通运输工具不仅可以促发经济活动也能够改变工业方面的布局，因此运输是具有普遍影响力的。交通运输作为区位影响因素总是与区域经济空间结构关系密切，已然成为区域经济发展和空间扩展的主要力量之一。

通过交通及区域经济理论区划，工业文明下的区域经济理论对交通的挑战分别来自运输系统缺少经济上的层次性，现有综合经济区划缺少层次性，运输经济区划的研究尚停留在定性研究阶段等。经济区划缺少层次性且运输经济区划不是十分明确，导致当前的运输系统的规划总是以政治中心为主要节点，层次上也突出体现行政的相关概念。经济属性在此方面的体现大多是以大区域为依托，因此过于宽泛。众所周知，经济基础设施与社会经济设施构成基础设施。而交通基础设施从属于经济基础设施，因此必定要满足经济发展的需要。交通基础设施的布局与规划需充分考虑经济区划才能够实现贸易效应、生产效应及消费效应。事实上区划的内容主要表现在第一层次的变化上，次级经济区却总是以省市区为主要单元。伴随城市化的进程与区域经济一体化程度的加深，交通对经济发展的影响也日益明显。

工业文明下的城市交通虽然给人们带来了许多便利，但城市交通的发展却面临着交通拥堵、大气污染等诸多城市问题。

交通发展的利与弊在工业文明下被映射得十分明显，那么如何把握机遇、迎接挑战就至关重要。深入了解工业文明下的交通现状是实现城市交通发展的愿景及未来发展方向的前提，也会对城市交通拥堵治理等热点问题的解决提供有效途径。

在工业文明的影响下，伴随着互联网等大数据技术的发展，交通领域正在经历革命性的变化，人们的出行环境与行为也在发生改变。例如，在智能公共交通系统方面就有了新的突破。现代通信、信息、电子、计算机、网络、地理信息等新兴技术已集成于公共交通系统，逐步实现了公共交通方面的信息化与智能化，为城市居民提供了舒适安全且便捷的公共交

第 2 章
区域经济理论与交通的变化

通服务,一定程度上缓解了城市交通拥堵,创造了诸多社会与经济效益。工业文明下的交通领域不仅兴起了多元化的信息采集技术,城市公共交通系统管理业务也进一步模型化,城市交通出行信息服务技术也日趋精细化、个性化。由于信息环境的改变,人们的出行习惯也受到了影响。除了日常工作以外的必要出行,人们的其他出行方式可以通过网站、手机软件等进行规划。信息技术手段也改进了交通运输服务的方式,充分体现了工业文明下交通的日趋进步。

尽管工业文明下的交通发展前景十分可观,但我们也要认识到区域交通建设所面临的巨大挑战。首先,城市交通的拥堵与空气的污染等相关的城市病正在从特大城市向大城市和中小城市逐步蔓延。进一步缓解交通拥堵、改善空气质量状况都需要较为发达的交通系统,事实上,这些对加快城市建设也提出了新的挑战。其次,在交通建设中暴露出的相关政策的指导存在不足、投资与融资方式的单一化与信息化水平较低等问题也需要尽快解决。因此,各级政府部门应该从推进社会经济转型的战略高度上深入推进交通建设。

近些年,交通拥堵问题已不仅仅是困扰着京津冀、上海、广州等大城市的难题,二三线的城市交通运行状况也呈恶化趋势,甚至波及部分县城。现在开始着手于制定切实可行的交通治理措施显得尤为重要。从现实情况来看,我国的大多数城市交通处于第一和第二阶段,这是我们首先应该了解的。在城市交通政策方面基础阶段是以车为本、建设交通基础设施为目标。而第二阶段的政策目标是满足机动化的出行需求,可以通过加大公交服务的供给、利用公交对小汽车拥有者的吸引力来限制小汽车的购买与使用。更高层次阶段体现在交通需求管理提升的可达性。单纯地顺应机动化出行需求是不可行的。需要通过进一步优化城市的空间布局,也可以通过改善慢行交通出行的环境,鼓励绿色出行。

通过对上面区域经济理论的回顾,可以发现,产业集聚、空间集聚、规模经济等经济学术语是揭示区域经济发展的基本概念。这些概念也影响了交通的发展。

亚当·斯密曾经指出,交通通过影响市场、分工,以推动生产力和经济发展。交通运输作为基础设施建设的一大部门,既体现了基础设施对于区域发展的关键作用,同时,基于自身特有的性质,它还会为经济发展带来特殊的贡献。Julian Simon(1981)在论述不发达国家经济发展的条件时谈到，经济发展的关键因素主要来自交通运输和通信系统[1]。加拿大经济地理学家 McGee（1991）在其《膨胀假说导致亚洲地区城乡融合的出现》一文中指出，交通通信手段革命是促进城乡一体化区域形成的一大驱动力，城乡一体化区域就是沿发达的交通通信网络而形成的农业与非农业混合交错的巨型城市区域集合体，其目的在于最大效率地利用交通网络[2]。Martin 和 Rogers（1995）将基础设施对经济增长的溢出作用定义为，通过改善基础设施水平，引起生产要素在区域间的流动，从而影响不同地区的经济增长[3]。Demurger（2000）认为地理位置、基础设施享赋能够显著解释地区经济增长差距，而交通基础设施是解释这一差距的主要变量[4]。Holtz-Eakin D. 和 Schwartz A. E.（1995）认为，社会经济环境的变化会导致交通运输对区域经济发展产生不同影响[5]。Thomas ANderson 则运用突变理论来分析交通与区域经济之间的关系，他将交通因素视为区域系统演化过程中的"慢"变量之一，区域交通系统的连续变化例如路网的逐步扩张在某些关键点处能诱发区域经济的"相变"，使区域系统的生产、布局、贸易关系等产生结构性的突变[6]。

同时，宏观经济对交通的作用研究中，Baun H. 等通过分析 1960 年至 1990 年德国及欧盟的货运量同当年与三次产业结构的变化以及货运在各产业间的比重变动，来说明经济发展对交通需求的影响[7]。Kajal Lahiri 等分析了从 1979 年 1 月至 2003 年 6 月的美国运输指数变化情况，并发现运输需求的剧烈周期变化同美国经济的缓慢发展是一致的[8]。

---

[1] Baltimore. Wilfred Owen: Transportation and World Development [M]. Johns Hopkins University Press，1987.

[2] McGee T. G. "The Emergence of Desakota Region in Asia: Expanding a Hypothesis." in Ginsberg, N.; Koppel, B. and McGee, T. G., eds.. The Extended Metropolis: Settlements Transition in Asia. Honolulu: University of Hawaii.

[3] Martin, Philippe and C. A. Rogers. Industrial Location and Public Infrastructure [J]. Journal of International Economics，1995（39）：335－351.

[4] Demurger, Sylvie. Infrastructure Development and Economic Growth: An Explanation for Regional Disparities in China [J]. Journal of Comparative Economics，2000（29）：95－117.

[5] Holtz-Eakin D., Schwartz A. E. Infrastructure in a Structural Model of Economic Growth [J]. Regional Science and Urban Economics，1995，25（2）：131－151.

[6] 申金生. 交通运输区域经济效应若干问题的研究 [D]. 上海：上海交通大学，1989.

[7] Baum H., Korte J. Transport and Economic Development: Report 1 [C]. European Conference of Ministers of Transport: Round table 119，2000（9）.

[8] Kajal Lahiri, Wenxiong Yao. The predictive power of an experimental transportation output index [J]. Applied Economics Letters，2004，11.

第 2 章
区域经济理论与交通的变化

改革开放以来，中国进入了飞速发展时期，经济增长取得了惊人的成绩，1991—2012 年的 GDP 年平均增长率约为 10%，被世界誉为"中国奇迹"，在这段"中国奇迹"时期，中国的交通网络也在发生着巨大变化，2008 年全球金融危机，中国政府出台了四万亿元经济刺激政策，成功地在全球经济萎靡情况下实现了经济强劲增长，这四万亿元政府投资支出大部分集中于铁路、公路、机场、水利等重大基础设施建设。

"要想富，先修路"这个率先由山区农民喊出的朴素口号，从 20 世纪 80 年代后期开始，出现在田间地头、公路两旁，并很快流行于全国，至今热度不减。交通基础设施对于经济的拉动作用不言而喻，改革开放以来，人们愈发认识到"路"的重要性，修路脱贫逐渐成为社会共识。小到一个村庄，大到一个地区、一个国家，富裕和繁荣都离不开交通建设。

截至 2014 年年底，北京市城区道路总里程为 6 425.9 千米，其中，城市快速路 383.2 千米，城市主干路 965.3 千米，城市次干路 621.0 千米，城市支路及街坊路 4 456.3 千米；道路总面积达 10 002.5 万平方米。

2014 年年底，北京市公路总里程达到 21 848.8 千米。其中高速公路达到 981.9 千米，一级公路 1 267.5 千米，二级公路 3 294.7 千米，三级公路 3 524.0 千米，四级公路 12 748.1 千米，等外路 32.6 千米。全市公路二级以上公路里程比率达到 25.4%。2014 年年底公路密度达到 133.14 千米/百平方千米。

近年，京津冀协同发展理论逐渐进入人们的视野，其主要目标是以建设京津冀城市群为载体，发挥周围辅节点城市及首都核心区生态建设的服务作用，强化唐山与石家庄在京津冀城市区域中的两翼辐射带动功能，提高区域或新兴中心城市多点支撑的作用，即形成以首都为核心的周边城市的同步发展，充分促进整个京津冀三地区的共同繁荣。京津冀协同发展不仅借鉴了长三角与珠三角区域发展经验，同时借助抱团优势，结合了自身发展定位，分别在经济、政治、文化等各方面做到配合、补充、带动，最大限度地合理利用资源优势，这对于京津冀的发展既是机遇也是挑战。由于 2022 年冬季奥运会将在中国举行，此时备受瞩目的将是首都北京与河北张家口。事实上这就不仅仅体现了京津冀区域协调发展的重要性，对于北京市的交通问题也形成了一定的挑战。因此发展交通，形成公共服务资源的共享与流通，在教育、医疗、卫生、社会保障、城市发展等方面做到信息通畅，将惠及京津冀地区群众。作为首都的北京不仅是政治经济中心，其战略地位也十分关键。河北与天津在地理位置上环绕北京，因此它们有必要与首都北京的发展模式相一致，致力于打造绿色生态的环境屏障，发展高科技人才集聚的科技产业和创意产业，改良污染企业。抓住京津冀协同发展的产业核心，多元化发展经济，寻求核心技术，将创意科技产业作为京津冀的支柱产业。

京津冀区域之间的合作充满着挑战。当前面临着协调三地区的人文认同度，提升三地区的发展凝聚力，科学并合理地优化空间布局等问题，应该出台京津冀顶层设计目标，同时结合目标制定实施方案，在一些项目上，争取做到先行启动，让三地大众看到发展与合作带来的生活变化，借此机会奠定群众基础。

新的经济发展形势下，京津冀区域的协同发展也被提升为国家发展战略。鉴于交通运输与经济发展的密切关系，以北京交通为视角，在一定的经济发展环境下明确京津冀区域发展中存在的问题，为京津冀区域的协同发展找准正确的发展方向，成为当前经济发展环境下的一项迫切任务。

从当前经济发展状况来看，京津冀区域协调发展面临着区域发展不平衡问题。这种不平衡发展体现为长期发展的不均衡，这种不均衡恶化了区域发展中的贫困问题。同时，京津冀区域的协同发展能力稍显不足。与京津地区相比，河北省产业的整体发展实力不强，产业附加值不高。河北与北京、天津相比，过于落后，从承接京津技术的成果转化方面来看，缺乏相应的支撑。事实上，交通基础设施发展问题最为突出。第一，"一极集中，面域不足"问题集中出现。就北京地区而言，不同种类的国家级与区域性的交通设施在城中心"一极集中"的问题较为明显，由此而产生相应的交通堵塞问题。第二，路网难以支撑大范围的县域单元，鉴于此，促进城市发展的工农业以及相应的文化旅游产业会缺乏相应的带动力，受到一定的影响，城市经济发展对象向心力也因此被削弱，影响到城市的深入规划与建设。

2.2 京津冀区域高端制造业协同发展分析

京津冀一体化的发展规划早在十年前就已提出，而最近习近平总书记在京津冀协同发展工作座谈会上的讲话，则首次将京津冀一体化上升为国

第 2 章
区域经济理论与交通的变化

家战略。如他所指出的,"实现京津冀协同发展,是一个重大国家战略,要加快走出一条科学持续的协同发展路子来,一定要增强推进京津冀协同发展的自觉性、主动性、创造性"。区域的科学协同发展,建立在区域产业之间的科学协同发展的基础之上。大力推进京津冀三地之间的产业协同,是推进京津冀一体化、贯彻京津冀协同发展这一重大国家战略的题中之意和必然要求。高端制造业代表了制造业的发展方向,是实现经济转型发展的关键,在区域经济一体化背景下,进行京津冀高端制造业协同发展研究有着重大意义。

目前,关于区域产业协同发展的理论来自 Harmann. Haken(1971)的《协同学》,在其中一章中,他把协同学的观点应用到经济学的分析中,认为经济是一个大系统,而区域、产业、企业等是大系统下面的子系统或者元素,在元素与子系统的运动过程中各元素、子系统之间相互作用,从而使得子系统之间的发展从各自为政的无序状态,变成在时间上和空间上的有序状态。企业与企业之间、产业与产业之间、区域与区域之间由于资源共享、竞合关系、业务关联、组织学习、集体创新等使得相互之间的关系形成"1+1>2"的协同发展效应。国内学者也从经济学视角对协同进行了研究,在开放的条件下,产业是国民经济运行的协同系统,各产业相互协调合作形成了有序结构。从静态角度研究产业协同主要反映在产业结构合理化等方面(徐力行、高伟凯,2007);从系统的观点来看,产业协同考察产业之间的联动过程,不仅关注各产业运动在时间和功能上的衔接,同时也关注在动态变化中运行方向的一致性(徐力行、毕淑青,2007)[1]。

从现有文献来看,研究产业协同发展的方法主要有两种,一是系统动力学方法:运用系统动力学仿真,对制造业进行敏感影响产业协同的关键产业链环节的分析(徐力行、高伟凯,2007);将社会经济大系统分为社会、经济、科技子系统来设计县域经济协同发展指标体系,对系统内部和子系统直接协同发展成熟度进行测试,以此来对产业协同程度进行测定(王传民,2006)[2]。二是灰色关联度分析方法:袁伦渠(2006)运用灰色

---

[1] 徐力行,高伟凯. 产业创新与产业协同——基于部门间产品嵌入式创新流的系统分析[J]. 中国软科学,2007(6):131—135.
[2] 王传民,袁伦渠. 基于灰色关联分析的县域产业协同发展模型[J]. 生产力研究,2006(4):188—189.

关联分析方法研究产值结构与就业结构、资产结构的协同问题，构建了县域产业的协同发展模型；朱道才、赵双琳（2008）通过灰色关联度和相关关系分析，对安徽省县级产业协同发展情况进行衡量和评价，并提出推动县域经济协同发展的政策措施[①]。

对于京津冀的协同发展，纪良纲、晓国（2004）认为整合京津冀地区的存量资源，积极推动京津冀形成基础设施衔接、支柱产业配套、新兴产业共建、一般产业互补的梯度开发模式与分工协作体系，是推进京津冀区域经济一体化不可或缺的重要一环，也是提高区域竞争力的根本途径[②]。祝尔娟（2009）认为，京津冀三地的产业发展存在明显的梯度落差，为区域产业升级与合作提供了内在动力[③]。当然，京津冀产业协同发展也面临着不利条件。比如刘东生、马海龙（2012）认为京津冀产业协同发展还具有产业趋同现象明显、合理的产业分工协作缺乏、中心城市辐射功能较弱等问题[④]；纪良纲、晓国（2004）认为，京津冀还没有形成明显的产业链[⑤]。

我们认为，区域产业协同的基础是区域产业既有差异又相互关联，差异性主要体现在要素的投入比例不同，区域间的产业关联体现在一区域产业对其他区域产业的需求，或者是一区域的产业对其他区域产业的供给。段志、李善同、王其文（2006）研究表明投入系数通常是由区域的技术水平和产业形态决定的，它一方面衡量了每单位的产出需要的要素投入比例，另一方面可以衡量区域间产业的关联程度[⑥]，因此本书根据京津冀制造业的投入系数，研究制造业的发展差异及协同条件，在此基础上为京津冀制造业的协同发展提供政策建议。

2.2.1 高端制造业发展现状及问题

高端制造业指制造业中的高端环节，是一个国家或地区工业发展到后

[①] 朱道才，赵双琳. 产业协同、县域经济协调发展与政策选择［J］. 兰州商学院学报，2008（5）：93－100.

[②] 纪良纲，晓国. 京津冀产业梯度转移与错位发展［J］. 河北学刊，2004（6）：198－201.

[③] 祝尔娟. 京津冀一体化中的产业升级与整合［J］. 经济地理，2009（6）：881－886.

[④] 刘东生，马海龙. 京津冀区域产业协同发展路径研究［J］. 未来与发展，2012（7）：48－51.

[⑤] 纪良纲，晓国. 京津冀产业梯度转移与错位发展［J］. 河北学刊，2004（6）：198－201.

[⑥] 段志，李善同，王其文. 中国投入产出表中投入系数变化的分析［J］. 中国软科学，2006（8）：58－64.

期或进入后工业化阶段的产物,既包括传统制造业的高端部分,也包括新兴制造业的高端部分。高端制造业与传统制造业的主要区别是:传统制造业主要依靠传统工艺,技术水平和生产效率不高,劳动强度大,大多属于劳动力密集型和资金密集型产业;高端制造业主要依靠高新技术和高端装备,大多属于资本密集型或技术密集型产业。高端制造业可以是利用新技术发展起来的新行业,也可以是采用先进技术改造提升传统制造业。从制造业呈现出的绿色化、智能化、服务化发展趋势看,高端制造业基本上包含了先进制造业和服务型制造业。基于以上分析,我们认为,高端制造业的概念应该从行业和产业链两个角度界定。从行业角度讲,高端制造业指制造业中新出现的高技术含量、高附加值、强竞争力行业;从产业链角度讲,高端制造业是处于产业链高端环节的制造业,这些高端环节可以看成制造业的细分行业。高端制造业具有技术含量高、价值高、资本投入大、附加值高、控制力和带动力强等特征。技术含量高是指高端制造业体现多学科和多领域高、精、尖技术的集成,具有知识、技术密集等特征。价值高指高端制造业在产业链中处于高端地位,其发展水平决定产业整体竞争力。资本投入大原因有两个,一是高端制造业的核心技术往往研发难度大、工艺复杂,攻克这些核心技术需要高额研发费用;二是生产所需仪器、设备、材料本身具有较高价值,需要较高的购置费用。产品附加值高是由于高端制造业产品体现了先进技术、先进生产设备等方面的价值。控制力强是指高端制造业相关企业在产业链中处于控制节点位置,具有一定垄断特性,能够影响其他企业的行为。带动力强是指高端制造业企业拥有先进的技术设备和较强的创新能力,可以对上下游企业产生技术辐射,从而对整个产业链技术创新和竞争力提升都具有较强带动作用。

虽然高端制造业没有一个明确的定义,但根据其主要特征是技术含高、资本投入高、附加值高、信息密集度高,以及产业控制力较高、带动力较强的特点,因此选择通用、专用设备制造业,交通运输设备制造业,电气机械及器材制造业,通信设备、计算机及其他电子设备制造业,仪器仪表及文化、办公用机械制造业代表高端制造业。

京津冀高端制造业现状如下。

1. 通用设备制造业

2012年,北京通用设备制造业共287家企业,工业年产值为579.94亿元,单位企业年产值2.02亿元,利润总额为70.85亿元,单位企业利润

0.25亿元，从业人员为6.23万人；天津企业单位数共410个，工业总产值为855.67亿元，单位企业年产值2.08亿元，利润总额104.17亿元，单位企业利润0.25亿元，从业人数为9.26万人；河北省企业数1 037个，工业总产值为1 607.29亿元，单位企业产值1.02亿元，利润总额为140.17亿元，单位企业利润0.135亿元，从业人数为19.99万人。

2. 专用设备制造业

2012年，北京市专用设备制造业共310家企业，工业年产值为565.6亿元，单位企业年产值1.82亿元，利润总额为70.87亿元，单位企业利润0.23亿元，从业人员为7.73万人；天津企业单位数共324个，工业总产值为597.13亿元，单位企业年产值1.84亿元，利润总额43.69亿元，单位企业利润0.13亿元，从业人数为7.33万人；河北省企业数540个，工业总产值为900.62亿元，单位企业总产值1.67亿元，利润总额为81.60亿元，单位企业利润0.15亿元，从业人数12.36万人。

3. 交通运输设备制造业

2012年，北京交通运输设备制造业共274家企业，工业年产值为2 495.62亿元，单位企业产值9.10亿元，利润总额为215.15亿元，单位企业利润0.78亿元，从业人员为13.04万人；天津企业单位数共414个，工业总产值为2 131.31亿元，单位企业产值5.14亿元，利润总额176亿元，单位企业利润0.42亿元，从业人数为17.2万人；河北省企业数495个，工业总产值为1 627.83亿元，单位企业产值3.28亿元，利润总额为158.75亿元，单位企业利润0.32亿元，从业人数为18.2万人。

4. 电气机械制造业

2012年，北京电气机械制造业共270家企业，工业年产值为775.08亿元，单位企业年产值2.87亿元，利润总额为59.13亿元，单位企业利润0.22亿元，从业人员为6.23万人；天津企业单位数共332个，工业总产值为815.39亿元，单位企业年产值2.45亿元，利润总额60.13亿元，单位企业利润0.26亿元，从业人数为7.47万人；河北省企业数580个，工业总产值为1 483.25亿元，单位企业年产值2.55亿元，利润总额为152.22亿元，单位企业利润0.26亿元，从业人数为14.34万人。

5. 通信设备、计算机及其他电子设备制造业

2012年，北京通信设备制造业共300家企业，工业年产值为2 026.15亿元，单位企业年产值6.75亿元，利润总额为92.75亿元，单位企业利润

0.31亿元，从业人员为13.82万人；天津企业单位数共312个，工业总产值为2 045.06亿元，单位企业年产值9.76亿元，利润总额93.15亿元，单位企业利润0.29亿元，从业人数为160.4万人；河北省企业数106个，工业总产值为309.81亿元，单位企业年产值2.92亿元，利润总额为31.13亿元，单位企业利润0.29亿元，从业人数为7.02万人。

6. 仪表、仪器及文化办公机械制造业

2012年，北京仪表、仪器及文化办公机械制造业共197家企业，工业年产值为242.3亿元，单位企业年产值1.22亿元，利润总额为35.24亿元，单位企业利润0.17亿元，从业人员为3.27万人；天津企业单位数共70，工业总产值为130.12亿元，单位企业年产值1.85亿元，利润总额7.83亿元，单位企业利润0.11亿元，从业人数为2.11万人；河北省企业数63个，工业总产值为83.75亿元，单位企业总产值1.32亿元，利润总额为12.45亿元，单位企业利润0.19亿元，从业人数为1.59万人。

从产业规模来看，通用、专用设备制造业、交通运输设备制造业、电气机械及器材制造业，河北省产业规模最大，拥有的企业数量最多，其工业年产值也最大，但是单位年产值、单位利润却不及北京和天津；天津市的通信设备、计算机及其他电子设备制造业产业规模最大，拥有的企业数量对多，其工业年产值及单位年产值都比北京和河北的大。北京市的仪表、仪器及文化办公机械制造业产业规模最大，工业年产值也相对其他两地较大，单位企业利润也是最多的。

京津冀高端制造业面临如下问题。

第一，缺乏核心技术和创新能力。与发达国家相比，京津冀高端制造业技术创新能力不足，技术成果产业化程度低。在代表高端制造业技术发展方向、市场前景广阔的关键领域还难以成为技术原创国，核心技术供给不足，达到世界先进水平的制造业产品更是寥寥无几，高端制造业制造技术对外依赖度高达50%，主要机械设备50%以上的技术来源，多数电子信息设备的核心技术，都需要从西方发达国家引进。自主知识产权少，制造发明专利占世界总量不足2%，在发明专利中，国外授权量达到总量的2/3。

第二，缺乏世界级知名品牌。京津冀高端制造业中自主品牌产品出口占比很小，具有国际影响力的著名品牌更是缺乏。据不完全统计，世界装备制造业中90%的知名商标所有权被发达国家掌控。由于缺乏商标支撑，特别是缺少一批能与国外知名商标相抗衡、具有一定市场影响力和国际竞争力的自主商标，80%～90%的装备制造业出口商品属于贴牌加工。缺乏自主品牌的原因既与缺乏核心技术有关，也与缺少可以和跨国企业抗衡的大型企业集团有关。世界级制造业企业的诞生同时也就意味着世界品牌的诞生，世界品牌又能促进世界级制造业企业的持续发展、不断壮大。

第三，没有形成完整的产业链。京津冀高端制造业的大多数行业没有形成完整产业链。由于缺乏具有较强研发实力的大企业集团，没有形成以主机制造厂为核心、上下延伸的强大产业链，产业总体规模、经济效益和竞争力难以提高。装备制造业都程度不同地存在这一问题，典型的代表是电力设备。电力设备是高端装备自主创新成就比较突出的领域，但是由于缺乏核心技术，核电和燃气发电设备的仪表控制系统仍依赖进口，燃气轮机与高水平的抽水蓄能机组不但设计依靠国外，一些关键部件也依赖进口，造成产业链不完整。

高端制造业发展面临如下制约因素。

第一，研发投入不足制约高端制造业的国际竞争力。技术开发能力和知识产权占有能力是衡量一个国家和地区产业技术水平和竞争力的决定因素。我国技术创新能力不足，不少产品缺少自主知识产权，这与研发投入不足有很大关系。不少企业对新产品、新工艺研发投入不足，原创性技术创新成果少，并且在消化吸收引进技术中，再创新投入严重不足，二次开发能力不强，陷入"引进—落后—再引进—再落后"的恶性循环。

第二，生产性服务业不能给高端制造业提供有力支撑。生产性服务业可以通过服务外包、产业关联、资本深化和空间集聚等途径降低制造业交易成本，推动制造业向产业链高端攀升，进而促进高端制造业发展。长期以来，受制造企业实行全能型发展模式、服务环节"内置"于制造企业、生产性服务业准入门槛高、市场化程度低等因素的影响。

第三，区域间缺乏分工协作影响高端制造业。长期以来，从追求"门类齐全、自成体系"出发，地区之间不是根据资源禀赋来发展经济，而是通过市场封锁和分割，搞"大而全、小而全"，地区之间产业同构问题突出。加之受现行行政管理体制、政绩考核和财税体制影响，地区之间低效率同质化竞争现象广泛存在，突出表现在高端制造业领域。由于各自为政，地区间缺乏生产专业化分工，很难发挥各自优势、功能互补，形成促进高端制造业发展的有效合力。

2.2.2 理论分析、研究方法及数据来源

里昂惕夫的投入产出方法是研究产业关联的最有效工具，在投入产出表的第一象限和第三象限中，每一个元素都有两个不同的含义：假设某一元素 x_{ij} 位于第 i 行第 j 列。从行上看，x_{ij} 表示产业 j 对产业 i 的中间需求，即产业 j 在产品生产过程中所需要吸收的产业 i 的产品数量，它表明了该产业部门产品被其他产业部门（包含本产业部门）需求的比例。而从列上看，表示产业 i 对产业 j 的投入，即产业 i 的产品在经济活动中作为投入而被产业 j 所消耗掉的数量，各部门产品所需的投入分为中间投入和最初投入两部分。中间投入是指各部门在生产活动中对原材料、燃料、动力等的消耗。最初投入由固定资产折旧、从业人员报酬、生产税净额和营业盈余构成。它以投入产品的形式反映着各个产品部门之间的生产技术上的联系。不同地区的经济发展不同，其产业的要素投入比例也不相同，钱纳里等人就认为，在不同经济发展阶段，生产力水平、技术水平不同会影响到生产要素的组合方式。当经济发展处于较低水平时，由于技术水平低，在生产经营活动中，投入的劳动和初级资源相对较多，而资本和技术的使用较少；随着经济的发展、资本的积累，生产力水平和技术水平大幅度提高，要求使用大量的资金和技术，劳动力使用比例会有一定程度下降。这些要素投入比例可以通过投入系数来表示。

考察区域之间的产业分工结构及关联结构的有力工具之一是从产业间投入产出表延伸开发出来的地域间投入产出表，区域间投入产出表能够打破过去使用单个区域投入产出表孤立地研究区域问题的局限性，从全面联系的角度出发，在把握各个区域产业关联和区际关系的基础上，可以系统地研究区域间产业联系和部门间的生产投入和需求供给的关系，对我们全面了解京津冀产业协同关系具有重要意义。

本章主要对京津冀制造业进行研究，在投入产出表中，产业的总投入是由中间投入和最初投入构成，为了更为详细地研究产业的要素投入，根据 Jorgenson、Gollop 和 Fraumeni 在研究全要素生产率的计算方法时，提出的 KLEMS 核算体系对制造业的中间投入进行分类，该核算体系的最大特点是将中间投入［能源（E）、原材料（M）和生产服务（S）］引入到生

产率的核算中，根据 KLEMS 核算体系将投入产出表中的中间投入分类，把主要来源于投入产出表的中间产品矩阵，先按产品属性将部门分为提供能源、原材料、生产性服务三类，再分别将各部门的中间使用按照上述标准进行合并，就可将各部门的中间投入分解为能源（来自能源生产部门）、原材料（来自原材料生产部门）和生产性服务（来自服务提供部门）。

能源部门：煤炭开采和洗选业；石油和天然气开采业，石油加工、炼焦及核燃料加工业；电力、热力的生产和供应业，燃气生产和供应业，水的生产和供应业。

原材料工业部门：金属采矿业，非金属及其他采矿业，化学工业，非金属矿物制品业，金属冶炼及压延加工业，金属制品业。

生产服务业性部门：交通运输及仓储业，邮政业，金融保险业，信息传输、计算机服务和软件业，房地产业，租赁和商务服务业，研究与实验发展业，综合技术服务业。

根据以上分类，制造业的要素投入分为：能源投入、原材料投入、生产性服务投入和最初投入。

假设 x_i 为 i 产业的总产出，则投入系数通常定义为：

$$h_{ij} = \frac{x_{ij}}{x_j}$$

h_{ij} 是投入系数，x_{ij} 指第 j 产业所需要的 i 类投入价值量，x_j 指第 j 产业的总投入，投入系数的取值范围为（0，1），取值越大，说明第 j 产业部门对第 i 类投入的直接依赖性越强，取值越小则对投入品的直接依赖性越弱。

本书选用 MRIO 模型作为区域间投入产出模型。在构建方法上，除了基本的构建方法与传统的区域投入产出模型的构建方法相近，重要的区别在于它需要构建区域间贸易系数，它是区域间投入产出表构建的关键一步。

通过井原（1979，1996）对于摩擦系数的估算，来构建区域间贸易系数（张亚雄，赵坤，2006）[①]。摩擦系数公式为：

$$Q_i^{RS} = \frac{H_i^{RS}}{\frac{H_i^{RO} H_i^{OS}}{H_i^{\infty}}}$$

---

① 张亚雄，赵坤. 国家间投入产出模型方法、研制与应用 [J]. 经济研究，2010.

其中，H_i^{RS} 为 R 区流入到 S 区的总量，H_i^{RO} 为 R 区总流出量，H_i^{OS} 为 S 区总流入量，H_i^{OO} 为全部区域的总流入量（总流出量）。

利用如下公式计算区域间贸易系数

$$t_1^{BB} = \frac{Q^{BB} X_1^B}{Q^{BB} X_1^B + Q^{HB} X_1^H + Q^{TB} X_1^T + Q^{RB} X_1^R}$$

t_1^{BB} 表示其他产业北京到北京的贸易系数；Q^{BB} 表示北京到北京的摩擦系数；Q^{HB} 表示河北到北京的摩擦系数；Q^{TB} 表示天津到北京的摩擦系数；Q^{RB} 表示其他地区到北京的摩擦系数；X_1^B 表示其他产业在北京的总产出；X_1^H 表示其他产业在河北的总产出；X_1^T 表示其他产业在天津的总产出；X_1^R 表示其他产业在其他地区的总产出。

张亚雄、赵坤（2010）提到 Chenery 和 Moses 提出的多区域投入产出模型（Multiregional Input-output Model，MRIO），影响较大。该模型以区域投入产出模型为基础，通过典型调查或数学估算或两者相结合的方法，利用相应的区域信息推算不同产品的区域间贸易量，从而得到区域间投入产出模型。运用 MRIO 模型数据需求量较低、结果精度较高，可以较为简便、准确、全面地反映不同区域部门之间的经济联系情况。运用 MRIO 模型，得到三区域间投入产出表。

因为地区投入产出表，每五年编制一次，2012 年的投入产出表还无法全部拿到，因此选取 2007 年京津冀三地区 42 部门投入表为研究对象，并与 2002 年数据对比，数据分别来源于北京、天津和河北省统计局数据。

2.2.3 实证分析

本书将制造业的投入分为四类，分别为①最初投入，②原材料投入，③能源投入，④服务投入。在构建区域间投入产出模型之前，首先分别计算京津冀三地区制造业的各类投入系数的均值和变异系数（表 2.1）。变异系数指样本标准差除以平均数，是一个相对值，其大小同时受平均数与标准差的影响。变异系数越大，波动程度越大。通过变异系数来衡量京津冀制造业投入系数的差异。

表 2.1 投入系数

	原材料投入系数		能源投入系数		生产服务投入系数		最初投入系数	
	均值	变异系数	均值	变异系数	均值	变异系数	均值	变异系数
通用、专用设备制造业	0.33	0.29	0.03	0.58	0.13	0.22	0.27	0.04
交通运输设备制造业	0.21	0.37	0.02	0.48	0.13	0.45	0.19	0.03
电气机械及器材制造业	0.37	0.23	0.02	0.44	0.13	0.30	0.24	0.06
通信设备、计算机电子设备制造业	0.22	0.59	0.02	0.85	0.14	0.34	0.22	0.32
仪器仪表及办公用机械制造业	0.16	0.35	0.01	0.35	0.18	0.29	0.30	0.14

1. 原材料投入系数分析

原材料工业是为制造业提供原材料的工业部门，从表2.1中可以看出，通用、专用设备制造业，交通运输设备制造业，电气机械及器材制造业，通信设备、计算机电子设备制造业，仪器仪表及办公用机械制造业的原材料投入系数的均值较大，在0.16～0.37之间，其中三个地区电气机械及器材制造业的原材料投入系数最大为0.37，说明京津冀每生产一单位的电气机械及器材，则需要0.37单位的原材料投入，其中河北需要0.47单位、天津需要0.37单位、北京需要0.26单位。从变异系数的大小来看，电气机械设备及器材制造业的变异系数最小，为0.23，说明该产业在京津冀三地的原材料投入相似，差距不大；通信设备、计算机电子设备制造业的变异系数最大，说明每生产一单位的产值，三地所需要的原材料投入差距较大。

2. 能源投入系数分析

能源是国民经济和制造业发展必不可少的物质基础。制造业的发展也带来了能源消耗过高的问题，不同区域的制造业由于资源禀赋、发展水平等因素对能源的需求不同，从表2.1的能源投入系数的均值来看，高端制造业的能源投入系数都较小，这几类制造业的投入系数都在0.03以下，说明高端制造业对能源的依赖程度比较小。虽然均值较小，变异系数却比较大，说明同样的产业，在京津冀不同地区对能源的需要也是不同的。

3. 生产服务投入系数分析

生产性服务业作为为制造业提供中间服务的产业，在促进我国制造业

第2章 区域经济理论与交通的变化

乃至整个产业结构优化升级方面发挥着越来越大的作用。生产性服务不直接满足消费者的需求,它的作用在于提高工业生产各阶段的运营效率,提升产出价值。从均值上看,所有制造业的生产服务投入系数均值大小差距不大,都在 0.1 左右,这些产业,天津地区的生产服务投入系数最大,北京次之,河北的生产服务投入系数最小。

4. 最初投入系数分析

最初投入由固定资产折旧、从业人员报酬、生产税净额和营业盈余构成,是每次产业的初始投入。从表 2.1 中可以看出,相比其他三类投入系数,最初投入系数的均值最大,占总投入的比例最多;同时,从变异系数也可以看出,三个地区制造业的最初投入差异不大,说明在三个地区中,制造业的初始投入相似。

5. 投入系数分析总结

从以上分析中可以得出,比较原材料投入系数、最初投入系数、能源投入系数和生产服务投入系数的均值来看,京津冀三地区的高端制造业主要依赖于原材料投入、最初投入和生产服务投入,对能源的依赖程度较小;从变异系数来看,三地高端制造业的最初投入相似,差距不大,对原材料和生产服务的投入差距较大。与 2002 年投入产出数据对比可知,三地高端制造业的原材料投入系数都降低,而生产性服务的投入系数增加。说明生产性服务投入的差异是导致三地高端制造业差异的主要原因。

京津冀三地产业既存在相互竞争、相互制约的关联又存在相互补偿相互支撑的关联,区域间投入产出表能够更为全面地反映区域之间产业的相互关系,区域间投入系数表示一区域每生产一单位产出,对其他区域产业的需求,投入系数越大,说明对其直接依赖性越强。

表 2.2 是京津冀高端制造业对高端制造业的投入系数,第一列分别是京津冀的高端制造业对北京高端制造业的投入,其中北京高端制造业的投入系数为 0.085,代表北京每生产一单位的高端制造业,需要北京本地高端制造业为其投入 0.085,而天津为其投入 0.126,河北为其投入 0.047,可以看出北京高端制造业对天津高端制造业的直接依赖程度比对北京本身高端制造业的依赖程度大。而天津的高端制造业对北京高端制造业的依赖程度也较大,天津每生产一单位的高端制造业,需要北京高端制造业投入 0.056。这说明北京和天津高端制造业的相互依赖影响力较大,北京和天津高端制造业也在协同发展。而相比北京和天津,河北省高端制造业与北

京和天津的高端制造业相互依赖程度很小，河北省每生产一单位的高端制造业，对北京高端制造业和天津高端制造业的需求都小于0.01。

表2.2 京津冀制造业的关联

	北京	天津	河北
北京	0.085	0.056	0.008
天津	0.126	0.021	0.009
河北	0.047	0.037	0.011

表2.3是京津冀生产性服务业对高端制造业的投入系数，其中北京高端制造业，来自北京生产性服务的投入系数为0.036，表示北京每生产一单位高端制造业对北京生产性服务的直接依赖程度；对天津和河北的生产性服务的直接依赖分别是0.012和0.014。天津高端制造业对北京、天津、河北的直接依赖程度分别为0.028，0.002，0.024。河北高端制造业对京津冀三地的直接依赖程度最低。

表2.3 京津冀制造业与生产性服务业的关联

	北京	天津	河北
北京	0.036	0.028	0.005
天津	0.012	0.002	0.001
河北	0.014	0.024	0.005

从以上分析可以看出，北京高端制造业和天津高端制造业的关联性较大，北京的高端制造业需要天津高端制造业的大量投入才能发展，而天津高端制造业需要北京生产性服务业的投入才能快速发展。从2007年投入产出数据来看，河北与北京和天津的关联程度不高，若想实现京津冀三地协同发展，需要加大河北高端制造业与天津高端制造业、北京生产性服务业的关联程度。

2.2.4 京津冀高端制造业协调发展下的交通产业发展分析

根据表2.1可以看到，交通运输设备制造业的原材料投入系数是

0.21，说明京津冀每生产一单位的交通运输设备制造业，则需要0.21单位的原材料投入，在高端制造业是比较小的，仅大于仪器仪表及办公用机械制造业，因而从原材料投入方面说具有比较优势；交通运输设备制造业的能源投入系数是0.02，说明京津冀每生产一单位的交通运输设备制造业，则需要0.02单位的能源投入，在高端制造业是中等的；交通运输设备制造业的生产服务业投入系数是0.13，说明京津冀每生产一单位的交通运输设备，则需要0.13单位的生产服务业投入，在高端制造业是最小的；交通运输设备制造业的最初投入系数是0.19，说明京津冀每生产一单位的交通运输设备，则需要0.19单位的最初投入，在高端制造业是最小的。

2.3 知识文明下的京津冀区域协调发展理论对北京交通的挑战与机遇

2.3.1 知识文明

2010年6月10日，全国人大常委会副委员长、中国科学院院长路甬祥说，展望人类文明发展进程，人类社会将创造继农业文明和工业文明后的新的文明——"一个崭新的人类文明形态——知识文明时代即将到来"。[①]

路甬祥指出，未来40年，包括中国在内的20亿至30亿人将进入基本现代化行列。世界大多数人追求现代化生活的强烈需求，与地球有限的资源和环境承载力的矛盾将日益尖锐，全球共同面临着资源能源、金融安全、网络安全、粮食与食品安全、人口健康、生态环境和全球气候变化等一系列严峻挑战，迫切需要创新发展方式，走科学发展、创新发展、绿色发展、和谐发展、可持续发展之路。在中国现代科学技术发展史上，经历了引进知识与技术、跟踪创新的历史阶段，正处在自主创新、跨越发展的新起点。路甬祥称，这一代科技工作者比前辈有更好的机遇、更大的舞台和更美好的前景，对后辈也有着更大的历史责任。

---

① http://news.163.com/10/0610/19/68RDRNH7000146BC.html.

进入21世纪,科学技术的迅猛发展和经济全球化,正深刻改变着人类社会发展方式,知识与技术创新影响和渗透到整个经济和社会体系,成为经济发展的主要动力,成为社会进步的主导因素,成为影响国家竞争力的决定性因素。经济发展方式从资源依赖型、投资驱动型向创新驱动型为主转变,以知识为基础的产业将成为社会的主导产业。人类必须依靠科技创新解决共同面临的资源能源、生态环境、人口健康、国家和公共安全等重大问题,走出环境友好、人与人、人与自然和谐相处的可持续发展的道路。

不同的文明时代,社会发展的主要资源不同。农业文明时代,主要资源是土地、水、生物、气候等自然资源。工业文明时代,主要资源是化石能源、矿产资源和生物质资源等自然资源,以及资金、厂房、设备等要素资源。知识文明时代,知识资源成为引领发展的主要因素,知识创新成为发展的核心要素,知识创新与应用成为经济增长、社会进步与可持续发展乃至人的全面发展的主要方式。

知识作为新的资源,与传统物质资源相比,具有共享普惠、无限增值的本质特征,克服了传统物质资源排他性和消耗性的固有缺陷,并能引导物质资源的可持续利用。同样的知识资源能够为不同的人群同时使用,而且使用的人越多、使用的面越宽,知识的价值实现越大,知识的增长也越快,将为人类社会发展提供永不枯竭、可持续发展的资源保障。

个性化创造和全球规模化组织有机结合成为主要的生产方式,科学技术作为生产力中最具革命性的要素,不断创造新的生产工具,不断拓展劳动对象,不断提升人的能力,进而引发社会生产方式的变革。技术革命和工业革命,使社会生产方式发生了重大变革,从农业文明时代主要以个体劳动及其简单集合为主的生产方式,跃变为工业文明时代以规模化大生产为主的生产方式,其主要特征是生产的工厂化、标准化、程序化。

20世纪90年代以来,信息技术和网络技术的广泛应用,推动规模化大生产方式向全球制造、柔性制造、绿色制造、网络制造发展,计算和网络能力的跨越式提升,新的知识为基础的服务业、文化产业和智能产业的快速发展,为个性化创造提供了广阔的发展空间,随时、随地、随心所欲地创造知识产品成为可能,以人的知识创造为中心的生产与工业文明时代以机器为基础的规模化生产相结合,将创造新的生产方式。学科交叉融合，科学技术相互作用，知识、技术、人才、转移转化应用的速率加快，科技创新突破与产业革命将导致社会生产方式的根本性变革。

知识文明时代的社会应该是一个民主法治、公平正义、诚信友爱、充满活力、安定有序、人与自然和谐相处的和谐社会。人类将不断共创共享知识资源，创造新的知识需求，创造以知识为基础的新的工艺、服务、新兴产业和全球市场，增强构建和谐社会的物质基础；科技创新将不断深化对自然界、人类社会发展规律的系统认知，为自觉而及时地调整人与自然的关系，系统认识经济社会复杂系统的演化调控规律提供科学依据，不断丰富构建和谐社会的知识基础；科学知识、科学精神、人文精神、科学思想和科学方法的广泛传播，将引导人们树立并发展科学的世界观、价值观和发展观，将有效激发全社会的创新意识和全民的创新兴趣，将引导形成科学的、文明的生活方式，不断丰富和谐社会的文化基础。

2.3.2 知识文明下的区域经济理论

经济全球化作为世界经济发展的大背景，使其进入了缓慢而深入的调整期。以中国的经济发展为例子，对其进行相对应的经济发展政策刺激后，不得不承认京津冀地区的协同发展完全可以作为国家级发展战略。京津冀地区的协同发展在"联通南北，带动中西"中起到的作用十分重要，不可忽视。随着时代的发展，京津冀地区的发展要紧随时代的步伐，在不断前进中面临挑战，发现机遇，解决问题。脚踏实地地做好京津冀发展的每一步，才是在时代的大浪中，冲刷尘垢，展现风采的基础。鉴于交通运输在经济发展中起到的至关重要的作用，从交通经济角度，以知识文明的经济发展环境为前提，解决京津冀区域发展中存在的问题，为京津冀区域的协同发展找准正确的发展方向，成为当前经济发展环境下的一项迫切任务。

在知识文明下，区域经济理论也将发生变化。这种变化主要以虚拟经济理论和互联网＋理论为主要代表。知识文明下的区域经济理论最重要的区别于工业文明的分散理论。

国内学术界关于虚拟经济理论的较深入探讨大致可以分为两个时期。第一个时期是从1996年到2002年10月，可以称为虚拟经济理论的产生期。从目前发表的文献看，最早关注这一问题的学者主要包括刘骏民和成思危。其间在南开大学召开了第一届全国虚拟经济研讨会。第二个时期是从 2002 年 11 月至今。这个时期是虚拟经济理论的发展期。党的十六大明确提出要正确处理虚拟经济和实体经济的关系，在党的文件中首次出现虚拟经济一词，大大推动了学界对虚拟经济的研究。党的十六大后，理论界兴起了研究虚拟经济的热潮，发表了大量与虚拟经济有关的文章，并先后召开了第二、三、四届全国虚拟经济研讨会。

　　虚拟经济研究的核心概念是虚拟经济的定义。目前，有三种代表性的观点。一是指与虚拟资本以金融系统为主要依托的循环运动有关的经济活动，货币资本不经过实体经济循环就可以取得盈利。简单地说，就是直接以钱生钱的活动。二是指以资本化定价行为为基础的价格系统，其运行的基本特征是具有内在的波动性。三是指虚拟经济就是金融。

　　20 世纪末，美国等发达国家依靠其以信息技术为代表的高科技的发展，进入了新经济时代，这个时代的特点和影响正如格林斯潘 1999 年所说："我们称之为信息技术的新技术革命，已经开始改变我们处理事务和创造价值的方式。"新经济是对信息经济、网络经济、数字化经济的概括，对人们的工作、学习和生活方式产生全新的革命，它不仅丰富了人们获取信息的途径，而且为企业内或企业间的信息交流提供快捷而廉价的通信工具，还给工商企业和消费者之间的信息沟通提供新的渠道。网上教育、网上通信、网上新闻、网上交易、网上娱乐等成为经济活动的主要场所。

　　现在经济发展又将进入足以称为新经济时代的"互联网＋"时代。这场革命依靠的技术手段是"移动终端＋互联网"平台。"互联网＋"的技术和经济特征主要体现为：一是移动终端。消费者利用移动终端，即时购买、消费、支付。二是市场参与者大众化的开放式平台，为用户提供充分的市场信息和充分的选择机会，也可为用户提供个性化的定制服务，为用户创造更大价值。三是许多实物产品数字化，如音乐、出版、新闻、广告、服务代理、金融服务等，消费者可通过手机等移动终端直接交易和消费这些产品和服务。

　　利用互联网提供的移动终端和平台使互联网进入社会再生产的各个环节。如，"互联网＋消费""互联网＋交换""互联网＋生产""互联网＋分配"。这使"互联网＋"成为社会再生产各个环节不可分割的部分，必然对社会生产关系产生影响。尤其是生产和消费在互联网平台上连接，不再

第 2 章
区域经济理论与交通的变化

需要销售人员满天飞,大大降低交易成本。把"互联网+"看作新经济时代的特征,最重要的是其产业升级效应。传统产业借助"互联网+"进入现代产业体系。传统产业不等于夕阳产业,只要采用最新技术,现阶段就是"互联网+",再传统的产业都可成为现代产业。"互联网+"进入哪个产业领域,哪个产业领域就能得到根本改造并得到提升。"互联网+零售"产生网购和电子商务。"互联网+金融"产生互联网金融。"互联网+媒体"产生新媒体。"互联网+教育"产生"慕课"(MOOC)。"互联网+清洁能源"标志着第三次工业革命。"互联网+医疗"产生互联网医疗,同时又会衍生出一系列新产业,如快递业。面对"互联网+"的挑战和冲击,现有的传统制造业和服务业积极响应的路径就是"+互联网",实现转型升级。如零售实体店遇到网购产业的冲击,纷纷"+互联网"提供网购服务;金融业面对互联网金融业的冲击,也要"+互联网",提供网上金融服务。"物流业+互联网"提供快递服务。总体来看,现有的传统产业,要能生存和发展,都得"+互联网",否则就会被毁灭。这样,在传统产业领域"互联网+"和"+互联网"共存并互为补充,甚至走向融合,如原来只是在"互联网+"领域提供电商平台的阿里巴巴与拥有实体零售业的"+互联网"苏宁易购战略合作,成为其第二大股东,也就形成线上线下的合作。

近年来,我国电子商务和互联网金融发展都非常迅猛。以电子商务为例,2013 年我国电子商务交易规模为 10 万亿元。我国已超过美国成为第一大网络零售市场。据国家统计局 2015 年前三季度数据,社会消费品零售总额为 216 080 亿元,同比名义增长 10.5%(以下除特殊说明外均为名义增长),增速比上半年快 0.1 个百分点,全国网上零售额为 25 914 亿元,同比增长 36.2%。其中,实物商品网上零售额为 21 510 亿元,增长 34.7%,占社会消费品零售总额的比重为 10%;非实物商品网上零售额为 4 404 亿元,增长 43.6%。由此可见电子商务增长之迅猛。

虚拟经济理论本身将工业文明的土地区位虚拟化,互联网+理论进一步使这种分散化现实化。因此,产业集聚在知识文明时代不再是时髦的词,相反,产业个性化将是知识文明产业发展的特色。

2.3.3 知识文明下的京津冀区域协调发展理论对北京市交通的挑战与机遇

人类社会的发展历程早已跨越了农业与工业文明时代，已经步入新的文明的时代。新的文明具有丰富的内涵，而知识文明就是我们所说的新文明的表现特征之一。现如今，知识已然成为支配社会发展的主导力量，创新一词也已成为时代精神的主旋律。

事实上，知识文明与创新二者都是从时代精神层面涌现出来的，二者密不可分，存在着深刻的内在联系。二者的关系体现在以知识观念为中介，具体来说知识文明其实是创新意识的温床，而创新意识则是构成知识文明的灵魂。知识文明的形成总是伴随着知识观念的变化与革新，也进而孕育了新的知识观念，催生创新意识。科学、技术、哲学和文化发展史等共同促成了知识文明。具体包括科学与技术的历史发展，哲学和文化的历史发展和文化发展。在形成知识文明的历史潮流中，科学和技术的历史发展是位于最基层地位的，作为最新历史形态正以知识密集为特征。

在知识文明下的交通运输，要合理布局需要充分利用科学与技术的发展成果，处理好各种运输方式的衔接，充分发挥组合效用及整体优势，尽快形成便捷、通畅、高效且安全的综合交通运输体系。加快发展铁路、城市轨道交通，进一步完善公路网络，发展航空、水运和管道运输。加强宽带通信网、数字电视网和下一代互联网等信息基础设施建设，推进"三网融合"，健全信息安全保障体系。为此，只有按照交通运输与区域经济发展的固有规律制定相应的区域政策和区域规划方案，才能达到全国经济的合理布局和产业结构优化，达到区域经济发展的效益与均衡，保持国民经济持续、稳定、协调发展。

知识文明下，京津冀区域协调发展理论对北京市交通的挑战和机遇如下。

其一，"互联网＋"理论指导下的交通服务是应对经济新常态、打造中国经济升级版的客观需要。要推动京津冀区域发展，推动区域生态文明建设，发展生产性服务业，深化经济体制改革，实施对外开放。经济发展

第2章
区域经济理论与交通的变化

新常态下,要加快打造"互联网+"交通服务,市场有需求,技术有保障,政府导向明晰。综合运输体制机制的不断完善,倒逼行业升级,优化重塑服务链,提升政府治理能力,加快形成以人为本的"互联网+"交通服务体系,对引领新的经济增长极和经济支撑带,推动经济向中高端水平发展,提高区域国际竞争力具有十分重要的意义。

其二,"互联网+"和虚拟经济理论下的交通服务是培育经济增长点的重要领域。我国经济发展新常态既是对传统产业的一次"洗牌",也是对新兴产业的一次"破题"。京津冀区域交通运输综合竞争力有待于提高,结构性问题突出,粗放发展模式还没有从根本上得到扭转,"互联网+"交通服务是京津冀区域运输业转变发展方式,积极培育壮大更多新的经济增长点的发展方向,潜力巨大。"互联网+"交通服务产业化有利于拉动区域内需,节假日旅游消费、电商驱动下的网购消费增长态势强劲,服务贸易成为新的增长点。随着标准化运载单元得到广泛运用,标准化车型、船型得到普遍推广,多式联运设施装备技术标准体系初步建立并加快产业化发展,交通与电子、通信、金融等产业的融合也将交替发生,并不断形成新的服务模式和服务产品。

其三,"互联网+"理论指导下的交通服务是释放交通市场活力的关键举措。互联网+交通服务是全球化、信息化时代,随着移动互联网技术开发的普及应运而生的,它按照交通运输发展的规律不断演进,其技术创新、管理创新、市场驱动为充分释放市场活力发挥了非常重要的作用。一是区域内大量的社会潜在交通运输资源得到有效整合,一些曾经无法利用的社会资源被充分调动起来,大量闲置的交通运输资源通过时空协调与共享得到利用。二是新一代信息技术的不断突破及其在各领域的深度发掘,使跨界融合呈现出蓬勃生机,呈现出技术加速突破、产品和业务逐步成熟、商业模式创新不断加快、传统产业竞争规则改变等主要特点。三是随着交通运输管理部门大力简政放权,市场活力将进一步得到释放。通过破除体制机制瓶颈,全面激发互联网+交通服务的市场潜力和内生动力,释放出前所未有的市场活力。

其四,互联网+交通服务是交通产业转型升级的必然选择。目前京津冀区域交通发展不平衡,多种交通运输方式衔接不畅,重建设,轻养护,轻服务,发展方式粗放。互联网+交通服务是当前交通运输转型升级所面临的重要机遇和必然选择。互联网＋交通服务以多样化的民生需求为导向，调动市场力量，增加有效供给，主动适应消费扩大和升级的需要，促进交通运输结构调整，推动综合运输体系建设，带动新产业、新业态发展，推动交通服务向中高端水平迈进。

《中共中央关于制定国民经济和社会发展第十一个五年规划的建议》明确提出："交通运输，要合理布局，做好各种运输方式相互衔接，发挥组合效率和整体优势，形成便捷、通畅、高效、安全的综合交通运输体系。加快发展铁路、城市轨道交通，进一步完善公路网络，发展航空、水运和管道运输。加强宽带通信网、数字电视网和下一代互联网等信息基础设施建设，推进'三网融合'，健全信息安全保障体系。"为此，只有按照交通运输与区域经济发展的固有规律制定相应的区域政策和区域规划方案，才能达到全国经济的合理布局和产业结构优化，达到区域经济发展的效益与均衡，保持国民经济持续、稳定、协调发展。

第3章
交通拥堵治理主体的行为分析

交通是城市的动脉系统,交通的畅通与否直接影响着城市经济的发展及人民的生活品质。我国大城市比如北京等,车与路的矛盾日趋严重,交通拥堵问题已成为制约城市发展的一项顽疾。

城市交通拥堵问题的治理是一项由地方政府提供的公共服务,其实质是一种公共益品。虽然我国各大城市纷纷施行了一些治理交通拥堵问题的政策,但是其治理效果并不佳,城市交通状况还出现了日趋恶化的趋势。

从国内外的研究来看,探讨城市交通拥堵治理的文章很多,但大多数是从技术上探讨解决交通拥堵的对策,而很少从治理主体地方政府的角度进行此问题的研究。通过分析可以看到,地方政府作为交通拥堵问题的治理者,其行为选择是影响此问题治理成效的一个重要因素。

我国在改革开放后实行的行政和财政分权强化了地方政府的自主权。与此同时,受制于政绩考核和自身利益结构,地方政府将地方经济发展作为首要任务,而往往忽视了地方公共物品供给。这就使得许多理论上可行的城市交通拥堵问题的治理对策,在现实生活中难以得到施行。

3.1 城市交通拥堵及其治理主体

城市交通拥堵主要是指城市道路拥挤，即城市道路上的车辆密度过大，致使车辆行驶速度受到影响的一种现象。当交通需求较小时，出行者可以很快到达目的地，而随着交通需求的不断增加，当交通需求超过了道路交通容量时，来自上流的超过容量部分将会在瓶颈处形成等待，这种交通现象即为交通拥堵，它是城市交通需求与交通供给间发生矛盾的突出表现。

交通拥堵的衡量标准各国尚未有统一标准。1994年日本建设省将交通拥堵标准确定为一般道路拥堵长1千米以上或拥堵时间10分钟以上；美国道路通行能力手册将车速为22千米/时以下的不稳定车流称为拥堵车流[1]。我国公安部《城市交通管理评价指标体系》（2002）规定，城市主干道上机动车的平均行驶速度不低于30千米/时为通畅，低于30千米/时但高于20千米/时为轻度拥堵，低于20千米/时但高于10千米/时为拥堵，低于10千米/时为严重拥堵。

城市交通拥堵实质上就是一种公共劣品。

首先，交通拥堵具有很强的负外部性，对个人、社会和经济造成了许多危害。

其次，交通拥堵具有非排他性。即使是不开车的人，也会因道路交通拥堵而导致出行受阻，同时尾气污染也会使不使用汽车的人受到侵害。

最后，交通拥堵具有非竞争性。在交通拥堵的情况下，新增消费者不会减少道路交通拥堵的程度，反而可能会使交通拥堵越发严重。

根据奥里弗·摩里西等人[2]对公共益品的分类，公共益品可以分为三类：本身具有益处的公共益品、减少公共劣品危害的公共益品及增强性能的公共益品。公共劣品危害的减少，也就是负外部性的减少，这在某种意义上就是提供一种正外部性。减少公共劣品危害的公共益品就是通过提供

---

[1] 陆化普. 解析城市交通 [M]. 北京：中国水利水电出版社，2001.
[2] Oliver M. et al. Defining International Public Goods: Conceptual Issues, International Public Goods: Incentives, Measurement and Financing, eds, Maro Ferroni & Ashoka Mody [M]. World Bank Publications，2002.

一种与公共劣品相对应的公共益品,以此减少公共劣品的危害。因此交通拥堵治理是公共益品。

3.1.1 交通拥堵治理的供给主体选择

根据新制度经济学的观点,并不存在固定的公共益品的最优模式,而应该根据公共益品的特性和约束条件的变化选择最优供给主体。为了能实现最佳的交通拥堵治理成效,因而选用效率标准作为交通拥堵治理的供给主体的标准。

下面分别从私人部门、第三部门、中央政府和地方政府四个主体进行分析。

私人部门治理交通拥堵具有无效率性。对于私人物品,经济主体可以按照自身利益最大化原则做出生产和消费的决策,只要可以获利,经济主体就会生产和提供这种物品。但对于交通拥堵治理这种公共益品,由于具有消费的非排他性,不能将拒绝为它支付费用的个人或厂商排除在这项公共益品的受益范围之外,仅凭借私人部门的力量强迫享受交通拥堵治理好处的人支付费用是十分困难的。另外,由于个人在分享由他人努力所带来的利益之外,就没有动力为共同利益做贡献,而只会选择作一个搭便车者。排他的不可行,使得无法避免"免费搭车者",提供交通拥堵治理的投资无法收回,以追求利润最大化为目的的私人企业自然就不会提供。

第三部门治理交通拥堵具有局限性。"第三部门"这一概念最早是由列维特[①]提出的。以前人们仅把社会组织分为公私两部分。列维特认为这种划分太过粗陋,忽视了一大批介于政府与企业之间的社会组织。而第三部门就是处于政府领域和市场领域之外存在的组织形式。从广义上说,它主要包括了私人组织、非营利组织和非政府组织。与传统意义上的公共益品不同,交通拥堵治理是以减少公共劣品为目的的公共益品。它的这一特性及第三部门自身的发展特点决定了,第三部门作为交通拥堵治理的主要供给主体存在一定局限性。比如交通拥堵治理需凭借一定的强制力量,与私人部门一样,第三部门由于是社会自治组织,也不具备协调多方利益的权威性。而且各种非营利组织、非政府组织是由各种不同取向、不同动机的人们发起组成的。它们所服务的对象一般是某些特定的社会群体,而另

---

① 王煜. 交通拥堵现象背后的社会问题 [J]. 城市问题, 2004 (2).

外的一些群体的利益则往往被忽视，所体现的"公共利益"往往比较狭隘。在涉及多重利益主体的交通拥堵治理过程中，仅凭借第三部门的力量难以做到很好地协调多方利益、公平分配有限的交通资源。

中央政府治理交通拥堵具有低效率性。与私人部门、第三部门相比，中央政府虽然能够凭借其权威性和强制性，很好地保证交通拥堵治理政策的实施，但由于城市交通拥堵治理是地方公共益品，其地域性决定了中央政府在这种公共益品提供上的低效率。由于公共物品的非排他性，消费者具有"搭便车"动机，在最大化自身收益的过程中会隐瞒自己对公共物品的真实偏好，加之中央政府管辖区域较大，而各地的情况并不相同，中央政府要通过搜集资料来决策各地交通拥堵治供给的最优数量具有相当大的难度。在这种情况下，中央政府来提供城市交通拥堵治理这项公共益品，就容易导致该公共益品供给不足。

地方政府治理城市交通拥堵的有效性。与中央政府相比，地方政府作为地方公共利益的代表，不仅具备提供交通拥堵治理这项公共益品的内在动力，还能凭借其政府特性和地域性，具有更为高效的提供这项公共益品的能力。城市交通拥堵问题严重影响了人们的生活和城市经济社会的可持续发展。作为地方公共利益的代表，地方政府有责任促进地方公共益品品质的改善和公平分配，因而地方政府具有治理城市交通拥堵问题的内在动力。这一职能是市场机制和其他各种类型的非政府组织所不能代替的。而且地方政府为了满足上级或是争取政治竞争位次的经济指标，也必须要治理城市交通拥堵问题，优化城市交通环境以推动地区经济的高速发展。

3.1.2 地方政府在交通拥堵治理中的角色定位

在交通拥堵的治理中，地方政府是城市道路的供给者、城市交通的治理者及公私利益的协调者，合理分配城市交通资源以实现公共利益的最大化。

城市的道路供给者。为了实现城市的可持续发展，地方政府在增加城市道路的资源时，就应该将城市的土地利用规划与城市的交通可持续发展结合起来。通过对城市的土地资源合理利用分配，调整城市道路需求，以利于城市交通的供需一致。

城市的交通拥堵问题治理者。城市交通拥堵问题的治理是地方政府供给的一项公共益品。它只有借助于政府的权力和权威性才能提供。地方政府作为城市交通拥堵问题的治理者应该从满足社会发展和提高社会福利的目的来提供该项物品。

公私利益的协调者。公共利益是与私人利益相对的概念，是指符合绝大多数人愿望的非直接商业性质的利益，是属于社会和公众共同拥有的利益或福利。目前，我国许多大城市交通拥堵的一个重要原因就是在城市道路资源有限的前提下，私人交通的飞速增长，致使城市交通需求大大超过交通供给能力。与个体交通相比，公共交通具有占有空间小、运输规模大、能源消耗少、空气污染低等优点，是符合人多数人利益的最佳交通通行方式。

地方政府的行为目标应该是追求公共利益最大化。在这一目标函数下，地方政府作为城市的交通公私利益协调者，应最大化城市的道路使用效率，积极推进公共交通的发展，同时，对私人交通方式有所限制，实现有限城市交通资源的效用最大化分配。

3.1.3 交通拥堵治理中的相关利益主体及其相互间的利益矛盾

城市的交通系统包括使用者、交通工具和交通设施。城市的交通设施由地方政府提供。在交通拥堵这一具体问题中，除了作为治理主体的地方政府外，还涉及的利益主体主要有以下各方：城市道路需求方以及城市出行交通工具的提供者。

城市道路需求方。城市道路需求方主要是指在城市中生活的人们，他们为了日常工作生活所需必然有出行的要求。出行的交通方式主要有公共交通方式出行、私家车方式出行，以及步行或非机动车方式出行。步行方式出行对城市的交通状况没有影响，而非机动车方式出行在大城市中的比重也较低，对交通拥堵问题的影响不大。这里主要讨论公共交通方式出行和私家车方式出行的情况。作为城市交通的需求者，主要的追求是交通的便捷、经济、可靠和安全。便捷即出行到达目的地所需的时间短，经济即出行所需费用低，可靠即出行时间可以掌控，安全即出行工具能保证交通安全。

城市出行交通工具的提供者。主要包括了汽车厂商以及公共交通公司。汽车厂商包括汽车的生产、销售以及服务商。按照理性的经济人假定，汽车厂商必然以实现自身利益最大化为目标，即汽车生产厂商的目标是汽车生产及销售量能达到最大，以获得最大化的利益；汽车销售商的目标也是最大化汽车销售量以最大化获益；汽车服务商包括了提供汽车维修保养服务及汽车美容服务的商家，他们的目标是通过为更多的车辆提供服务，赚取更多的利益。因而，以赢利为目的的汽车厂商，他们的共同目标是希望汽车的数量越多越好。汽车产业是我国国民经济的支柱产业，其产业链长、关联度高、就业面广、消费拉动大，在国民经济和社会发展中发挥着重要作用，因而汽车厂商所成立的汽车协会对政府政策的制定和实施有较强的影响力，根据利益集团理论，他们应是强势的利益集团。城市公共交通是城市中供公众使用的经济型、方便型的各种客运交通方式的总称。公共交通公司即提供公共交通服务的公司，包括公交公司、地铁公司等。城市公共交通的运营必须借助于能覆盖全市范围的道路网络，生产者才能将其产品销售给最终用户，具有明显的网络性、范围经济性及规模经济性，是一种自然垄断性的行业。公共交通的消费具有公共产品的非竞争性，在存在明显差异的同时又具有排他性，是一种具有很强正外部性的公共益品，需在政府主导和指导下由多元主体参与提供，是社会福利的重要组成部分，其发展离不开政府的支持。公共交通公司的目标是实现城市公共交通的发展壮大以此获取更多利益。由于公共交通的公共益品属性及其社会公益性，公交票价的制定需经政府物价部门核定，公交线路的占地规划也要经政府相关部门审批决定，公共交通公司的支出每年还需政府财政拨款补贴，公共交通公司的发展很大程度需依靠政府，对政府的影响力相较于汽车厂商属弱势。根据利益集团理论，他们是弱势的利益集团。

上述四个利益集团中，以公共交通方式出行的人们与公共交通公司在解决交通拥堵这一问题中的利益基本一致，即希望政府更多地倾向于公共交通，而对私人交通方式有所限制，以此解决交通拥堵问题。而以私人交通方式出行的人们，则与汽车厂商在解决交通拥堵这一问题中的利益基本一致，即希望政府出台更多利于私人交通出行的政策，不要限制私人交通的发展。因而将以公共交通方式出行的人们与公共交通公司视为一个利益集团联盟，即公共交通联盟，将以私人交通方式出行的人们及汽车厂商视为另一个利益集团联盟，即私人交通联盟。

3.2　京津冀区域下的政府部门分析

在京津冀区域内有四种类型的政府，分别是中央人民政府、北京市人民政府、天津市人民政府和河北省人民政府。这四类政府级别不同，规模不同，职能也不同。因而导致对区域的政府部门分析非常复杂。图3.1是京津冀三地区域图。

图3.1　京津冀三地区域图

3.2.1　中央在京机构

"中央机构"是最高领导机构，在我国"中央机构"不仅包括政府，还包括中国共产党的中央领导机构（我们通常说的"党中央"）。具体来说，"中央机构"就是包括党中央、国务院等中央党政部门的机构，而"政府机构"则是指从中央到地方包括最基层一切政府职能部门在内的机构。但实际上"中央机构"一词也可用于称呼党政以外的企业、团体等组织的最高领导机构，与地方机构相对而言，如"中央银行""总公司"社会团体总部等。跟党政部门的中央机构不同，它不一定要设在首都，也可以设在其他地点。

中央机构主要组成由国家机构和中央政府组成部门及中共中央和辅助机构等组成。

其中国家机构包括：全国人民代表大会及其常务委员会、中华人民共和国主席、国务院、中华人民共和国最高人民法院、中华人民共和国最高人民检察院、中央军事委员会六大机构。

中央政府组成部门包括外交部等26个机构。

中共中央包括其组织机构和直属机构。其直属机构包括26个。

辅助机构有直属机构、特设机构、议事机构、办事机构、国家局及事业单位等组成。其中直属机构有15个，特设机构1个，议事机构29个，办事机构7个，国家局21个，事业单位14个。

总而言之，中央在京机构有150个以上。这些机构部门基本上都在北京的三环路内，因而其办事议政能力对北京的交通具有非常重要的影响。

3.2.2 北京市人民政府

中华人民共和国北京市人民政府是北京市的一级国家行政管理部门。它的组成和中央人民政府相似，也由组成部门、特设机构、直属机构和其他机构等组成。市政府包括市政府办公厅、市发改委等25个政府组成部门、地税局等18个市政府直属机构、市政府直属特设机构国资委等共45个工作部门。此外，市政府还包括监狱管理局等6个部门管理机构。

北京市机构部门也是分布在城区，其中北京市政府将整体搬迁通州。

通州位于北京市东南部，靠近河北省燕郊，通州被列为行政副中心将给京津冀一体化带来帮助。从理论上来说，它将使市政府把重点放在区域一体化和经济发展之上，同时又可以把市中心留给国家部委。

3.2.3 天津市人民政府和河北省人民政府

中华人民共和国天津市人民政府是天津市的一级国家行政管理部门。它的组成和中央人民政府相似，也由组成部门、特设机构、直属机构和其他机构等组成。

中华人民共和国河北省人民政府是河北省的一级国家行政管理部门。它的组成和中央人民政府相似，也由组成部门、特设机构、直属机构和其他机构等组成。

区域合作过程中政府的作用主要是促进要素资源合理流动，纠正市场失灵，以实现区域协同发展。京津两地有着特殊的历史渊源，经济社会发展具有梯次性、互补性和共生性等特征，具备区域合作的良好基础。

京津两地区域发展具有比较明显的梯次性特征。按照世界银行对不同国家收入分组标准，北京市和天津市已经达到富裕国家水平，2012年北京市第三产业比重达到76.5%，而天津市则为47%，二者经济社会发展存在较大差距。

3.2.4 政府沟通交通干线

北京到天津的距离是121千米，连接北京天津的高速公路有三条，分别是京沪高速公路（G2）正线、京津塘高速公路和京津高速公路。

其中京津高速公路起点为北京朝阳区五环路化工桥（西直河），终点位于天津市滨海新区东疆港，全长147千米，由北京和天津两市共同建设，是交通运输部规划的国家重点工程，也是奥运会的重点工程，主干道设计为双向八车道，在城际高速公路非常少见。全线共设互通式立交6座，分离式立交13座，跨河桥4座，通道19座。主线收费站2个，匝道收费站3个。京津高速公路是交通部规划的连接京津两市南、北、中三条高速公路中的北通道，是国家高速公路网的组成部分，首都放射干线公路之一。

京沪高速公路北京段起于北京东南部十八里店桥，经北京市大兴区的大羊坊桥、通州区的马驹桥，止于通州区柴厂屯，在北京市区长35千米，投资4.98亿元。京沪高速公路天津段代用线，起于天津外环线宜兴埠互通立交，止于津冀界，接青吴高速公路，全程85.48千米，总投资22.2亿元。由京津塘高速公路河北段和京沪公路冀境青县至盐孟村段组成。京津塘高速公路河北段起于通州区柴厂屯，经河北省廊坊市，与天津段起点相接，长6.84千米，投资0.92亿元，1990年竣工；青县至吴桥段起于津冀界的青县流河镇东，经青县、沧县，止于盐山。

京津塘高速公路是连接北京、天津和塘沽的高速公路。全长142.69千米。按照行政区域的分别，其中北京段35千米，河北段6.84千米（只有一个通往廊坊的出口），天津段100.85千米。2010年，京津塘高速北京分钟寺—天津泗村店段成为G2京沪高速公路的组成部分，天津泗村店—天津塘沽段名称不变，编号S40。2014年7月9日，京津塘高速公路北部新区段高架工程正式开工建设，京津塘高速公路主线的机场收费站至杨村收费站进行为期十个月的断交施工。

五条交通大动脉拉近京津距离：京津高速公路、津蓟高速延长线、京津城际高速铁路相继通车，加上运行的京津塘高速公路、G2京沪高速公路正线。

天津到石家庄的距离是387千米。目前，从石家庄到天津，没有直达的高速连接，行驶高速公路有两条路线，一是走京石高速，过保定后经保津高速到天津；二是走石黄高速，经沧州通过京沪高速到达天津。这两条行车路线相对绕远，津石高速建成通车后，将为石家庄市民驱车去天津开辟新的高速通道，石家庄市民自驾去天津将更加方便。随着津石高速的建设，京津冀交通一体化也将再次提速，届时石家庄至天津间将有三条高速通道相连。

北京到石家庄的距离是277千米。京石高速公路是一条连接北京和石家庄的高速公路，从北京的三环路六里桥出发，全程大概270千米。它由北京出发的平行国道是107国道。京石高速公路建于20世纪80年代末。是河北省修建的第一条高速公路。分段分期建设而成。如今与保津、石太、石黄、石安高速公路相连接。京石高速公路（双幅）建成通车后，车流量逐年增长，经济效益十分明显，同时对河北省的经济建设发挥了十分重要的作用，社会效益更是巨大。随着石太、石安、石黄高速公路的相继建成，京石高速公路已成为河北周边各省进京的交通咽喉之一。

3.2.5 政府合作现状

京津冀地区合作机制十分缺乏。目前被公认为最正式的区域合作机制，一是1986年针对环渤海经济圈设立的环渤海地区经济联合市长联席会，后改名为环渤海区域合作市长联席会；二是2004年2月12日国家发改委在廊坊召开"京津冀区域经济发展战略研讨会"时达成的"廊坊共识"。从前者来看，环渤海区域合作市长联席会议大体上是一个长效合作机制，但该机制面向的地域范围十分广，难以有效解决京津冀区域复杂棘手的问题。而且联席会执行情况不佳，1986—1988年会议召开3次，1992—1997年召开第四至第八次会议，截止到2013年共召开16次会议，开会时间不固定，中途还因利益难协调而取消会议，实际作用和约束力不强。从后者看，"廊坊共识"实际上没有共识，按照国家发改委的规划，北京的功能定位是发展高科技产业，天津是高端制造业，河北是能源、原材料。但是河北不同意，因为这个规划显然成就了京津，而吃亏的是河北。规划更大的问题在于没有落实到项目上，而离开项目，这样的规划就和专家理论上的论证没有什么区别。

京津冀三地各自需求并不契合，北京关心的只是河北提供良好的生态环境和水资源，天津一心一意想向东发展滨海新区，只有河北最期待合作，热切希望得到京津的资金、项目和人才。合作意愿不强，加上各地方政府没有平等的话语权，即使达成协议也只能带有象征性的宣誓意义，是较为松散的非功能性组织机构，难以约束地方政府的行为，对政府间合作的促进作用不大。

2015年3月23日，中央财经领导小组第九次会议审议研究了《京津冀协同发展规划纲要》。中共中央政治局2015年4月30日召开会议，审议通过《京津冀协同发展规划纲要》。纲要指出，推动京津冀协同发展是一个重大国家战略，核心是有序疏解北京非首都功能，要在京津冀交通一体化、生态环境保护、产业升级转移等重点领域率先取得突破。这意味着，经过一年多的准备，京津冀协同发展的顶层设计基本完成，推动实施这一战略的总体方针已经明确。2015年5月，《京津冀协同发展规划纲要》出炉，规划将北京地铁6号线通至河北燕郊、大兴线通至河北固安、房山线通至河北涿州。受地铁即将开通的影响，有不少北京上班族趁周末前去看房，部分楼盘每天签约三四十套，有的楼盘开盘一天房子便卖出了八成。此外，燕郊有的楼盘已涨价约10 000元/平方米。

3.3 交通拥堵治理及北京市地方政府行为选择

随着城镇化步伐加快，机动化出行水平日益提高，交通拥堵已经不仅仅是大城市面临的问题，但大城市尤其严重。从基础设施建设来看，近年来城市交通基础设施建设更多关注了如何满足小汽车出行的需求，大量投资用于建设道路桥梁等方面，在公共交通等绿色交通方面的投入严重不足。

各城市骨干路网建设中也过多地关注了小汽车交通的需求，例如大量建设以服务小汽车需求为主的快速环路，北京、上海等直辖市交通骨架系统仍然以不断拓展的环路为基础向周边蔓延。这种以满足小汽车出行为主要特征的网络，无法应对目前日益多样化的居民出行需求。

特大城市的示范效应，直接带动了全国众多的城市竞相效仿。目前在有统计的288个地级以上的城市中，有环路或者环路结构的城市接近60%。这种"全国上下一片环"的快速环路网络架构对于公共交通、步行、自行车等绿色交通的发展应对不足，交通系统缺乏足够的人性化关怀。

从交通参与者的出行习惯来看，居民对小汽车的依赖性仍然十分强烈。经验表明，任何企图将已经使用小汽车出行的居民拉回到公共交通方式上来的努力，似乎都效果甚微。

以北京市为例，从2009年开始北京市每年在地面公交和轨道交通方面的投入就超过100亿元，到2013年全年投入更超过200亿元。在如此巨大的投入情况下，公共交通的分担率确实得到较大幅度的提升，但是所吸引的更多是采用自行车的出行者，而小汽车出行者的比例变化很小。这种情况不仅发生在北京，其他城市也有类似的经历。

而在国际上，治理拥堵的思路已经有所变化。据《世界报》的报道，在欧洲汽车已不再成为地位的象征，目前德国大城市的居民越来越倾向于放弃购置私家车，改骑自行车。

3.3.1 交通拥堵治理原则

美国政策科学家詹姆斯·安德森就曾断言"政府的任务就在于增进和服务公共利益。"地方政府行为的价值就在于地方政府通过对公共利益、各利益集团利益及自身利益的考量，不断调整现实各方的利益关系，实现公平分配以及努力增进公共利益。

在交通拥堵治理这一问题中，地方政府应遵循的治理原则就是追求公共利益最大化原则。公共利益是一个高度抽象的概念。哈耶克认为"自由社会的共同福利，或者公共利益的概念，决不可定义为所要达到的已知的特定结果的总和，而只能定义为一种抽象的秩序。作为一个整体，它不指向任何特定的具体目标，而是仅仅提供最佳渠道，无论哪个成员都可以将自己的知识用于自己的目的。"公共利益往往被当成是一种价值取向，是一种大多数人的共同利益，但这种利益并非"一致同意的利益，而仅表示某些人看来对公众有利的事物"。

虽然学术界对公共利益的含义尚未形成统一界定，但还是能够抽象出公共利益的一些基本的属性。

(1) 公共利益的公平性。公平性是公共利益的出发点也是落脚点，失去了公平性去谈公共利益必然要掉入私人利益的泥淖。尤其是在多数人的利益和少数人的利益发生矛盾的时候，不能保证公共利益的公平性实质上是一种犯罪。

(2) 公共利益的公共性。公共性是公共利益的本质属性。公共性即多数

第 3 章
交通拥堵治理主体的行为分析

人的利益，它面向社会上的所有人，强调多数人共同拥有，不局限于某个单个个体，也不为某个人或某个阶层所独有。但这种共有是一种抽象的共有，是指每个人都需要，而不是一种现实的共有，不是每个人都实际拥有。

（3）公共利益的社会分享性。社会分享性也即非排他性，是指公共利益是不特定的个人可以同时享有的一种利益，所有的人不论民族、贫富、教育等差异，均具有同等的机会享有这种利益。

由此可见，公共利益是指社会中多数的不特定个体可以共同享有的一种利益。具体到交通拥堵治理这一问题，公共利益就是指城市居民中的多数，可以共同享有畅通使用城市交通，达到便捷出行目的这种利益的抽象共有。

3.3.2 交通拥堵治理中北京市政府面临的两难选择

交通拥堵问题是车与路的矛盾，在这个问题的解决过程中就可能会触及汽车厂商的利益。北京不仅是我国汽车的主要销售市场，而且是汽车重要的生产基地。汽车产业作为国民经济的支柱产业，其产业链长、关联度高、就业面广、消费拉动大，在国民经济和社会发展中发挥着重要作用，政府希望将汽车产业打造为推动地方经济的支柱产业。因而，在交通拥堵治理中，地方政府利益遇到的现实就是发展汽车产业与交通拥堵的矛盾。

北京的汽车产业在拉动区域经济增长中扮演的角色也越来越重要。比如 2008 年，北汽福田怀柔厂区已累计生产中高端轻卡和中重卡 65.8 万辆。其中，2008 年销售 9.48 万辆，实现销售收入 130 亿元，占怀柔区工业销售收入的 42.4%。福田汽车的稳定发展，带动了怀柔区汽车产业链的发展。2008 年，该区共有汽车及配件企业 52 家，从业人员 8 605 人；实现汽车产品系列产值 154.5 亿元，销售收入 158.9 亿元。汽车及配件业成为引领怀柔经济增长的重要产业。

城市交通是北京市政府所要向地方居民提供的一项公共益品，保持城市交通的可持续发展也是地方政府肩负的职责之一。而北京城市交通拥堵状况日趋严重，已经影响了人们的生产生活，同时还间接影响了当地的经济发展。比如从表 3.1 可以看到，北京每月人均拥堵经济成本达到 375 元，占其收入的 12.5%。

表 3.1　八大城市居民每月拥堵经济成本及其占收入比例

城市	北京	广州	上海	武汉	重庆	南京	成都	西安
拥堵经济成本（元）	375	273.8	228.2	142.6	136.8	132.6	92.6	69.4
占月收入比例（%）	12.5	9.1	9.1	7.1	9.1	6.6	4.6	4.6

资料来源：零点研究咨询集团与北汽福田汽车有限公司共同发布的《2008福田指数——中国居民生活机动性指数研究报告》。

在这种两难抉择下，许多理论上可行的治理对策，地方政府在现实生活中却难以施行。

3.3.3　北京市交通拥堵问题治理可供选择的策略

地方政府治理城市交通拥堵问题可供选择的策略也主要是从供给、需求以及城市空间发展几方面入手。

1. 增加城市道路供给策略

由于我国人口众多，而可利用的城市空间资源有限，不能将有限的土地资源无限制地投入城市道路建设，因而增加城市道路供给并非单纯的通过增加道路来解决交通问题，而是主要从完善路网，提高交通路网利用效率来增加供给。北京在全市范围内加强路网改造，加快道路微循环建设，建立立体化的交通体系。比如北京东城区2016年将升级拓宽辖区内22条次支路，建设完成后，法华寺小区周边、华城社区周边、龙潭湖等周边小区，交通拥堵问题将得以缓解。其中10条道路计划年内完工，目前已有9条道路开工建设。西城区计划开工建设28条市政道路，上半年已经开工7条。这些道路中，将打通7条断头路、2条瓶颈路。此外，著名的西直门、手帕口、南横西街等堵点都有望得到缓解。除了7条已开工的道路，西城区还有9条道路正组织征收拆迁，12条道路正在进行前期手续办理，也都将在年内开工建设①。增加城市道路供给可以有效地完善路网建设和规范交通基础设施。

（1）完善路网建设。为实现城市中人和物流动的安全、方便、迅速、经济，城市路网布局中，必须做到分清道路的功能定位，各种功能等级的道路分层次地合理衔接，以满足不同速度、不同距离的出行要求。按照城

---

① http://news.gmw.cn/2016-07/18/content_21016546.htm。

市的整体规划，逐步增加城市路网密度。

(2) 规范完善交通基础设施建设，加快发展智能道路交通系统，完善交通设施，尤其是较为拥堵的中心路段的行人过街设施，以维护交叉口正常的运行秩序。创造条件，加快发展智能道路交通系统。是将先进的计算机处理技术、信息技术、数据通信传输技术及电子控制技术等有效地综合运用于整个交通运输管理体系，将人、路、车有机结合起来，以达到最佳的和谐统一，从而建立起一个在大范围内、全方位发挥作用的实时、准确、高效的交通运输综合管理系统。

增加道路供给的策略虽然能在一定程度上缓解交通拥堵问题，但由于道路供给呈阶段性增长，而道路需求则是持续上升的，供给的慢变形无法完全满足需求的快变形，总会存在供需缺口，因而还需要有交通的需求管理策略相辅助协调。

2. 城市交通需求管理策略

任何一个城市在一个确定的时间内，其出行和货物流通需求是一定的，可调节的弹性很小。但是，以什么运输方式去满足出行及物流的需求则是可以选择的，而采用不同的运输方式，其对道路的交通负荷则是完全不同的。因此，在城市道路供给量一定的情况下，合理的交通结构就成了影响道路系统负荷量的关键因素。

城市交通需求管理策略就是对城市交通结构进行协调，以此减轻城市道路系统的负荷量。其主要是从以下几方面入手。

(1) 推行公共交通。公共交通是城市化建设中最有力、最有效的一种交通保障。和个体交通相比，公共交通具有占用空间小、运输规模大、能源消耗少、空气污染低等优点，因而推行公共交通是决定城市交通可持续发展的关键。推行公共交通的具体做法主要有加强部门协调，做好公共交通发展规划，地方政府在财政、税收、城市规划政策等方面向公共交通倾斜，如地方政府给予公共交通税收减免、运营亏损补贴，在城市规划用地上通过行政或法律手段，确保公交场站用地及空间分布上的合理性，对公共交通行驶、设站、衔接、换乘等方面优先考虑，开辟公交专用车道、专用路，大力发展轨道交通。北京市加快轨道交通建设，优化公交车换乘方案，尽可能给市民提供更方便的出行服务。比如北京的三环路、京藏高速和京港澳高速公交专用道于2016年10月10日施划完成并于当日启用。至此，北京市公交专用道约达839千米。值得一提的是，三环全环实现公交专用道连通,成为北京市第一条环线公交专用道。新施划的三条公交专用道合计施划长度95.2千米。其中,三环路公交专用道施划路段为内环新兴桥—三元桥—玉泉营桥、外环六里桥—三元桥—玉泉营桥,双向施划长度为49.4千米,设在主路外侧车道,使用时间为早高峰7时至9时和晚高峰17时至19时。此路段施划完成,将与既有的西南三环路段衔接,实现三环全环公交专用道。京藏高速公交专用道施划路段为北郊农场桥至马甸桥,双向施划长度为27.6千米;京港澳高速公交专用道施划路段为宛平桥至六里桥,双向施划长度为18.2千米。这两条高速公交专用道均设在主路最内侧车道,早晚高峰潮汐使用,使用时间为早高峰7时至9时(进城方向)和晚高峰17时至19时(出城方向)①。

公交优先的策略要真正实施,首先必须使公共交通在路权上拥有优先权,而要实现这点就必须要对城市中日益增长的小汽车的使用有所引导和控制,如果仅仅是施行"公交优先"策略就很难达到预定目标。

(2) 引导和控制小汽车的使用。随着经济的迅速发展,越来越多的人拥有了自己的汽车,尤其是大城市,私人汽车保有量正以超过20%的速度增长,车与路的矛盾日益严重。小汽车占据了相当大一部分道路网容量,但是仅承担了市区客运量的很小一部分,这造成了道路容量分配上的严重失衡,加重了交通拥堵。由于私人交通个体所支付的成本仅仅是燃油费、维修保养、停车费等,而社会成本还包括拥堵带来的一系列影响,环境污染、交通事故、低速油耗等,个人成本远低于社会成本,致使社会福利损失。在交通量未超过路网容量时,汽车数量的增加是不会影响个人成本的,而社会成本则是随着汽车量的增加而增长的。因而为了将小汽车使用者造成的外部成本内部化,可以通过收费的方式进行调节,如对小汽车收取燃油费、停车费、交通拥堵费等。

除此之外,还可以通过直接手段限制新增小汽车数量,即通过限制新车上牌数量、通过车牌号限行等方式减少上路小汽车数量。同时还可以通过引导小汽车的有效使用,如鼓励多人共乘汽车,限制单人乘车等,提高小汽车的使用效率。

(3) 城市空间结构优化策略。交通拥堵的一大原因在于城市规划管理的不合理,城市的总体规划滞后于城市的发展,城市中心城区土地无序开

---

① http://finance.sina.com.cn/roll/2016-09-27/doc-ifxwermp4038806.shtml。

第 3 章
交通拥堵治理主体的行为分析

发造成城市人口和交通过于集中，同时城市生活区、商业中心区、工业区等功能区域规划不合理，客观上增加了居民出行距离的扩大，加上出行需求的增长，这都致使城市交通供需矛盾日益严重，不利于城市的可持续发展。

城市空间结构优化策略就是从交通需求产生的根源即土地利用空间结构的角度来解决交通问题。通过城市空间结构的合理布局，调整引导交通需求与供给的区位变动，来疏解城市道路交通供需矛盾，其主要手段就是通过科学的城市交通规划，将城市交通合理布局、统筹安排，使城市空间平衡与城市的未来发展相结合。

通过城市总体规划，使土地使用密度与已有城市结构相匹配，调整区域划分和城市中心区、商业区、生活区等功能区域的布局，以协调城市交通的供需矛盾。

城市道路交通拥堵问题的治理是一个复杂的问题，需要多种策略相互配合才能真正发挥作用（见图 3.2）。以上治理交通拥堵的策略是在理论上可行，而在实际生活中，这些治理策略是否能得以制定和实施，还会受到多方面影响。

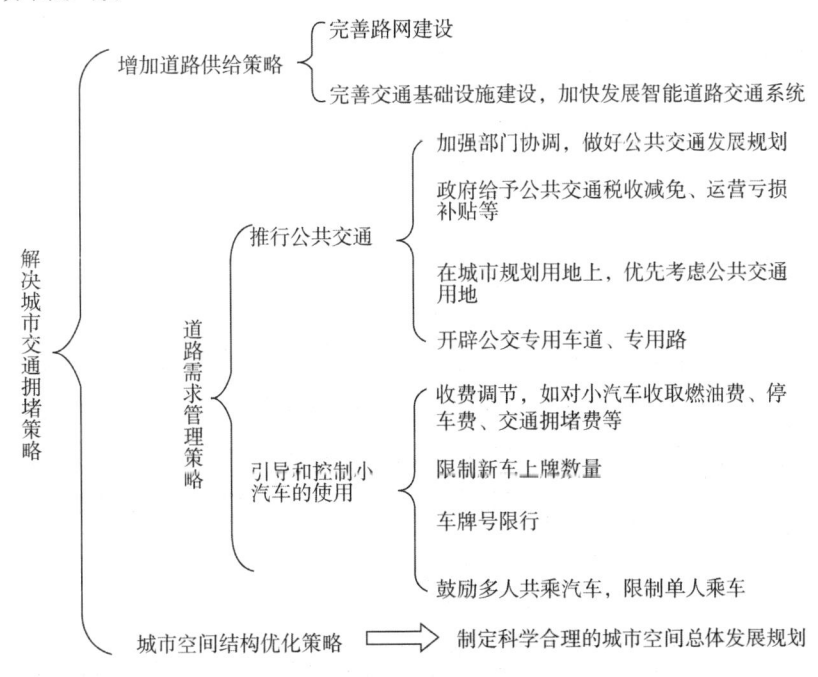

图 3.2　解决城市交通拥堵策略

3.3.4 北京市交通拥堵问题治理受约各方分析

图 3.3 是北京市政府治理交通拥堵时受到的各利益相关方的约束。从图 3.3 可以看到，北京市政府的决策首先要得到中央政府及其相关部门的首肯；另外，如果北京市人民政府的相关决策不能体现中央人民政府的意图，中央人民政府可以直接指导北京市人民政府。比如，在京津冀区域协调发展的问题上，就是由中央财经领导小组第九次会议审议研究了《京津冀协同发展规划纲要》的。因此，北京市交通拥堵问题的治理首先要得到中央及其部门的认可。同时，由于中央机构多，而且基本都在北京市城区内，交通问题更是涉及各个部门，因此和国外其他城市（如纽约等）相比，北京市的交通拥堵治理问题更加复杂。

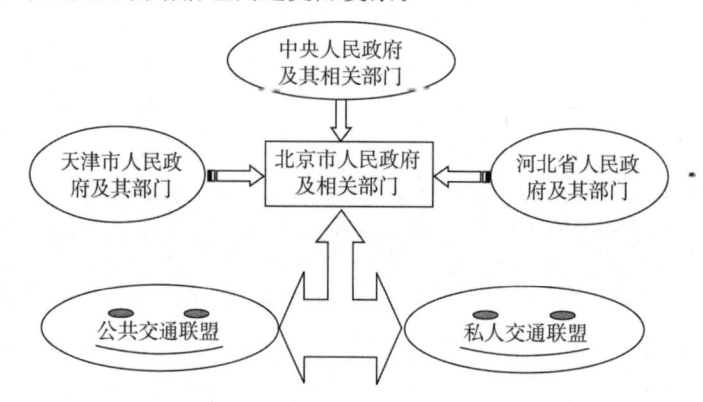

图 3.3 北京市政府治理交通拥堵时受到的各利益相关方的约束

其次，北京市交通拥堵问题的治理还受到天津市人民政府及河北省人民政府的约束。对于北京市来说，其首要的工作就是治理好北京市的交通。但是由于京津冀区域的协调发展，天津市和河北省的政府及其部门就需要多次到北京或者穿越北京市，因此他们对北京的交通治理不能袖手旁观，有些情况下，他们会通过向中央人民政府及其部门进言的方式间接影响北京市的交通治理。比如北京市从 2015 年 11 月 27 日起，外地车每天 6 时到 22 时禁止在二环路（主路）行驶，此外，长安街以及延线国贸桥到新兴桥之间路段，以及天安门周边路段，每天 6 时至 22 时也禁止外地车通行。对这一交通治理，天津市和河北省当然有不同的想法。

还有，正如前面的分析，北京市人民政府受到内部两大联盟的制约。这两大联盟分别是公共交通联盟和私人交通联盟。

第3章
交通拥堵治理主体的行为分析

3.4 北京市交通管理政策

3.4.1 北京市出台的《缓解交通拥堵综合措施》(2010 版) 要点

2011 年北京市小客车上牌总数为 24 万台,平均每月 2 万台。其中个人指标占 88%,运营小客车指标占 2%;单位和其他指标占 10%。

车辆上牌需通过摇号,个人买车每月可摇号一次,单位买车每两月可摇号一次,流程为提出摇号申请、获取申请码、确认有效后可获得摇号机会。指标管理机构每月 26 日进行摇号。个人或单位需在获得指标 6 个月之内办完。

本市人员和持有本市工作居住证的外地人以及在京纳税 5 年以上且有纳税证明的外地人拥有摇号资格。

外地进京车辆在工作日 7—9 时,17—20 时禁止在五环以内行驶。

五环内停车收费单位由半小时改为 15 分钟,进一步降低五环外停车收费。

北京市汽车销售企业 2010 年 12 月 23 日前销售备案的小客车需于 24 日 18 时前到企业所在地商务委备案。24 日后购买车辆需参与 2011 年 1 月摇号。

3.4.2 2016 年北京市缓解交通拥堵行动计划[①]

为打好治理交通拥堵攻坚战,切实改善交通运行状况,努力实现"十三五"时期交通发展的良好开局,制定了北京市缓解交通拥堵行动计划(2016 版)。该计划包括总体思路、重点工作任务和工作要求三个方面,其中重点工作任务是计划的核心。重点工作任务部分包括加快交通基础设施建设、提高交通供给能力,完善交通需求管理政策、降低机动车使用强

---

① http://zhengwu.beijing.gov.cn/sy/tzgg/t1432131.htm

度、规范静态交通管理、大力整顿停车秩序、加强交通秩序管理、严厉查处交通违法行为、着力强化结构性改革、不断创新体制机制和加大宣传力度、营造共治共建良好氛围等六项具体措施。

在加快交通基础设施建设，提高交通供给能力方面，主要进行十二项工作。这十二项工作是切实提高城六区次干路、支路规划实现率、打通断头路、畅通微循环，在五环路以内区域实施拥堵节点疏堵改造工程，优化自行车出行环境、完善步行系统，构建高效密集的轨道交通网，加快实现城市快速路网规划，加快城市主干道建设，加快市行政副中心交通路网建设，大力开展城乡公路建设，推进京津冀路网互联互通，推进综合交通枢纽及公交场站建设，加强公交专用道建设，提升公共交通运行服务水平。

在完善交通需求管理政策，降低机动车使用强度方面，主要进行五项具体工作。这五项具体工作为：进一步完善小客车指标调控政策，研究制定本市降低机动车使用强度的管理办法，实施更为完备的差别化停车收费政策，研究出台鼓励中央商务区（CBD）、金融街、中关村科技园区等重点功能区内企业单位实施弹性工作制的指导意见，研究制定外埠过境大货车绕行本市道路的管理办法。

在规范静态交通管理，大力整顿停车秩序方面，主要进行六项具体工作。这六项具体工作为：开展全市停车普查工作，建设路侧停车位信息管理系统，加快停车设施建设，加强对停车设施规划使用情况的监督检查，开展居住区停车综合治理试点，开展整治违法停车专项行动。

在加强交通秩序管理，严厉查处交通违法行为方面，主要进行八项具体工作。这八项具体工作为：在城六区开展交通环境秩序综合治理，在城六区实施缓解交通拥堵试点示范建设，加强对学校、医院周边地区的交通秩序管理，开展远郊区道路交通治理，加大交通违法查处力度，严控核心区重点道路交通流量，优化道路交通信号和标线控制，提高交通事故快速清理、处置能力。

在着力强化结构性改革，不断创新体制机制方面，主要进行十项具体工作。这十项具体工作为：完善市级治理交通拥堵协调机制，落实区政府治理交通拥堵主体责任，构建治理交通拥堵综合执法体系，调整优化交通工作管理机制，研究制定本市机动车停车管理办法，统筹编制交通专项规划，加大交通基础设施建设的土地供应力度，完善代征代建道路的建设、管理和移交机制,研究制定《道路交通建设前期手续办理办法》和《加强交通建设征地拆迁工作的意见》。

在加大宣传力度,营造共治共建良好氛围方面,主要进行五项具体工作。这五项具体工作为:做好缓解交通拥堵措施的宣传工作,持续开展"我为首都交通献良策"缓解交通拥堵市民意见建议征集活动,搭建治理交通拥堵互动平台,开展"向交通陋习说不"系列活动,举行交通宣讲活动。

3.4.3 北京市缓解交通拥堵措施述评

从经济学的视角看,城市交通拥堵问题的实质是城市的交通供给远小于需求,是由城市交通供给的稀缺性造成的。纵观国内外专家学者提出的解决交通拥堵问题的对策也不外乎从供给和需求两方面入手。北京市两次大的交通拥堵疏解也是按此思路进行的。2010版的主要是控制需求,对小客车实施数量调控和配额管理制度,通过摇号方式无偿取得小客车指标。年度小客车由于牌照数量的控制,北京居民购车将以更新需求为主,从而达到政府对汽车总量控制的目标。预计未来此比例将不断提高,假设年北京市换车需求占比为8%,考虑实施数量调控(年新增牌照24万),则年北京汽车销售仍有望超过60万辆,其中换车需求为38万辆,同比减少20余万辆,同比减少25%。2016版则是以增加和完善道路供给为主要目标。增加供给的治理方式所采用的方法主要是一方面合理规划城市交通,另一方面采用交通管理与智能交通系统,通过对稀缺的城市道路和土地资源的合理配置与充分利用来达到增加城市交通供给的目的。这种治理方式所需时间较长,同时由于供给的缓慢增加无法满足需求的快速增长,总会存在供需缺口。

同时我们也可以看到在2016版中,也有需求管理。需求管理的治理方式主要是通过一方面倡导公共交通,另一方面控制和引导私家车的使用,通过收取拥堵费、停车费、汽油税等税费的方式对私家车的使用进行一定限制,以减少上路的汽车数量。但这种方式需要建立完善的公交系统以及收费系统,否则不仅不能起到缓解交通拥堵的矛盾,反而会造成新的交通问题。由于两种治理方式都存在各自的缺点,因而目前2016版试图将这两种方式结合起来,以达到城市交通供给和需求新的平衡。

3.4.4 伦敦交通拥挤收费的实施效果[①]

为了说明政府交通政策的适宜性，特别依据伦敦交通拥堵收费及其效果，说明交通拥堵治理的艰难。

2000年首届大伦敦市政府成立时，伦敦的交通状况堪忧，是欧洲交通拥挤最严重的城市之一：进入伦敦市中心区的车辆50%的时间都处于排队等待状态，每个工作日早上相当于有25条繁忙机动车道的车辆试图进入伦敦市中心区，交通拥挤时间所造成的损失每周估计在200万～400万英镑。首任市长提出了新政府解决交通矛盾的几项重要措施：建立决策民主、管理高效的伦敦交通局，改善、扩大地面公交网络，改建、新建4条地铁线路及在中心区实施交通拥挤收费。

伦敦市政府从2003年2月开始在中心区实施交通拥挤收费，2007年2月收费区域被扩展到伦敦西部。该计划对收费地段、收费金额、收费时段、豁免及折扣项目、缴费方式、缴费时间、运作系统、罚款通知及罚金去向等均作了明确的规定。

伦敦交通管理局对相关数据进行解析，已经进行了一系列有关交通拥挤收费政策调查、不断进行回顾并发布了总结报告。原伦敦中心收费区域交通拥挤收费已实施5周年，其实施效果（以2008年7月发布的年度实施报告为准）分析如下。

(1) 收费区内的拥挤水平。每千米交通延误的时间收费前2.3 min/km，引入收费后2003年、2004年降至1.6 min/km，以此指标为衡量的拥挤水平比收费前下降了30%；2005年回升至1.8 min/km，以此指标为衡量的拥挤水平比收费前下降22%，交通拥挤水平得到了很大的改善，甚至达到交通局预测的20%～30%的最高值。但2006年升至2.1 min/km，以此指标为衡量的拥挤水平下降幅度为8%，2007年回升至2.3 min/km，与2002年收费前持平。

(2) 收费时间段进入的车辆数。2007年与2002年相比，收费时间段内进入收费区车辆（指的是四轮及四轮以上的车辆）减少了16%。根据伦敦交通局数据调查显示，伦敦总的交通状况有了一个明显的变化，收费时

[①] 颜燕，等. 伦敦交通拥挤收费的实施效果及相关思考[J]. 城市公用事业，2009 (1)：12—14.

段进入收费区的小汽车减少36%，货车减少13%，卡车减少5%，出租汽车增加7%，巴士和公共汽车增加31%，机动两轮车减少3%，脚踏自行车增加了66%。

(3) 内环路交通运行状况。收费之前内环路上每千米交通延误的时间代表值是1.9 min/km，收费后则降至1.5～1.7 min/km，2006年、2007年又回复至1.9～2.0 min/km。

(4) 公共交通系统。早高峰（7：00—10：00）进入收费区的巴士乘客除2003年、2004年有较大幅度增长外，过去的4年里数量保持稳定，2007年为113 000人次。巴士车速自2003年以来有降低的趋势，中心区总体降速达到14%，2007年巴士速度比收费前降了8%。巴士可靠性用超额等待时间（excess waiting time）来衡量：2003年较2002年降低30%，2004年较2003年降低18%，但2007年较2006年又增加了8%，其他内环路及附近区域倒是有1%～5%不等的降幅；另一个衡量指标公里损失（kilometer lost）也表现出了同样的特征。

交通拥挤收费所筹集的资金使用要立法，要公开透明。伦敦市通过立法将资金用于改善道路及公共交通等，使不同的使用者都能享受到好处。交通拥挤收费并未成为国际上通用的手法，但其在解决交通问题上的实践效果不容忽视。"伦敦经验"告诉中国大城市：应该在发挥自身优势和特点的基础上，认清城市特点，有效利用这一手段，更好地解决交通问题，促进城市健康发展。

第 4 章
京津冀区域协调发展下的北京私家车的行为分析

北京是我国的政治、文化中心，城市规模增长很快。近年来，随着京津冀协调发展，北京的环线已经连上附近河北的一些县市了。与此同时，北京汽车保有量也在迅猛发展。作为车辆最多的城市，北京的道路上还行驶着全国最多的外地车牌的车，进京办事的车辆大量涌入，北京的堵"走在了全国的前列"。尽管北京的路比世界上其他很多国家的首都和大城市的路要宽得多，但北京依然堵得厉害。

2010 年北京开始在全国率先实行限牌，私家车要通过摇号上牌才能上路行驶。自此，北京车牌"一号难求"，对缓解拥堵起到了一定作用。与限牌同步进行的是限号，每周停开一天已经成为常态，而单双日限号是无奈之举，但也可能是大势所趋。

为了更好地制定决策，必须对私家车进行分析。本章依据三份调查问卷及北京、天津、河北三地交通主管部门发布的数据信息，对京津冀协调发展下的北京私家车进行分类分析，为第 5 章的私家车主之间的博弈奠定基础。这三份调查问卷分别是笔者团队自己设计的北京市私家车作用与价值分析调查问卷、北京市私家车车主出行特征调查研究[①]问卷及在公交占

---

① 汪娟，孙艳，赵芳芳. 北京市私家车车主出行特征调查研究 [J]. 交通工程，2011 (11)：153—157.

第 4 章
京津冀区域协调发展下的北京私家车的行为分析

主导地位的香港居民对小汽车的依赖性[①]问卷。

4.1 京津冀协调发展下的北京交通出行现状

4.1.1 全国交通产业发展现状

以 1990—2010 年全国投入产出表为基础,计算交通运输行业投入系数。如图 4.1 所示,我们可以看出随着社会生活水平的提高,投入系数随之增长,也就是说随着社会发展水平的上升,交通行业必将得到较大的发展。

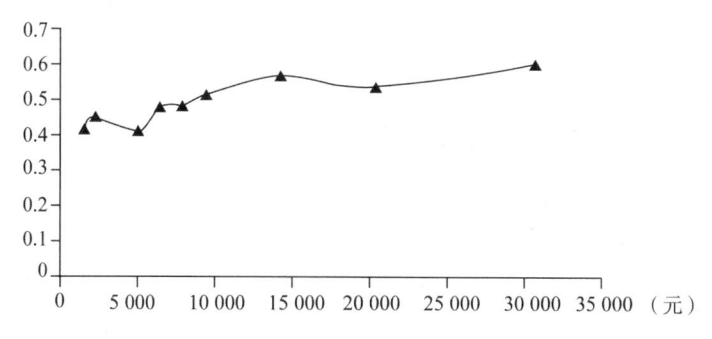

图 4.1 投入系数与人均 GDP 线图

中国作为世界上最大的发展中国家,交通运输滞后长期制约着经济发展,无论是旅客运输,还是货物运输,无论是城市交通、区域交通,还是农村交通,都还不能很好地适应经济社会的发展需求。正如我们所见所闻,一年一度的"春运"和"黄金周"期间的运能短缺、大城市普遍的交通拥堵与污染、农村和边远地区基本出行的交通服务不足、生产领域的电煤运输问题等交通运输问题对经济发展产生了很大的负面影响。中国交通发展长期滞后的问题,与改革开放之经济的欣欣向荣形成很大反差。中国基础设施发展在较长时间内采取的是"滞后型"发展模式。新中国成立以来的大多数时间,只是在经济发展明显受制于基础设施和对基础设施的投资所产生的边际效益远远超过用于其他方面投资获取的边际效益时,才会

---

① SharonCullinane, Kevin Cullinane. 在公交占主导地位的香港居民对小汽车的依赖性[J]. 袁国林, 译. 城市交通, 2005 (5): 10-16.

增加基础设施的投资。经过"八五""九五"和"十五"时期，特别是在1998年以来积极的财政政策的推动下，基础设施领域经历了少有的快速发展，很大程度上改变了中国基础设施服务供给状况。但无论从经济的宏观、微观还是一般均衡的观点考察，中国交通发展虽然取得了辉煌成就，但仍然难以适应经济发展不断产生的需求。

从宏观分析，中国运输业增长缓慢，运输业增加值占国内生产总值的比重偏低。以1995—2005年为例，中国交通运输增加值从2 378亿元增加到不及4 000亿元，年均增长还不到5%，其占国内生产总值的比重从4%下降至2%左右；同期，国内生产总值从5.85万亿元增加到18.2万亿元，按可比价格计算，年均增长率近9%。与国内生产总值的增速相比，交通运输对经济的直接贡献增长缓慢，且对国内生产总值的比重明显偏低，并呈下降趋势，这反映出中国交通运输发展对国民经济贡献的边际效应还比较低，也说明了运输业对国民经济贡献潜力较大。

从微观分析，运输供给还普遍存在地区性、行业性及行政性的市场分割与垄断，交通运输主通道运能短缺，铁路市场准入、公路收费、港口集疏运不畅及集装箱多式联运发展缓慢等发展中的现实问题均较突出，这些因素的存在，使中国经济运行的运输费用偏高，并导致了社会物流总费用居高不下，不利于中国经济的供应链管理，也影响着中国经济参与全球化竞争过程中整体竞争力的提高。下面以全社会运输费用在社会物流费用中的份额做出说明。

2005年，全国社会物流总费用为3.39万亿元，占国内生产总值比重为18.6%，与美国等发达国家所占比重比较高出近一倍。从全社会物流及运输费用结构看，运输费用为1.86万亿元，占社会物流总费用的55%；道路运输费用占全社会总运输费用的60%；铁路和水运分别是11%和13%。这些数据显示了道路运输的普遍性，也突出了道路、铁路及水路运输等对于降低全社会运输和物流总成本的重要性。

从市场的一般均衡分析，恰如中国区域经济发展呈现"东高西低"的态势，交通运输发展水平客观上也是东、中、西三大地带渐次下降。与东部地区相比，中西部地区交通运输成本相对高，这在一定程度上阻碍了东部和中西部地区之间的经济交流，影响了东、中、西部经济各自比较优势的发挥，也影响了国内经济一体化和中国经济参与经济全球化。另一方面，由于交通运输发展过程中，还存在许多不合理的制度性约束，法律、法规及政策设计等缺乏系统性，造成了交通运输系统内的部门利益与运输系统整体利益之间冲突。公共交通资源的有效配置，公共交通设施收费政策的设计，以及如何协调部门或行业利益与交通运输系统的整体效益等因素，一系列相关制度的设计，都关系到中国交通运输系统转变增长方式的成败，及其对国民经济总体效率的影响。为了降低交通运输产业的生产成本和交易成本，不仅要加快发展运输基础设施，而且需建立有效率的法律、法规体系。只有提高了交通运输系统的效率和效益，才能促进区域经济和国民经济发挥比较优势，在更大范围内提高竞争优势。

4.1.2 人均汽车拥有水平与交通拥堵

人们一直十分奇怪，为什么国家"轿车进入家庭"政策从2001年实施至今仅十多年，中国大城市交通就会出现如此严重的交通拥堵？当真是中国的汽车多了吗？相关资料显示：世界汽车平均拥有水平为153辆/千人；而日本为600辆/千人，欧盟15国为581辆/千人，美国为980辆/千人；北京为260辆/千人。从与国外的对比中可见，目前虽然汽车平均拥有水平超过世界的平均水平，但仍低于美欧日等国的拥有水平。显然，导致北京交通拥堵的根本原因并非车多。据调查，大城市私人小汽车出行交通量中约有40%～45%的出行距离在5千米以内，而这应是自行车交通最适宜的出行范围。很明显，大量私家车车主把汽车当自行车用，正如市间流行的一句口头语"打个酱油买个早点也开车去"。这生动地说明，当前中国大城市私人小汽车使用十分不合理，骑自行车甚至步行就能做的事却要开车去。这使得私人小汽车的出行频率远高于国外，出行交通量倍增，道路上密密麻麻挤满了小汽车，交通拥堵频繁。这样的不合理使用也使中国大城市私人小汽车的年行驶里程远高于国外。美欧日等工业国家一般都在0.8万～1万千米，中国则在1.5万～2万千米，有些城市甚至在3万千米以上，为国外的2～3倍。如此无节制的不合理使用，不仅加剧了大城市交通拥堵，而且也大大加剧了能源消耗、尾气排放等一系列问题。

4.1.3 北京交通出行现状

根据2012年北京交通发展年度报告，就出行需求来说，六环内日均出行总量达3 033万人次（不含步行），比2011年年底（2 873万人次）增加了160万人次，增幅为5.6%。其中小汽车出行量为990万人次/日，比

2011年年底增加42万人次。由上述结果不难发现，公共交通出行比例稳步提升，小汽车出行比例持续下降。全市居民各种交通方式出行构成中（不含步行），公共交通［公共汽（电）车＋轨道交通］比例为44%［公共汽（电）车27.2%，轨道交通16.8%］，较2011年年底增长了2个百分点；小汽车出行比例为32.6%，较2011年年底下降了0.4个百分点；出租汽车出行比例6.6%，较2011年年底下降了0.3个百分点；自行车出行比例13.9%，较2011年年底下降了1.2个百分点。

总的来说，交通出行结构进一步改善，公交出行分担率在连续11年持续攀升的基础上，再次提升2个百分点，达到44%。小汽车出行分担率继续呈现下降态势，已从2011年的33%降至32.6%。虽然实施了机动车总量调控，但保有量总量还是增加趋势。在总量增长的情况下，小汽车出行比例却呈现下降态势，展现了停车价格调整、限行、摇号等一系列需求管理措施的效果。

4.2 京津冀三地私家车的关系

4.2.1 异地办公情况分析

据2014年《京津冀蓝皮书》统计，由于区域内经济发展不平衡，京津冀城市群存在着明显的异地城镇化现象，主要表现为人口由经济发展相对落后的中小城市集中涌向北京和天津两城市。如表4.1所示，2005—2010年，河北省向北京输送的劳动力平均每年在100万人左右；向天津输送的劳动力平均每年在60万人左右，且呈逐年增加态势。2009年，在全省跨省转移就业的335万人中，有近六成输出到京津地区。2010年第六次人口普查数据显示，河北省来京人口为155.9万人，占北京常住外来人口的22.1%；而在天津市的常住外来人口中，来自河北省的人数为75.45万人，占天津市常住外来人口的25.2%。这种居住和工作的不平衡，导致上班时大量人口从周边向中心城集中，下班时又从中心城向周边散去，通勤距离大大增加，也加重了上下班时段的交通拥堵[①]。

---

① 首部京津冀蓝皮书《京津冀区域一体化发展报告》在北京发布[J]. 经济与管理研究，2012（4）：2，129.

第4章
京津冀区域协调发展下的北京私家车的行为分析

表 4.1 2005—2010 年河北省流入北京、天津人口数 单位：万人

年份	北京	天津
2005	92.6	50.6
2006	105.8	53.7
2007	107.7	60.5
2008	109.2	62.8
2009	131.0	64.0
2010	155.9	75.5

笔者在北京四环周边停车场选取 80 名私家车车主作为研究对象，对问卷结果进行简单的统计如图 4.2 所示，京津冀三地异地办公现象确实存在，第一行代表调查工作地点，第二行代表调查对象居住地点。被调查对象主要居住在北京市城区同时也在北京市城区工作，存在部分在城区工作住在北京市郊区的状况，这样的人占到 20% 左右，城市郊区化现象明显。就河北、天津对比来说，河北向北京输出劳动关系更为明显，更多的人住在北京向河北方向，在北京工作。（备注：B，T，H 分别代表北京、天津、河北；0，1 分别代表郊区、城区；如 B1 为北京市城区，BH 为北京河北方向区域；BT 为北京天津方向区域，TH 为天津河北方向区域；问卷发放辐射区域较小，对于反映京津冀私家车发展状况的有效性有待研究）

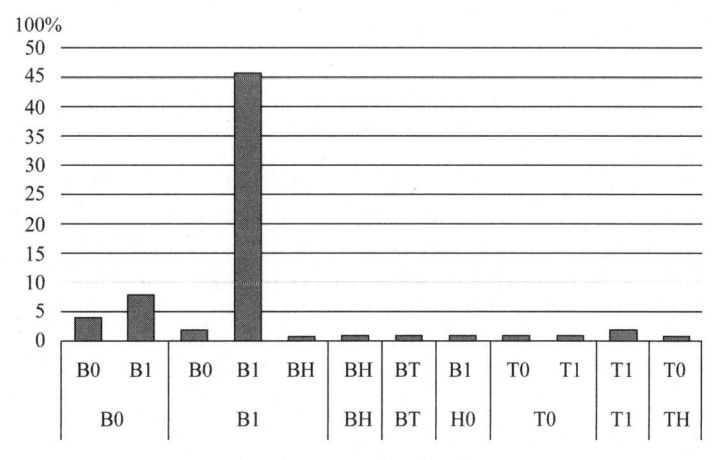

图 4.2 京津冀私家车车主职住分离状况

4.2.2　京津冀交通体系的现状及问题

京津冀区域内有着良好的交通基础设施，目前区域内有35条高速公路和280多条一般国省干线，连接所有核心城市、节点城市，是我国陆路交通网络密度最高的区域之一。2012年年底，京津冀区域公路共计199 928千米，公路网密度、高速公路网密度分别为92.5千米/百平方千米和3.3千米/百平方千米，是全国平均水平的2.1倍和3.3倍。京津冀铁路网建设分为高速铁路、城际铁路和普通铁路。至2012年年底，京津冀城市群铁路营业里程为7 774.3千米，铁路网密度为3.6千米/百平方千米，约为全国平均水平的3.6倍。

但是随着城市化进程的不断推进，京津冀交通协同发展遇到的问题逐步凸显，主要包括以下几个方面。

(1) 市域轨道交通建设起步较晚、发展速度滞后

随着人口规模不断增长以及城市经济活动强度的增强，受城市空间的扩展与职住分离等因素的影响，城市轨道交通在城市客运构成中的比例有所增加。以北京为例，2013年7月，日均客运量达到975万人次，工作日日均客运量更是突破1 000万人次。由于市域轨道交通起步较晚、发展滞后，所以与城市化和机动化水平相比，当北京机动车保有量达到100万辆和200万辆时，轨道交通运营里程仅有42千米和114千米。轨道交通的滞后发展减少了公共交通在出行结构中的比例，一定程度上助长了私家车的迅猛发展，刺激了私家车需求的不断膨胀。

(2) 轨道交通发展模式单一，市域和区域间出现断层

以北京为例，为了适应中心城区高强度客流的需求，轨道交通发展过度地向地铁模式倾斜，地铁几乎成为轨道交通的代名词，而忽视了引导城市功能疏散的区域快线和市郊铁路的建设。至2013年，北京地铁实现运营线路17条，总规模465千米，车站276座，成为世界上最长的城市地铁网络。但是在轻轨、市郊铁路方面，北京仅有一条S2线，轨道交通远远落后于其他世界超大城市的发展水平。单一模式的城市轨道交通过度发展，使之代行区域交通的功能，不仅无法满足多层次的差异化出行需求，还会严重拖累既有系统的运行效率，降低服务水平。目前北京地铁已经出现向远郊区县甚至外围市镇延伸的趋势，扩大服务功能和范围不仅会导致过度拥挤、速度低下，还有可能导致跨界职住分离日益加剧、城市无序蔓延的

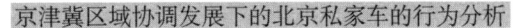

问题。

（3）城际快速轨道交通难以适应经济社会发展的需求

城际快速轨道交通作为大能力、高效率、集约、环保、快速、便捷的交通方式，并应在京津冀城市群内起到运输骨干的作用，但其发展却难以满足日益增长的巨大城际客运需求。城市群内铁路网密度虽高，但城际间交通运输中铁路承担的份额很少。2012年，铁路的市场份额仅为7.4%，已有的铁路服务于城市间的城际铁路规模较小。

4.3 北京私家车车主购车原因

北京作为首都，是政治、文化中心，太多的城市功能使得这个城市有太多的人口，太大的小汽车拥有量，为了了解这些私家车车主拥有小汽车的状况，我们首先分析私家车车主拥有小汽车的原因。在4.2节中我们提到，由于京津冀协调发展，越来越多的人选择了郊区居住城里上班，甚至天津（河北）居住北京城上班，这些无疑是部分北京市居民购买车辆的客观原因。我们知道外部矛盾一定通过内部矛盾才能改变事物的运动性质，北京居民内部的什么想法导致他们购买小汽车？

我们的问卷和北京市私家车车主出行特征调查研究问卷得出的结论基本一致。具体分析如下。

4.3.1 节省时间：购买私家车第一原因

"节省时间"是我们问卷和北京市私家车车主出行特征调查研究问卷对北京市居民购买私家车得出的第一原因（见图4.3），北京是个生活工作节奏比较快的城市，因此节省时间就是很多人所考虑的问题，这也是把节省时间放在第一位的原因。据在公交占主导地位的香港居民对小汽车的依赖性问卷，调查者拥有小汽车的简单而重要的原因是"小汽车有助于搬运物品"，紧随其后的位于第2位和第3位的原因是"节省时间"和"更舒适"。其中回答小汽车有助于搬运物品的人员的比例几乎是回答节省时间的人员比例的2倍。由此可见，北京市居民购买私家车和发达地区相比具有一定的差异性，这种差异性也提醒我们在采用发达地区的疏堵政策时一定要具体问题具体分析。当然从香港的调查问卷我们仍然可以看到节省时间是私家车车主拥有私家车的重要初衷,也是我们在政府与私家车车主博弈时务必考虑的问题。

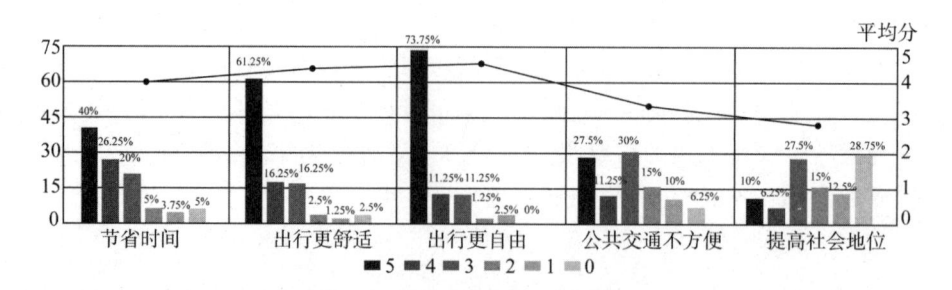

图 4.3 私家车车主购买私家车原因

节省时间是购买私家车的第一原因,但是一旦交通拥堵,时间就不能节省了。

相关研究资料表明,英国是欧洲最拥堵的国家,每年拥堵造成150亿英镑的损失;西班牙是欧洲第二拥堵的国家,每年拥堵经济损失高达150亿欧元,相当于西班牙国内生产总值(GDP)的2%;2003年交通拥堵使美国人浪费的时间为37亿小时,浪费的汽油为87亿升,造成的损失高达630亿美元[①]。日本东京每人每年因交通拥堵损失的时间约为42小时,其货币价值为每年12万日元,约合人民币9 000元。[②]

4.3.2 出行更自由

位于北京市居民购买私家车第二位的原因是"出行更自由"。"出行更自由"和"出行更舒适"也是促使人们购车的一个原因,在人们看来拥有私家车可以更自由地出行,公交车私人空间较少,比较拥挤,舒适程度较低,为了舒适,越来越多的人会选择私家车。

在购买时出行更自由和出行更舒服不是北京市居民购买私家车的第一原因,却是私家车车主出行对小汽车的依赖的主要原因。目前,中国的汽车消费市场异常繁荣,汽车消费正逐渐成为一种新时尚。人们大多认为拥有私家车就是生活质量好的标志,甚至认为小汽车是一种身份的象征,因

---

① 冯相昭,等. 城市交通拥堵的外部成本估算 [J]. 环境与可持续发展报,2009(3):1—4.
② 熊岛大佑. 东京的交通拥堵问题 [D]. 东京:大沼交通研究会,2002.

第 4 章
京津冀区域协调发展下的北京私家车的行为分析

而盲目地发展私车,以至于攀比购买私车、好车,认为驾驶自己的私家车上下班和出行是一件让人羡慕的事,而且确实是很方便;但是这也使得城市道路上行驶的私家车越来越多,交通拥堵情况越来越严重。但是究竟有多少人是真正需要小汽车,有多少人是真的对小汽车产生了依赖,这是应该明确的问题。

Goodwin 等在 1995 年强调指出:应该将人们对小汽车的依赖性和出行对小汽车的依赖性区别开来[①]。在北京已经显示出,许多人对小汽车产生了依赖性。对出行中调查的人员对小汽车的依赖情况做相关分析:调查这些人对私家车出行的依赖程度,并调查这些人在什么情况下更加依赖小汽车。调查对私家车车主们出行时选择自驾车与否的情况,有超过 60% 的回答者总是在上下班时选择小汽车,50% 以上场合选择小汽车上下班的人员占到了 82%;"公务出行"回答总是选择小汽车的比例达到了 60%,而 50% 以上场合选择小汽车的比例达到了 83%;"探亲访友"回答总是选择小汽车的比例为 55%,但是 50% 以上选择小汽车的比例达到了 86%;"周末短途旅游"总是选择小汽车的比例达到了 58%,而在 50% 以上场合选择小汽车的比例达到了 88%;对于所有的出行目的来说,50% 以上会选择小汽车的比例都在 60% 以上。这些数据可以说明一个问题:人们拥有了小汽车,就会利用小汽车作为自己的代步工具,虽然政府部门建议公交出行,绿色出行,但是对于这些已经拥有小汽车的车主来说,一旦拥有了小汽车,他们会对小汽车产生依赖性,会将小汽车作为自己的代步工具,这也是造成交通拥堵的一个很重要的原因。

据在公交占主导地位的香港居民对小汽车的依赖性问卷,"出行更自由"和"出行更舒适"也是促使人们购车的一个原因,排在第三位和第五位。这说明"出行更自由"和"出行更舒适"是无条件约束下人们的主观效用上对小汽车的需求。

4.3.3 刚性需求

所谓刚性需求是指不管居民的主观意识如何,由于客观原因,居民必须购买的需求。在小汽车方面,刚性需求就是搬运物品、方便接送小孩和

---

① 吉勒姆. 无边的城市——论战城市蔓延 [M]. 北京:建筑工业出版社,2007.

113

方便接送老人。

根据我们的调查和北京市私家车车主出行特征调查，搬运物品在北京市不是主要的刚性需求，它在诸多原因的调查中排在后列。但是在香港居民的调查中搬运物品却是私家车购买的第一原因。这种原因的差异可能主要是北京和香港不同的社会制度造成的。

"方便接送小孩"是三份调查问卷共有的居民购买车辆的主要客观原因。在我们的调查和北京市私家车车主出行特征调查中，方便接送小孩几乎是有小孩家庭购买小汽车的主要原因。在香港居民的调查中，它排在第四位。

方便接送老人是这些问卷没有的选项。其实对于北京来说，老龄人口已经越来越多，而老人行动不便，又需要去医院，因此，方便接送老人将是北京市居民购买小汽车的原因之一。

从以上的分析可以看到，购买私家车的原因既有客观的需要，也有主观的效用的需求，既有现实的，又有未来可能会形成的。因此，北京私家车的需求将是上升的。

4.4 北京私家车车主交通方式的选择

4.4.1 影响私家车车主出行因素分析

北京市私家车车主出行特征调查显示，有60%的人认为交通拥堵会对驾驶私家车产生很大的影响。制约人们驾驶私家车的第二大原因是目的地停车的方便程度。因此，停车场对小汽车也是一个很重要的制约因素，这一结果为政府限制市中心区设置停车场提供了有力的支持。汽油价格和路桥费的高低也是影响私家车车主驾驶小汽车的一个不可忽视的原因。

私家车增加，社会车辆多，城市道路面积少、路程短，由交通拥堵引起的驾车行驶不规范等情况使得交通日益拥堵，多次采取交通疏导效果也不是很明显。对于交通拥堵，尽管私家车车主们在采取自驾车出行时表示受影响较大，但是私家车车流仍不见减少。随着不可再生能源石油的不断

第4章
京津冀区域协调发展下的北京私家车的行为分析

开采，石油的价格日益走高；同时，中国的石油储藏量和开采量有限，然而国内对于石油的需求度却随着私家车数量的增多在不断提高。

另外，用地紧张、停车位稀缺是北京交通的老大难问题。据有关数据显示，北京机动车保有量从300万辆跃升到400万辆，仅用了2年零7个月，而每净增100万辆私人小汽车就需要增加停车面积达30平方千米，相当于北京二环内面积的一半。

对香港的调查情况和北京相似。在香港，交通拥堵是制约人们驾驶小汽车的主要原因。为避免交通拥堵，在每年下半年的6个月里，有71%的回答者改变了行驶路线，65%的回答者调整了出车时间。这些回答者所采用的措施既可以减少他们个人的塞车时间，又可以减轻交通拥堵的程度。但是他们毕竟还在使用小汽车，并对整个交通环境产生影响。相反，有47%的回答者离开了他们的小汽车待在家里，或者在某些路段乘坐公交车。在这种情况下，交通拥堵的情形便会减少到实际上可容忍的程度，也实现了交通流对驾车者的自动调整与控制。这一点也有助于解释新建道路并不能改善香港交通状况的原因，因为新建道路将会导致潜在的对小汽车使用的需求，实际上又增加了新的交通量。这也是全球范围所共同具有的现象。制约人们驾驶行为的第二、第三、第四项重要因素均和停车场有关：十分方便的停车场，不太方便的停车场以及停车费用。因此，停车场对于小汽车的使用有着极为重要的制约作用。这一结果为政府限制在BCD和中心区设置停车场的政策提供了有力的支持，如果能再劝说一些大公司减少可以利用的停车场空间或者增加小汽车的停车费用，则可进一步减少小汽车的交通量。

北京居民对交通拥堵的做法和香港相似。当交通拥堵时，有35%的车主选择调整出行时间避开高峰，近60%的车主选择了"避开拥堵路段"和"避开高峰路段"的方法来解决这个问题，绕行或者错开高峰时段也是目前较为有效的措施。如前文所述，人们已经对小汽车产生了一定的依赖性，因此放弃开车的车主较少，仅占5%。

采取停车换乘和放弃开车这两种措施的车主较少，原因是车主购买私家车主要是基于"节省时间"和"出行自由"的考虑，而换乘则是比较占用时间的，放弃开车就会违背了买车的初衷，限制了他们出行的自由。

在限号行驶的这种情况下，在上下班的人群中有将近50%的人选择了公共交通出行；在接送孩子上下学的人群中，有35%的人选择了公共交通出行，而有将近26%的人选择了出租车出行；在探亲访友的人群中，有37%的人选择公共交通出行；而在餐饮购物娱乐活动的人群中，这些情形下乘公交、地铁和出租车则成了大众选择；尤其是在上下班时，选择公共交通的人数远远超过了其他方式出行的人数。有经济基础的人因此会购买第二辆车，这样也在另一种程度上促进了小汽车拥有量的增长。

为了更进一步分析影响北京私家车出行的因素，对问卷结果做主成分分析，试图找出影响私家车车主出行的主要因素。

(1) 变量解释

X1：公共交通便利程度　　X2：公共交通舒适程度

X3：目的地停车的方便程度　X4：停车费用高低

X5：汽油价格高低　　　　X6：路桥费用高低

(2) 模型建立与分析

如表4.2相关系数显著性水平所示，现有的变量之间存在相关性，说明反映的信息有部分的重叠性，在这种情况下，有必要构造综合的指标加以判断。

表4.2　自变量相关系数矩阵

		X1	X2	X3	X4	X5	X6
Sig. (1-tailed)	X1		0.021	0.054	0.053	0.473	0.148
	X2	0.021		0.000	0.003	0.045	0.120
	X3	0.054	0.000		0.000	0.003	0.207
	X4	0.053	0.003	0.000		0.000	0.000
	X5	0.473	0.045	0.003	0.000		0.000
	X6	0.148	0.120	0.207	0.000	0.000	

利用SPSS对整理数据进行主成分分析的方差贡献率结果如表4.3所示：根据特征值大于1，选取了两个主成分，累计解释总方差的80.722%。

第4章
京津冀区域协调发展下的北京私家车的行为分析

表 4.3 方差贡献率矩阵

Component	Initial Eigenvalues			Extraction Sums of Squared Loadings		
	Total	% of Variance	Cumulative %	Total	% of Variance	Cumulative %
1	2.641	44.016	44.016	2.641	44.016	44.016
2	1.429	36.706	80.722	1.429	36.706	80.722 3
3	0.619	10.319	91.041			
4	0.316	5.269	96.309			
5	0.221	3.691	100.000			

表4.4显示了6个变量和主成分间的关系。我们将两个主成分记为f1、f2，它们与各变量间的关系如下：

表 4.4 通过正交变换后的因子载荷矩阵

	Component	
	1	2
X1	0.122	0.696
X2	0.494	0.589
X3	0.624	0.489
X4	0.885	−0.060
X5	0.840	−0.329
X6	0.710	−0.496

根据SPSS的计算结果，可以得到综合评价函数如下：

X1=0.122f1+0.696f2

X2=0.494f1−0.589f2

X3=0.624f1+0.489f2

X4=0.885f1−0.060f2

X5=0.840f1−0.329f2

X6=0.710f1−0.496f2

从结果可以看出，第一个主成分主要与停车费用高低、汽油价格高低以及路桥费用高低有很强的正相关，相关系数分别为0.885、0.840、0.710；而第二个主成分主要和公共交通便利程度、公共交通舒适程度以

117

及目的地停车的方便程度成正相关关系,相关系数分别为 0.696、0.589、0.489。为了直观地表达,我们将第一个主成分取名为"费用因子",而给第二个主成分取名为"享受因子"。从图 4.4 可以直观地看出六个因素被分为了两类。

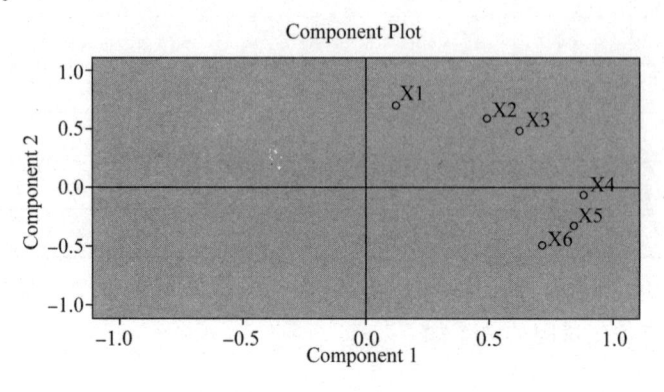

图 4.4 因子载荷图

下面深入分析两个主成分。

①费用因子:

该因子解释了停车费用高低、汽油价格高低以及路桥费用高低因素对私家车车主驾车出行的影响程度,注重这些因素的私家车车主更多地在乎私家车出行的成本。可见,对于看重这一主成分的私家车车主来说,油价、道路收费等相关政策无疑会影响其对出行方式的选择。

②享受因子:

第二个主成分解释了公共交通便利程度、公共交通舒适程度以及目的地停车的方便程度,注重这些因素的私家车车主更加看重私家车为自己带来的出行的便捷、舒适、快捷。和前面因子相比,相对驾车出行的成本对他们的影响较小,公共交通舒适便捷程度对他们选择出行方式的影响较大。

由问卷数据分别计算费用因子平均得分为 2.9;享受因子的平均得分为 3.9,可见享受因子对私家车车主出行影响较大,提高公共交通便利及舒适程度是改变私家车车主出行的主要努力方向。

根据表 4.5,主成分得分可以按照以下公式来计算,该函数称为主成分得分。

$$f1=0.046X1+0.187X2+0.236X3+0.335X4+0.318X5+0.269X6$$

$$f2=0.487X1+0.413X2+0.342X3-0.042X4-0.230X5-0.347X6$$

第4章 京津冀区域协调发展下的北京私家车的行为分析

表4.5 因子的得分系数矩阵

	Component 1	Component 2
X1	0.046	0.487
X2	0.187	0.413
X3	0.236	0.342
X4	0.335	−0.042
X5	0.318	−0.230
X6	0.269	−0.347

为了进一步说明两个因子对私家车车主出行的影响,对出行影响程度和影响因素对应分析,结果如表4.6所示。

表4.6 对应分析结果

Dimension	Singular Value	Inertia	Chi Square	Sig.	Proportion of Inertia Accounted for	Proportion of Inertia Cumulative	Confidence Singular Value Standard Deviation	Correlation 2
1	0.366	0.134			0.814	0.814	0.039	0.190
2	0.151	0.023			0.139	0.953	0.045	
3	0.072	0.005			0.032	0.985		
4	0.046	0.002			0.013	0.997		
5	0.021	0.000			0.003	1.000		
Total		0.165	75.103	0.000ª	1.000	1.000		

从表4.6可以看到,第一对变量的惯量占81.4%,但为了画直观的二维图,再选惯量只占13.9%的第二对行列记分,行列关系要由第一维来说明。图4.5体现了影响因素1和影响程度5最接近;影响因素2和3与影响程度4最接近;影响因素4和5与影响程度3最接近;而影响因素6与影响程度1最接近。该图非常直观地告诉我们,影响因素1、2、3相比较于影响因素4、5、6,影响程度较大。也就是说享受因子的影响程度大于费用因子,可见在现实中私家车车主更加看重的是出行舒适程度、方便程度以及节约的时间成本,而不是出行成本费用。也就是说相对于提高路桥费用、调高油价等措施,改善公共交通舒适、便捷程度,才是让私家车车

主放弃开车的主要渠道（影响因素1~6分别代表：公共交通便利程度、公共交通舒适程度、目的地停车的方便程度、停车费用高低、汽油价格高低、路桥费用高低；影响程度1~5代表分数越高，影响越大）。

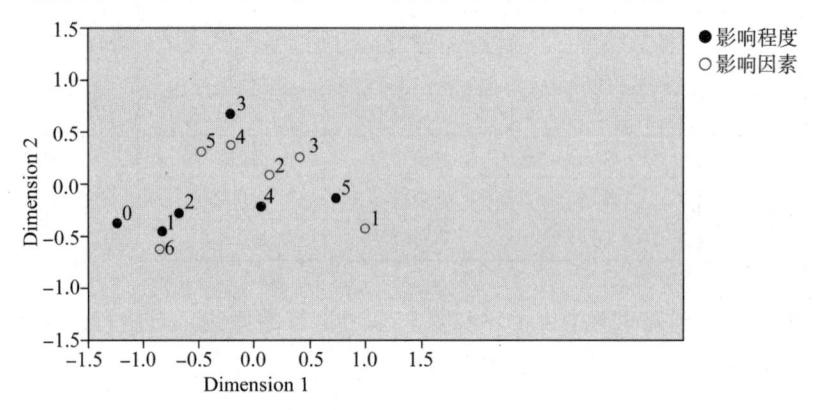

图 4.5　二维交叉图

另外，问卷结果如图 4.6 还显示约一半的人不知道换乘停车场的存在，超过 80％的私家车车主认为公共交通的换乘的便捷程度会影响他们改乘公共交通，可见公共交通换乘宣传与建设亟待发展。

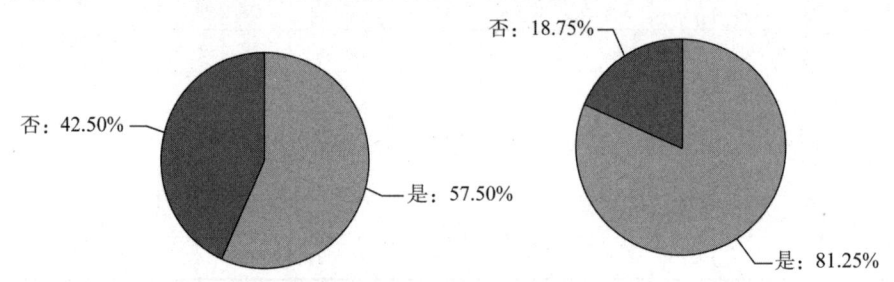

图 4.6　换乘设施对私家车车主出行的影响

4.4.2　私家车车主对各交通方式的选择

国内利用活动方法对出行行为的研究大多集中始于 20 世纪 90 年代，依靠交通调查数据分析通勤出行特征的规律性或通过建立非集计模型研究居民个人、家庭、活动等属性特征对通勤时间、方式等的影响或相关关系。

对于现在状况下的北京居民，人们出行选择出行方式的调查数据如图 4.7 所示。无论男女，选择自驾车的比例和人次远远大于其他任何一种交通方式（步行的女性除外）。而男性选择自驾车出行的人次是女性的三倍，与其他出行方式相比，男性驾车出行的人次也远远大于其他出行方式，可见对于男性来说，驾车出行更受青睐。

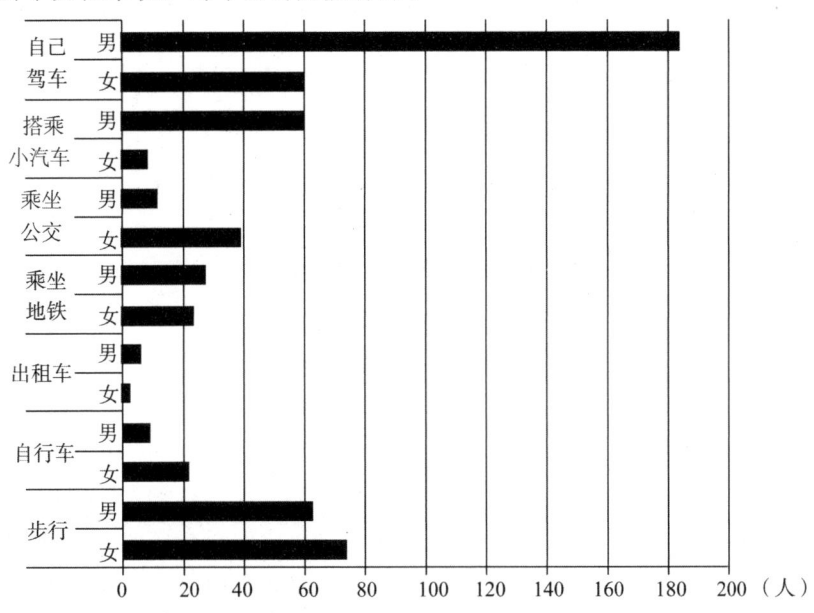

图 4.7　私家车车主出行交通方式

在私家车车主使用各交通方式频率的调查意向中，男子驾车的比例约 45%，而女子驾车的比例仅占 15% 左右。而位居第二的出行方式是步行。其中女子出行选择步行的比例为 18%，男为 15%，这一比例高于"乘坐地铁"和"乘坐公交"。产生这种情形的原因，经调查访谈，主要有以下几种：大多数人在一天中出行属于混合交通，也就是，在一次出行中人们有可能选择的交通方式有 2 种或者 3 种，甚至是多种交通方式相互结合的方案而出行；选择其他交通出行方式并不能直接到达目的地，只是有效地缩短了距离，最终还是要选择步行到达目的地；当然也有人确实因为短距离才步行，比较经济，出于锻炼的目的选择这种方式。

在各出行方式中，选择出租车出行的比例是最小的，男女均为 1%，毕竟出租车出行费用较高，并不是大家出行的首选。除了"自己驾车""乘坐地铁""出租车"这三种方式，其他出行方式中都是女性比例高于男性比例，可见选择交通出行方式，与性别有一定的关系，男性更趋于选择节省时间的出行方式，而女性则更趋于选择舒适、费用较低的出行方式。

4.4.3 小汽车依赖症

Goodwin 等（1995）[1]、Begg（1998）[2]、Banister（2001）[3] 以及 Dargay（2001）[4] 通过研究发现：人们一旦拥有了小汽车，便不再把小汽车看成是一种昂贵难得的奢侈品，而是把它当作一种生活必需品看待了。因而小汽车的拥有者对它的依赖性与日俱增。Wootton（1999）[5] 指出：人们一旦拥有了小汽车，其驾车行驶的里程会明显增长，而且依靠公共交通的出行也会转移到小汽车上。

在对香港居民的调查中，有 52% 的回答者总是在上下班时利用小汽车，至少有 50% 的场合利用小汽车上下班的人员占被调查人员的 76% 以上。去郊外农村出行时利用小汽车的比例则分别增至 80% 和 96%。据香港交通部的报告显示：通过对香港大范围的调查发现 50% 的小汽车用于上下班。香港有关部门建议人们上下班期间应乘坐公交车，小汽车宜用作工作以外出行活动的交通工具。而调查的结果却不是这样。尽管人们利用小汽车所从事的与工作相关的出行比工作以外的出行比例要高一些，但是大多数被调查人员称：一旦他们拥有了小汽车后，便会利用小汽车作为各种出行活动的代步工具。绝大多数回答者至少在他们 50% 以上的出行中使用小汽车。通过上述分析，可以得出这样的结论：无论是居民还是居民的出行活动，均对小汽车产生了依赖性。

图 4.8 是北京和纽约居民小汽车出行时间分布图，从图中可以看到，北京居民和纽约居民都有一定的小汽车依赖性[6]。

从图 4.8 可以看出，北京和纽约的居民小汽车出行时间分布基本相似，都有两个尖峰。只不过，纽约居民小汽车出行曲线相对平缓，早高峰为

---

[1] Goodwin, et al. Car Dependence a Report to the RAC Foundation for Motoring and the Environment [M]. ISBN0862113555，1995.

[2] Bagg, D.. Car Free Cities. Reducing Traffic in Cities：Avoiding the Transport Time Bomb [A]. Third Car Free Cities Conference [C]. Edinburgh，1998.

[3] Banister, D.. Transport Planning [A]. Button, K. j., Hensher, D. A. (Eds.) Handbook of Transport Systems and Traffic Control [C]. Oxford：Pergamon，2001.

[4] Dargay, J.. The Effect of Income on Car Ownership：Evidence of Asymmetry [J]. Transportation Research A，2001 (35)：807—823.

[5] Wootton, J.. Replacing the Private Car [J]. Transport Review，1999 (19)：157—175.

[6] 刘明君，等. 私人小汽车出行行为特征分析与建模 [J]. 吉林大学学报，2009 (9)：25—30.

第4章 京津冀区域协调发展下的北京私家车的行为分析

8：00—9：00，出行量占全天总量的9%，晚高峰为16：00—17：00，出行量占全天总量的8%。早晚高峰出行量均远低于北京。出现这种现象的差异在于北京尚未完全建立起以公共交通为主导的综合交通体系，北京市居民小汽车出行分担率与公交基本持平，且29.69%的小汽车出行属于通勤性质，导致出发时间更加集中。而纽约已经构建了完全的城市交通模式，通勤出行以公共交通为主，小汽车为辅，促使仅12.1%的小汽车出行与通勤相关，纽约的弹性工作制也促使小汽车出行时间比较分散，有效地降低了高峰时段的小汽车出行需求，保障了城市交通的顺畅运行。

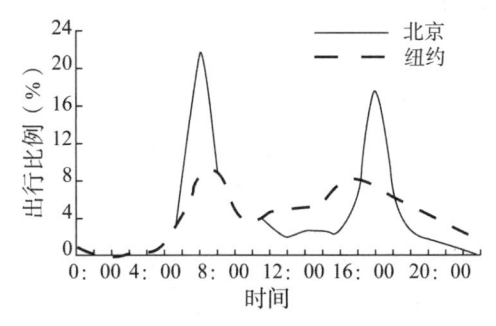

图4.8 居民小汽车出行时间分布

我们的调查数据也说明了这一点。图4.9就是私家车车主出行距离特征。从图4.9可以看到，无论距离远近都会开车的达到26.25%，这说明超过1/4的私家车车主已经严重依赖小汽车。出行距离未到20千米就会开车的人占到90%以上。虽然政府部门建议公交出行、绿色出行，但是对于这些已经拥有小汽车的车主来说，一旦拥有了小汽车他们会对小汽车产生依赖性，会将小汽车作为自己的代步工具。这样的结果说明合理使用私家车，改变私家车车主出行观念迫在眉睫。

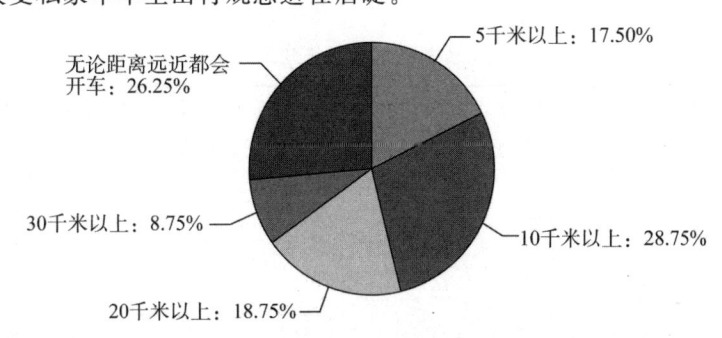

图4.9 私家车车主出行距离特征

4.5 北京私家车车主的分类及弹性

通过前面的分析可以看到私家车车主对私家车具有依赖性。除了这一共同的特点外，我们还需要对私家车进一步分类，从而为分析私家车车主的行为与效用奠定基础。

4.5.1 北京私家车车主的分类

20世纪80年代以前，国内外关于居民出行行为的研究大多是基于居民的单一属性，如年龄或者性别等。出行方式人群划分也大多依据出行者的个人属性、出行距离或出行目的。后来，心理因素被加入到出行行为的研究中，研究者不再局限于一些简单的线性相关分析，开始利用Logit模型来分析影响出行方式的因素，但是忽视了变量之间复杂的关系，于是结构方程模型被应用起来。

本书认为，这些研究方法固然很好，但是如果不能基于经济学的基本原理进行分析，其分析结论很可能与现实差异太大。因此，本书仍然以简单的单一属性进行分类，然后探讨其弹性。

北京私家车车主按照不同的单一属性可以进行不同的分类。本书以出行目的为主，以出行者的身份为辅进行分类。共分为9类。依次如下：上下班、公务出行、接送小孩上下学、接送小孩参加其他活动、接送老人、探亲访友、购物、餐饮、社交及娱乐活动等。除接送老人的信息没有外，其余数据信息见表4.7。

表4.7 私家车车主出行驾车情况分析

出行目的	总是自驾车（80%以上的场合自驾车）	以自驾车为主（50%以上的场合自驾车）	不经常自驾车（不到50%的场合自驾车）
上下班	241	82	71
公务出行	232	91	65
接送小孩上下学	119	85	121
接送小孩参加其他活动	139	87	102
探亲访友	220	125	57

续表

出行目的	总是自驾车（80%以上的场合自驾车）	以自驾车为主（50%以上的场合自驾车）	不经常自驾车（不到50%的场合自驾车）
购物	225	112	76
餐饮	185	134	77
晚间社交及娱乐活动	150	128	118
周末娱乐休闲活动	158	128	100
周末短途旅游	206	104	44
假期长途旅游	153	130	99

从表4.7可以看到，各类私家车车主均有一定的小汽车依赖性。如果考虑到具体的特点，比如接送孩子如果在小区附近，那么其不经常驾车的数据就意义不大。其实可以从接送小孩参加其他活动这一类别分析出来，小区附近的就学可以减少小汽车的出行。

4.5.2 北京私家车车主的参数估计及影响因素分析

采用小汽车出行并不是出行者的最终目的，而是出行者从事某一活动的衍生需求。出行者的出行行为受其交通需求心理支配，其最关心的是能否快捷、准时地到达目的地，因此，出行者在出行之前会考虑起讫点之间的各种交通方式。出行者是否使用私人小汽车出行，受到许多因素的影响，主要包括出行者个人社会经济因素、家庭社会经济因素、家庭成员之间的相互影响因素及时间和空间因素等。根据刘明君等[①]建立的模型，根据2005年北京市第三次居民出行调查数据，随机选择2 048条出行记录作为分析样本，通过选择影响居民小汽车出行的因素，得到模型的系数以及一些统计量如表4.8所示。

根据统计学理论，在置信水平 $\alpha=0.05$ 时，当某一参数对应的t检验值的绝对值不小于1.96，且参数符号正确，则该变量对出行者是否采用小汽车出行的影响在95%置信度是显著的。从表4.8可以看出，家庭自行车数量、是否有工作、月票、出行目的、停车收费和出行时间这6个因素对减少居民

---

① 刘明君，等. 私人小汽车出行行为特征分析与建模[J]. 吉林大学学报，2009（9）：25—30.

小汽车的使用有积极作用,而家庭小汽车数量、小孩、驾照、车辆主要使用者、同伴、出行距离促进了小汽车的使用。本书选择是否有小孩、是否车辆使用者和停留两个因素分析其对居民使用小汽车出行的影响。

根据表4.8,是否有小于6岁小孩(child)系数为0.62,表明有小孩居民采用小汽车出行这一事件发生的概率是没有小孩的exp(0.62)=1.86倍,即在相同条件下,与没有6岁小孩的居民相比,有6岁以下小孩居民采用小汽车出行的概率很大。在相同条件下小汽车出行依赖者(即家庭车辆主要使用者)使用小汽车出行的频率明显高于其他人。根据参数估计结果,user系数为2.29,表明小汽车依赖者使用小汽车出行的概率是非依赖者的exp(2.29)=9.875倍。

表4.8 北京私家车车主的参数估计

影响因素(Variables)	Coefficient	t-test
常数(constant)	41.25	2.91
家庭自行车数量(bike)	−0.23	−2.40
家庭小汽车数量(car)	1.99	6.80
是否有小于6岁小孩(child 0:not 1:yes)	0.62	3.01
驾照(license 0:not 1:yes)	1.01	3.26
月票(ticket 0:not 1:yes)	−2.25	−4.34
是否车辆主要使用者(user 0:not 1:yes)	2.29	7.06
是否有工作(career 0:not 1:yes)	−0.94	−2.50
目的(purpose(0):discretionary)	—	—
purpose(1):maintenance	−0.95	−2.75
purpose(2):mandatory	−0.20	−1.77
停留(stops)	0.62	5.07
同伴(company)	1.35	5.86
停车收费(park)	−1.28	−3.12
出行距离(distance)	0.93	9.98
出行时间(time)	−1.84	−5.79
$N=2\,048$, $L(0)=-1\,419$, $L(\beta)=-391$, $\rho^2=0.724\,5$, Hit ratio$=93.9\%$		

由于小汽车出行具有方便快捷、可达性高等特点，因此，当出行中存在多次停留时，出行者倾向于采用小汽车出行。参数估计结果表明：当出行中的停留数量每增加1个单位时，小汽车出行和非小汽车出行的发生比率为exp（0.62）＝1.859，表明每次出行内的停留数量每增加1个单位时，居民采用小汽车出行的概率较非小汽车出行的概率将增大0.859倍。

4.5.3 北京私家车车主的用车弹性

弹性是衡量某一变量的相对变动所引起的另一相关变量的相对变动程度，其大小是两个变量的变化率之比，在居民出行过程中，费率的变动、出行距离的长短等因素都会影响居民出行方式的变化。居民采用小汽车出行的概率对居民家庭自行车数量、小汽车数量、出行停留、同伴、停车收费、出行距离和出行时间的弹性值如表4.9所示。

表4.9 北京私家车车主的出行弹性分析

属性	弹性
自行车数量（bike）	－0.168 4
小汽车数量（car）	0.641 8
停留（stops）	0.339 7
同伴（company）	0.269 6
停车收费（park）	－2.457 6
出行距离（distance）	1.118 9
出行时间（time）	－0.549 2

表4.9中，小汽车出行概率对家庭自行车数量、停车收费和出行时间的弹性均为负值，而对小汽车数量、停留、同伴以及出行距离这4个影响因素的弹性均为正值，表明自行车数量、停车收费和出行时间与居民采用小汽车出行概率的变化趋势是相反的，即随着居民家庭自行车数量的增多、停车收费的增加和出行时间的延长，居民采用小汽车出行的效用将降低，而小汽车数量、停留、同伴以及出行距离与小汽车出行概率的变化趋势相同。

比较7个影响因素弹性值的绝对值，停车收费弹性值的绝对值最大，达到2.457 6，说明停车收费对居民是否小汽车出行情况的变化十分明显，因此，政府在缓解交通拥堵，降低中心城区小汽车出行强度时可考虑采取提高中心城区停车收费价格的办法。出行距离的弹性值达到1.118 9，说明随着出行距离的增长，居民将大幅度采用小汽车出行；而出行距离与城市形态密切相关，因此合理进行城市规划，积极发展新城，疏解中心城区功能，将有利于缩短居民出行距离，进而减少小汽车的使用。

4.5.4 不同类别北京私家车车主的用车替代

根据北京市私家车车主出行特征调查，我们可以进一步分析不同类别北京私家车车主在面临限号行驶时采取的用车替代。图4.10是北京市私家车车主用车替代。

从图4.10可以看到，在限号行驶的情况下，在上下班的人群中有将近50%的人选择了公共交通出行，40%左右的人群选择其他车辆，仅有10%左右的选择自行车等非机动车。

在接送孩子上下学的人群中，有35%的人选择了公共交通出行，而有将近26%的人选择了出租车出行；非绿色交通的选择有60%以上。

在公务出行的人群中，搭乘小汽车成为第一选择替代，其次为公交，出租车和第二辆车的比例也很大。

在探亲访友的人群中，有37%的人选择公共交通出行；选择非绿色出行的大致为40%。

而在餐饮购物娱乐活动的人群中，这些情形下乘公交、地铁和出租车则成了大众选择。

另外，调查数据显示，购车的私家车车主的职业多为"企事业单位职员""科研设计单位人员""公务员"，而"商业、服务人员""教师、医生、文艺、体育运动员""工人"这些职业购买力较低，可见车主们所从事的职业和可支配收入对于购车有一定的影响和促进作用。

由图4.10还可以看到，有经济基础的人因此会购买第二辆车。

因此从以上替代性可以看到，限号的作用非常有限。

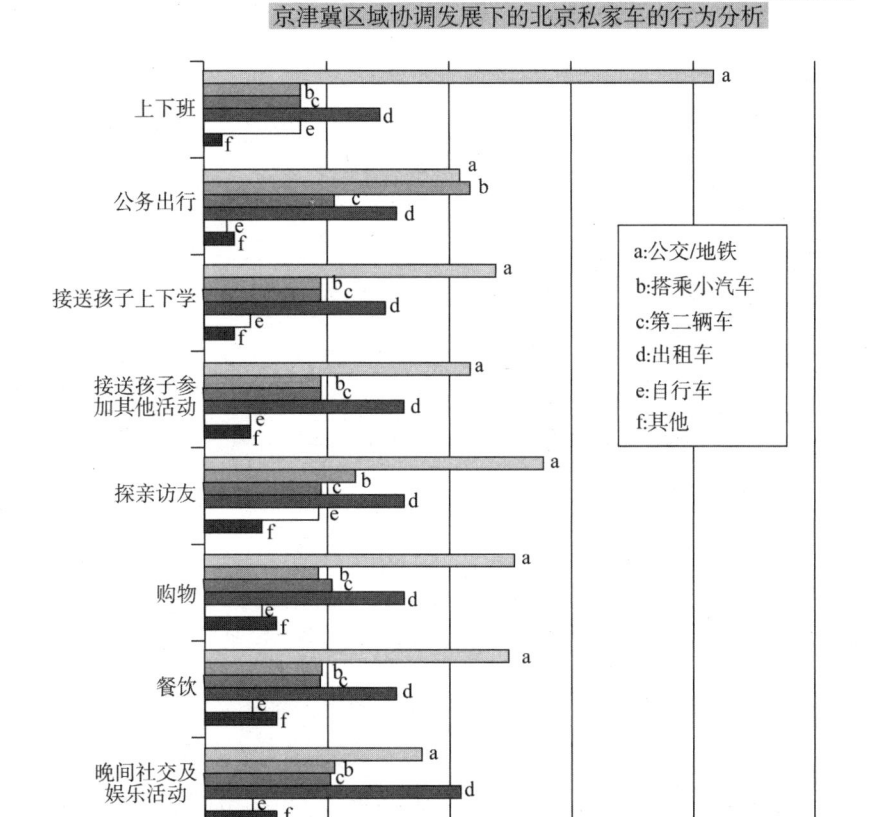

第 4 章
京津冀区域协调发展下的北京私家车的行为分析

图 4.10 北京私家车车主的用车替代分析

4.5.5 北京私家车车主的用车弹性估计

我们把自行车数量等都折算为价值，进而计算一般情况下北京私家车车主的用车弹性。

刘冬梅等[1]计算的北京市居民出行时间成本见图 4.11。

从图 4.11 可以看到，①总体来说，以上班、商务为目的的单次出行时间成本较其他目的出行时间成本高；以小汽车、公共交通为出行方式的单次出行时间成本较其他方式出行时间成本高；②以上班、商务为目的的小汽车单次出行，其时间成本约为 17 元；以购物、文化娱乐、回家为目的的

---

① 刘冬梅，等. 北京市居民出行时间小样本调查分析 [J]. 交通运输系统工程与信息，2009 (4)：23—26.

129

小汽车单次出行,其时间成本约为3.6元;③以上班、商务为目的的出租车单次出行,其时间成本约为12元;以购物、文化娱乐、回家为目的的出租车单次出行,其时间成本约为2.0元;④以上班为目的的公共交通单次出行,其时间成本约为10元;以商务为目的的公共交通单次出行,其时间成本约为19元;与其他出行方式不同的是,以购物为目的的公共交通单次出行,其时间成本约为11.5元,远高于小汽车、出租车出行相应的时间成本,其主要原因在于其出行时间较长。

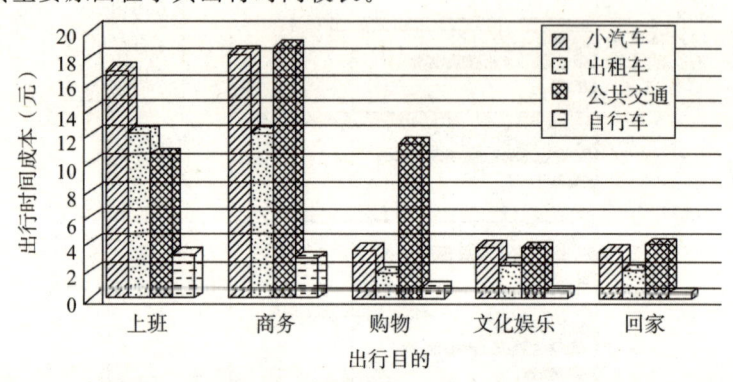

图 4.11 分方式、分目的平均一次出行时间成本

下面从影响私家车出行选择的交通拥堵、停车费用以及政策性限号三个方面分析其用车弹性。

对于交通拥堵,由于国内没有收费,因此,没有对小汽车的使用造成影响。而新加坡区域通行证制度(ALS)在1975年实施,设置一个近7.2 km²的控制区域RZ(Restricted Zone)作为收费区域,在早高峰(7:30AM—9:30AM)除了公共车辆、高载客率的小汽车外(含驾驶员3人),进入收费区的车辆都必须购买通行证。当时的通行证每天需要3新加坡元。在其他一些措施的配合下,ALS的实施效果非常明显,高峰小时交通量下降了45%。假定1新加坡元对5元人民币,那么交通拥堵的弹性系数大致为50%。

对于停车费用。对公务用车和上班族而言,一般有单位的停车场或者停车费用补助,因而不容易计算其弹性。我们主要对购物进行分析。根据图4.11,在停车费用等于11.5-3.6=7.9(元)时,私家车时间成本等于公交车时间成本,因此制定7~9元/时将对私家车出行选择产生重大影响,

第4章
京津冀区域协调发展下的北京私家车的行为分析

这一点和包丹文等[①]的研究结论不谋而合。因此停车费用在7~9元的弹性是50%。

对于政策性限号。如果违反，将处罚200元，显然远远大于现有时间成本，因此，在此处弹性是0。

当然上述弹性和现实有些脱节，其主要的原因在于如下几点。

对于公务车、上班车、下班车及接送小孩的车辆，由于客观需要，他们的弹性都是0，即无论费用怎么调，只要不超过一定限度，他们都会采取开车的方式。因此我们在后面的博弈时需要对他们进行特殊处理。

---

① 包丹文，等. 停车收费对居民出行方式选择的影响分析 [J]. 交通运输系统工程与信息，2010 (6)：818-825.

第 5 章 完全信息静态非合作博弈与"公共地悲剧"

萨缪尔森：你可以将一只鹦鹉训练成经济学家，因为它所需要学习的只有两个词：供给与需求。博弈论专家：要想成为现代经济学家，这只鹦鹉必须再多学一个词：博弈。因此要从经济学的视野研究交通，必然首先考虑博弈。

5.1 完全信息静态非合作博弈

比例尺是一比一的地图是没用的。

5.1.1 博弈与纳什均衡

博弈论是研究两人或多人谋略和决策的理论。

博弈论思想古已有之，我国古代的《孙子兵法》就不仅是一部军事著作，而且算是最早的一部博弈论专著。博弈论最初主要研究象棋、桥牌、赌博中的胜负问题，人们对博弈局势的把握只停留在经验上，没有向理论化发展，正式发展成一门学科则是在 20 世纪初。1928 年冯·诺依曼证明

第 5 章
完全信息静态非合作博弈与"公共地悲剧"

了博弈论的基本原理,从而宣告了博弈论的正式诞生。1944 年,冯·诺依曼和摩根斯坦共著的划时代巨著《博弈论与经济行为》将二人博弈推广到 n 人博弈结构,并将博弈论系统应用于经济领域,从而奠定了这一学科的基础和理论体系。纳什的开创性论文《n 人博弈的均衡点》(1950)、《非合作博弈》(1951) 等,给出了纳什均衡的概念和均衡存在定理。此外,塞尔顿、哈桑尼的研究也对博弈论发展起到推动作用。今天博弈论已发展成一门较完善的学科。

诺贝尔经济学奖得主奥曼在权威的《帕尔格雷夫大辞典》中,对"博弈论"词条的解释十分精辟和凝练。他认为,博弈论描述性的名称应是"互动的决策论"。因为人们之间的决策与行为会形成互为影响的关系,一个主体在决策时必须考虑到对方的反应。

博弈的目的是利益,利益形成博弈的基础。经济学的最基本的假设就是经济人或理性人的目的就在于使其收益最大化。参与博弈者正是为了自身收益的最大化而互相竞争。也就是说,参与博弈的各方形成相互竞争、相互对抗的关系,以争得利益的多少来决定胜负,一定的外部条件又决定了竞争和对抗的具体形式,这就形成了博弈。

从经济学角度来看,如果有一种资源为人们所需要,而这种资源又具有稀缺性或者说总量是有限的,就会发生竞争;竞争需要有一个具体形式把大家拉在一起,一旦找到了这种形式,竞争各方之间就会开始一场博弈。

比如夫妻俩下班回到家,吃完晚饭看电视。电视预告显示,一个频道会播放丈夫喜爱的足球赛,而另一个频道会播放妻子喜爱的音乐节目。但是家里只有一台电视机。这样,围绕着到底看什么节目,一场博弈就展开了。

在这场博弈中,完整地包含着形成一个博弈的以下 4 个要素。

(1) 2 个或 2 个以上的参与者 (player)。在博弈中存在一个必需的条件,即不是一个人在一个毫无干扰的环境中做决策。比如,在上面的案例中,如果只有丈夫或者妻子一个人在家,就不存在博弈。从经济学的角度来看,如果是一个人做决策而不受到他人干扰的话,那就是一个传统的最优化问题,也就是在一个既定的局面或情况下如何决策的问题。

博弈者的身边充斥着其他具有主观能动性的决策者,他们的选择与其他博弈者的选择相互作用、相互影响。这种互动关系自然会对博弈各方的思维和行动产生重要的影响，有时甚至直接影响博弈结果。

（2）博弈要有参与各方争夺的资源或收益。资源指的不仅仅是自然资源，如矿山、石油、土地、水资源等，还包括了各种社会资源，如人脉、信誉、学历、职位等。人们之所以参与博弈是受到利益的吸引，预期将来所获得利益的大小直接影响到博弈的吸引力和参与者的关注程度。经济学的效用理论可以用来解释这个问题：凡是自己主观需要的就是资源；相反，主观不需要的对自己就不能构成资源。

在上面的案例中，资源或收益并不是电视机的所有权，而是在某一时段的使用权。事实上在那些对于足球和音乐都没有偏好的人们眼里，哪一个节目都不会成为其资源。

（3）参与者有自己能够选择的策略（strategy）。所谓策略，就是《孙子兵法》中所说"计利以听，乃为之势，以佐其外"，指的是直接、实用的针对某一个具体问题所采取的应对方式。通俗地说，策略就是计策，是博弈参与者所选择的手段方法。博弈论中的策略，是先对局势和整体状况进行分析，确定局势特征，找出其中关键因素，为达到最重要的目标进行手段选择。由此可见，博弈论中的策略是牵一发而动全身的，直接对整个局势造成重大影响。

（4）参与者拥有一定量的信息（information）。博弈就是个人或组织在一定的环境条件与既定的规则下，同时或先后，一次或是多次选择策略并实施，从而得到某种结果的过程。

简单说来，博弈论就是研究人们如何进行决策以及这种决策如何达到均衡的科学。每个博弈者在决定采取何种行动时，不但要根据自身的利益和目的行事，还必须考虑到他的决策行为可能对其他人造成的影响，以及其他人的反应行为可能带来的后果，通过选择最佳行动计划，来寻求收益或效用的最大化。

本节所选的"夫妻博弈"模型大致会出现三种情况：一是两人争执不下，于是干脆关掉电视，谁都别看；二是你看足球我到其他地方听音乐，或你听音乐我到其他地方看足球；三是其中一方说服另一方，两人同看足球或同听音乐。

夫妻二人通常不会因为电视节目的分歧而分开活动。这是研究该问题的潜在前提。但是，对于看什么节目，双方又各有偏好，因此我们可以假定：如果丈夫和妻子分开活动，男女双方的效用为0；如果双方一起去看

第5章
完全信息静态非合作博弈与"公共地悲剧"

球赛,则丈夫的效用为5,而妻子的效用为1;如果双方一起听音乐,则丈夫的效用为1,妻子的效用为5。根据上述假定,夫妻双方不同选择的所有结果及其效用组合如表5.1所示。

表 5.1 夫妻博弈

(丈夫的效用,妻子的效用)	丈夫的策略	
	足球	音乐
妻子的策略 足球	(5, 1)	(0, 0)
妻子的策略 音乐	(0, 0)	(1, 5)

"收益矩阵":如表5.1所示的矩阵,可以一目了然地把几种因素包含在里面。矩阵是博弈论中用来描述两个或多个参与人的策略和效用的最常用工具,又被称为"收益矩阵"或"得益矩阵"。

约翰·福布斯·纳什(John Forbes Nash Jr)1948年作为年轻数学博士生进入普林斯顿大学。其研究成果见于题为《非合作博弈》(1950)的博士论文。该博士论文导致了《n人博弈中的均衡点》(1950)和题为《非合作博弈》(1951)两篇论文的发表。纳什在上述论文中,介绍了合作博弈与非合作博弈的区别。他对非合作博弈的最重要贡献是阐明了包含任意人数局中人和任意偏好的一种通用解概念,也就是不限于两人的零和博弈。该解概念后来被称为纳什均衡。

纳什的主要学术贡献体现在1950年和1951年的两篇论文,1950年他才把自己的研究成果写成题为《非合作博弈》的文章刊登在美国全国科学院每月公报上,立即引起轰动。说起来这全靠师兄戴维·盖尔之功,就在遭到冯·诺依曼贬低、嘲笑几天之后,他遇到盖尔,像说梦话似的告诉他自己已经将冯·诺依曼的最小最大原理找到了普遍化的方法和均衡点。纳什这个初出茅庐的小伙子,根本不知道竞争的险恶,从没想到学术欺骗的后果。结果还是戴维·盖尔充当了他的"经纪人",起草致科学院的短信,系主任列夫谢茨则利用方便的人脉关系亲自将文稿递交给科学院。纳什写的文章不多,他辩解说:少了才是精品。

相互依存的策略就构成一种均衡。

均衡可以说是博弈论中最重要的思想之一,却并不复杂。我们可以用描述法来加以定义:在博弈达到均衡时,局中的每一个博弈者都不可能因为单方面改变自己的策略而增加收益,于是各方为了自己利益的最大化而选择了某种策略,并与其他对手达成了某种暂时的平衡。在外界环境没有变化的情况下,倘若有关各方坚持原有的利益最大化原则并理性面对现实,那么这种平衡状况就能够长期保持稳定。

在所有的均衡中,纳什均衡又是一个基础性的概念。简单地说,所谓纳什均衡就是所有人的选择综合在一块儿,不一定所有选择都能实现最大化原则,但能使所有人都达到最大化的均衡状态。

在现实生活中,有相当多的博弈,无法使用严格优势策略均衡或重复剔除的优势策略均衡的方法找出均衡解。比如在房地产开发中,假定市场需求有限,只能满足某种规模的开发量,A、B两个开发商都想开发这一规模的房地产,而且,每个房地产商必须一次性开发这一规模的房地产才能获利。在这种情况下,无论是对开发商A还是对开发商B,都不存在一种策略优于另一种策略,也不存在严格劣策略(所谓严格劣策略是指在博弈中,不论其他人采取什么策略,某一参与人可能采取的策略中对自己严格不利的策略)。如果A选择开发,则B的最优策略是不开发;如果A选择不开发,则B的最优策略是开发。研究这类博弈的均衡解,需要引入纳什均衡。

在纳什均衡中,每个博弈参与人都确信,在给定其他参与人的策略的情况下,己方选择了最优策略以回应对手的策略。纳什均衡是完全信息静态博弈解的一般概念。构成纳什均衡的策略一定是重复剔除严格劣策略过程中不能被剔除的策略。

纳什均衡是一种最常见的均衡。在纳什均衡点上,每个参与者的策略是最好的。此时没有人愿意先改变或主动改变自己的策略。也就是说,此时如果他改变策略,他的收益将会降低,每一个理性的参与者都不会有单独改变策略的冲动。

与重复剔除的占优策略均衡一样,纳什均衡不仅要求所有的博弈参与人都是理性的,而且要求每个参与人都了解所有其他参与人也都是理性的。

在占优策略均衡中,不论所有其他参与人选择什么策略,一个参与人的占优策略都是他的最优策略。显然,这一策略一定是所有其他参与人选择某一特定策略时该参与人的占优策略。因此,占优策略均衡一定是纳什均衡。

在重复剔除的占优策略均衡中,最后剩下的唯一策略组合,一定是在重复剔除严格劣策略过程中无法被剔除的策略组合。因此，重复剔除的占优策略均衡也一定是纳什均衡。

需要注意的是，博弈的结果并不都能成为均衡。博弈的均衡是稳定的，因此可以预测。

5.1.2 博弈分类

在拉封丹寓言中有这样一则，讲的是狐狸与狼之间的博弈。

一天晚上，狐狸踱步来到了水井旁，低头俯身看到井底水面上月亮的影子，它认为那是一块大奶酪。这只饿得发昏的狐狸跨进一只吊桶下到了井底，把与之相连的另一只吊桶升到了井面。下得井来，它才明白这"奶酪"是吃不得的，自己已铸成大错，处境十分不利，长期下去就只有等死了。

两天两夜过去了，没有一只动物光顾水井，时间一分一秒地不断流逝，银色的上弦月出现了。沮丧的狐狸正无计可施时，刚好一只口渴的狼途经此地，狐狸不禁喜上眉梢，它对狼打招呼道："喂，伙计，我免费招待你一顿美餐你看怎么样？"看到狼被吸引住了，狐狸于是指着井底的月亮对狼说："你看到这个了吗？这可是块十分好吃的干酪，这是家畜森林之神福纳用奶牛伊蛾的奶做出来的。我已吃掉了这奶酪的那一半，剩下这一半也够你吃一顿的了。就委屈你钻到我特意为你准备好的桶里下到井里来吧。"狐狸尽量把故事编得天衣无缝，这只狼果然中了它的奸计。狼下到井里，它的重量使狐狸升到了井口，这只被困两天的狐狸终于得救了。

这个故事中狐狸和狼所进行的博弈，我们称为零和博弈。零和博弈是一种完全对抗、强烈竞争的对局。在零和博弈的结局中，参与者的收益总和是零（或某个常数），一个参与者的所得恰是另一参与者的所失。狐狸和狼一只在上面，一只在下面，下面的这一只想上去，就得想办法让上面的一只下来。但是通过博弈调换位置以后，仍然是一只在上面，一只在下面。

在市场经济下，你要想得到好处，就要跟别人合作，这样才可以得到双赢的结果，不但你得到好处，你的对手也得到好处。所以市场经济安排最奥妙的地方，就在于它是双方同意的，任何一个买卖都要经过双方同意，买方也赚钱，卖方也赚钱，财富就创造出来了：这就是与零和博弈相对应的非零和博弈。

所谓非零和博弈，是既有对抗又有合作的博弈，各参与者的目标不完全对立，对局表现为各种各样的情况。有时参与者只按本身的利害关系单方面做出决策，有时为了共同利益而合作。其结局收益总和是可变的，参与者可以同时有所得或有所失。

比如在拉封丹的寓言中，如果狐狸看到狼在井口，心想我在井里受罪，你也别想舒服，它不是欺骗狼坐在桶里下来，而是让狼跳下来，那么最终结局将是狼和狐狸都身陷井中不能自救。这种两败俱伤的非零和博弈，我们称之为负和博弈。反之，如果狼明白狐狸掉到了井里，动了恻隐之心，搬来一块石头放到上面的桶中，完全可以利用石头的重量把狐狸拉上来。或者，如果狐狸担心狼没有这种乐于助人的精神，通过欺骗到达井口以后，再用石头把狼拉上来。这两种方式的结局是两个参与者都到了井上面，那么双方进行的就是一种正和博弈。实际上，这种正和游戏的思维不仅是一种经济上的智慧，而且可以运用到生活中的方方面面，用来解决很多看似无法调和的矛盾和你死我活的僵局。

那些看似零和或者是负和的问题，如果转换一下视角，从更广阔的角度来看，也不是没有解决办法，而且往往也并不一定要牺牲某一方的利益。下面就是一个例子。

一个冬天的上午，几位读者正在一个社区的图书室看书。这时，一位读者站起来说："这屋子里空气实在是太闷了，最好打开窗户透透气。"说着，他就走到窗户旁边，准备推开窗户。但是他的举动遭到了正好坐在窗户旁边的一位读者的反对。那位读者说："大冬天的，外面的风太冲了，一开窗户准冻感冒了。"于是，一位坚持要开，一位坚决不让开，两个人发生了争执。图书室的管理员闻声走了过来，问明原因，笑着劝这两位脸红脖子粗的读者各自坐下，然后快步走到走廊，把走廊里的窗户打开了一扇。一个看似无法通融解决的矛盾迎刃而解。

博弈根据不同的基准也有不同的分类。一般认为，博弈主要可以分为合作博弈和非合作博弈。合作博弈和非合作博弈的区别在于相互发生作用的当事人之间有没有一个具有约束力的协议，如果有，就是合作博弈，如果没有，就是非合作博弈。

按行为的时间序列性，博弈论进一步分为静态博弈和动态博弈两类。静态博弈是指在博弈中，参与人同时选择或虽非同时选择，但后行动者并不知道先行动者采取了什么具体行动；动态博弈是指在博弈中，参与人的行动有先后顺序，且后行动者能够观察到先行动者所选择的行动。通俗的理解："囚徒困境"就是同时决策的，属于静态博弈；而棋牌类游戏等决策或行动有先后次序的，属于动态博弈。

按照参与人对其他参与人的了解程度分为完全信息博弈和不完全信息博弈。完全博弈是指在博弈过程中，每一位参与人对其他参与人的特征、策略空间及收益函数有准确的信息。不完全信息博弈是指如果参与人对其他参与人的特征、策略空间及收益函数信息了解得不够准确或者不是对所有参与人的特征、策略空间及收益函数都有准确的信息，在这种情况下进行的博弈就是不完全信息博弈。

目前经济学家们所谈的博弈论一般是指非合作博弈，由于合作博弈论比非合作博弈论复杂，在理论上的成熟度远远不如非合作博弈论。非合作博弈又分为完全信息静态博弈、完全信息动态博弈、不完全信息静态博弈和不完全信息动态博弈。与上述四种博弈相对应的均衡概念为纳什均衡（Nash equilibrium），子博弈精炼纳什均衡（subgame perfect Nash equilibrium），贝叶斯纳什均衡（Bayesian Nash equilibrium），精炼贝叶斯纳什均衡（perfect Bayesian Nash equilibrium）。

博弈论还有很多分类，比如，按博弈进行的次数或者持续时间长短可以分为有限博弈和无限博弈；表现形式也可以分为一般型（战略型）或者展开型，等等。

5.1.3 完全信息静态非合作博弈

完全信息静态非合作博弈是指博弈中的参与人同时采取行动，或者尽管参与人行动的采取有先后顺序，但后行动的人在行动时不知道先采取行动的人采取的是什么行动；同时博弈参与人的策略空间及策略组合下的支付是博弈中所有参与人的"公共知识"。

公共知识这个概念最初是由美国逻辑学家刘易斯（C. I. Lewis）于 1969 年在讨论"协约"时提出的。他认为，某种东西要成为多方的"协约"，必须成为缔约各方的共同知识，也就是说，缔约各方不但都要知道协约的内容，而且要知道各方都知道协约的内容，等等。后来被一些学者（R. Aumann, 1976；McCarthy, 1979；Lehman, 1984；Halpem & Moses, 1990；Fagin, 1995）研究。今天公共知识已经成为逻辑学、博弈论、人工智能等学科中频繁使用的一个概念。

共同知识指的是"所有参与人知道，所有参与人知道所有参与人知道，所有参与人知道所有参与人知道所有参与人知道……"的知识。共同知识是博弈论中一个非常强的假定。在现实的许多博弈中，即使参与人"共同"享有某种知识，每个参与人也许并不知道其他参与人知道这些知识，或者并不知道其他人知道自己拥有这些知识。共同知识是与信息有关的一个重要概念。

在博弈中，"每个参与人是理性的"是公共知识，这是每个参与人进行推理的前提，也是博弈逻辑的基本假定。在具体的博弈中，参与人知道对方是理性的，同时知道对方知道自己知道对方是理性的，等等。参与人知道自己是理性的，他知道自己知道自己是理性的……同时参与人知道对方知道自己知道自己是理性的……对博弈来说，"参与人是理性的"是基本的公共知识要求。对于像"囚徒困境"这样的博弈，双方不同策略下的支付也是公共知识；曹操和诸葛亮在华容道上的博弈双方的策略下的支付也是公共知识。双方的支付是"公共知识"时的博弈称为完全信息博弈。有些博弈，各种策略下的支付不能成为公共知识。比如在商战中相互竞争的双方不知道对方在各种产量下的利润，此时，策略下的支付不是公共知识。双方的支付不是"公共知识"时的博弈为不完全信息博弈。

公共知识在我们日常对话、交流中起着非常重要的作用，人们的误解也往往是由于对某些公共知识的误解而造成的。公共知识概念也可以用来解释某些社会现象。那么什么是公共知识？假定一个人群只有两个人A、B构成，A、B均知道一个事实P，P是A、B的知识，但此时P还不是他们的公共知识。当A、B双方均知道对方知道P，并且他们各自都知道对方知道自己知道P……这是一个无穷的过程。此时我们说，P成了A、B之间的公共知识。这个人群是由两个人组成，如果由多人组成，这不仅指任意两个人这样一个双方"知道"的过程，而且指其中一个人知道其他人知道其他人知道……事实P。因此，公共知识涉及一群体对某个"事实"知道的结构。一般地，在n人组成的群体Q中，如果群体中的每个人知道P，并且群体中的每一个人知道每个人知道P……则称P是群体Q的公共知识。

博弈的战略式表述如下：

（1）博弈的参与人集合，比如夫妻博弈的参与人集合为｛夫，妻｝。

第5章

完全信息静态非合作博弈与"公共地悲剧"

(2) 每个参与人的战略空间,比如夫妻博弈每个参与人的战略空间为{足球,音乐}。

(3) 每个参与人的支付函数。

在两寡头产量博弈里,企业是参与人,产量是战略空间,利润是支付。

博弈问题的解是一个策略组合,也是最优策略组合,即在给定条件下,每一个博弈方最大化自己效用选择的结果。如在 $G=\{S_1,\cdots,S_n; u_1,\cdots,u_n\}$ 中,如果所有策略组合 $(S_1^*,\cdots,S_i^*,\cdots,S_n^*)$,其中任一博弈方 i 的策略 S_i^* 都是对其余博弈方的策略组合 $S_{-i}^*=(S_1^*,\cdots,S_{i-1}^*,S_{i+1}^*,\cdots,S_n^*)$ 的最佳对策,则这个策略组合就是博弈的解。

纳什均衡的数学定义:在博弈 $G=\{S_1,\cdots,S_n; u_1,\cdots,u_n\}$ 中,如果由各个博弈方的各一个策略组成的某个策略组合 $(S_1^*,\cdots,S_i^*,\cdots,S_n^*)$ 中,任一博弈方 i 的策论 S_i^*,都是对其余博弈方策略的组合 $(S_1^*,\cdots,S_i^*,\cdots,S_n^*)$ 的最佳对策,也即 $u_i(S_1^*,\cdots,S_i^*,\cdots,S_n^*) \geqslant u_i(S_1^*,\cdots,S_{i'},\cdots,S_n^*)$ 对任意 $S_{i'} \in S_i$ 都成立,则称 $(S_1^*,\cdots,S_i^*,\cdots,S_n^*)$ 为 G 的一个纳什均衡。

纳什均衡的经济学定义:指的是参与人的这样一种策略组合,在该策略组合上,任何参与人单独改变策略都不会得到好处。换句话说,如果在一个策略组合上,当所有其他人都不改变策略时,没有人会改变自己的策略,则该策略组合就是一个纳什均衡。

纳什均衡求法如下。

(1) 占优策略

定义1:在策略式博弈 $G=\{S_1,\cdots,S_n; u_1,\cdots,u_n\}$ 中,如果对任何其他参与人的策略集合 $S_{-i}^*=(S_1^*,\cdots,S_{i-1}^*,S_{i+1}^*,\cdots,S_n^*)$,参与人 i 的策略 S_i^* 是严格最优选择,即 $u_i(S_i^*,S_{-i}) \geqslant u_i(S_i',S_{-i})$,

那么,称 S_i^* 为参与人 i 的(严格)占优策略。

定义2:在策略式博弈 $G=\{S_1,\cdots,S_n; u_1,\cdots,u_n\}$ 中,如果对于所有参与人 i,S_i^* 是参与人 i 的占优策略,那么,称策略组合 $(S_1^*,\cdots,S_i^*,S_{i+1}^*,\cdots,S_n^*)$ 为占优策略均衡。

(2) 严格劣策略的重复剔除

定义3:在策略式博弈 $G=\{S_1,\cdots,S_n; u_1,\cdots,u_n\}$ 中,给定参与人 i 的两个策略 S_i^*,S_i'。若有 $u_i(S_i^*,S_{-i}) > u_i(S_i',S_{-i})$,则称策

略 S_i' 相对于策略 S_i^* 是严格劣策略。

(3) 划线法

通过在每一博弈方针对对方每一策略的最大可能得益下划线以求解博弈的方法。

比如，表 5.2 博弈一方有两个策略，即上与下；另一方有三个策略，即左、中、右。

表 5.2 划线法例子

		博弈另一方		
		左	中	右
博弈一方	上	1, 0	1, 3	0, 1
	下	0, 4	0, 2	2, 0

结论：

图中得益矩阵所表示的博弈中就存在唯一的两个数字下都划有短线的得益数组，即对应策略组合（上，中）的得益数组（1，3），因此策略组合（上，中）是该得益矩阵表示的博弈的具有稳定性的解。

(4) 严格劣策略反复消去法

找出某博弈方的某策略是相对于他的其他策略的严格劣策略，将它从该博弈方的策略空间中去掉。

在该博弈方余下的策略空间和其他博弈方的策略构成的策略组合中，检查是否还存在严格劣策略，如有，则将其从相应博弈方的策略空间中去掉，如此反复，直到找不出任何严格劣策略。

如果最后只有唯一的一个策略组合幸存下来，则它一定就是该博弈的解。

5.1.4 博弈论的局限性

有两父子正在赶路，突然从一户人家跑出来一条大黑狗，冲着他们"汪汪"狂吠。儿子吓了一大跳，急忙躲到了父亲的身后。父亲告诉他说："你放心。它不会咬你的。难道你没有听说过'吠犬不咬人'那句话吗？"儿子听了这番话，仍然紧紧地抓住父亲的衣角，用颤抖的声音说："我倒是听说过这句话，但是我不能肯定这条狗有没有听说过。"

第5章
完全信息静态非合作博弈与"公共地悲剧"

这番对话之所以可笑，是因为儿子"以己度狗"，把"吠犬不咬人"当作人狗双方据以确定策略的依据。这种推论自然是错误的。但是在这个笑话的背后，我们却可以发现儿子的话中包含着对著名的哥德尔不完备定理的认识：任何一个理论体系必定是不完全的，任何理论都包含了既不能证明为真也不能证明为假的命题。对这个世界的最好描述可能只有其本身，但是正如罗宾逊夫人的妙语："比例尺是一比一的地图是没用的。"

博弈论也是如此。比如博弈论的基本假设之一就是：人是理性的。所谓理性的人是指行动者具有推理能力，在具体策略选择时的目的是使自己的利益最大化。而现实生活中，人们在做决策时往往是有限理性的。因为人类的精力和时间永远是有限的，人不可能具备完全理性，不可能掌握所有知识和信息。人不可能搜寻到所需的全部信息，另外信息的搜寻也是需要成本的，必须为此付出大量的时间、精力和财力等。意图搜寻到所有信息，企图做出收益最优的决策行为，有时反而是最不理性的举动。

尽管如此，人们仍然可以用博弈论与信息经济学的思想方法来分析解决实际问题。诺贝尔经济学奖获得者保罗·萨缪尔森说："要想在现代社会做一个有文化的人，你必须对博弈论有一个大致了解。"然而，目前国内对于博弈论的介绍，要么是堆砌庞杂的数学算法与令人炫目的数学模型，使之变成束之高阁、不能亲近的高深学问；要么是企图"以其昏昏，使人昭昭"，使用混乱模糊的理解把博弈论随意滥用在任何可能的领域与分析中。

事实上，要求博弈论能够完全刻画真实的世界，注定是徒劳无功的。正如诺贝尔经济学奖得主莱因哈德·泽尔滕教授所说："博弈论并不是疗法，也不是处方，它不能帮我们在赌博中获胜，不能帮我们通过投机来致富，也不能帮我们在下棋或打牌中赢对手。它不告诉你该付多少钱买东西，这是计算机或者字典的任务。"

尽管如此，人类至今还没有找到一种比博弈论更好的思考工具，可以对现实的客观世界进行如此近似的描述。就像并不完美的力学是自然科学的哲学和数学一样，博弈论是社会科学的力学和数学。没有牛顿力学我们连最简单的物理现象都无法理解；同样的道理，没有博弈论我们也无法解释分析很多现实的社会现象。

为了协调缺陷与现实之间的矛盾，也许我们要听一下博弈论大师鲁宾斯坦的教导："一个博弈模型是我们关于现实的观念的近似，而不是现实的客观描述的近似。"

5.2　北京交通的"公共地悲剧"

5.2.1　"公共地悲剧"及其治理

1968年英国加勒特·哈丁教授（Garrett Hardin）在《The tragedy of the commons》一文中首先提出"公地悲剧"理论模型[①]。

其中有一个关于牧民与草地的故事，说的是当草地向牧民完全开放时，每一个牧民都想多养一头牛，因为多养一头牛增加的收益大于其购养成本，是有利润的。尽管因为平均草量下降，增加一头牛可能使整个草地的牛的单位收益下降，但对于单个牧民来说，他增加一头牛是有利的。可是如果所有的牧民都看到这一点，都增加一头牛，那么草地将被过度放牧，从而不能满足牛的需要，导致所有牧民的牛都饿死。这个故事就是公共资源的悲剧。哈定说："在共享公有物的社会中，每个人，也就是所有人都追求各自的最大利益。这就是悲剧的所在。每个人都被锁定在一个迫使他在有限范围内无节制地增加牲畜的制度中，毁灭是所有人都奔向的目的地。因为在信奉公有物自由的社会当中，每个人均追求自己的最大利益。公有物自由给所有人带来了毁灭。"

2009年历史上第一个获得诺贝尔经济学奖的女性奥斯特罗姆在其著名的公共政策著作《公共事物的治理之道》中，针对"公地悲剧""囚徒理论"和"集体行动逻辑"等理论模型进行分析和探讨，同时从小规模公共资源问题入手，开发了自主组织和治理公共事务的创新制度理论，为面临"公地悲剧"的人们开辟了新的途径，为避免公共事务退化、保护公共事务、可持续利用公共事务从而增进人类的集体福利提供了自主治理的制度基础。

"公地悲剧"的发生是个体理性行事的结果，由政府施加控制与管理就成为解决问题的首选方案。不过，对公地悲剧发生的原因还另有一种解

[①] 谢识予. 经济博弈论（第二版）[M]. 上海：复旦大学出版社，2002.

第 5 章
完全信息静态非合作博弈与"公共地悲剧"

释,认为是由于产权界定失当造成的。具体的,是认为公共产权导致了激励不足和福利损失,因为"最多的人共用的东西得到的照料最少",所以"公共苹果树上的苹果从来就不会长熟"。在这种解释下,将共有资源的产权私有化就成为解决问题的不二方案。而奥斯特罗姆的突出贡献在于,在这两种"标准"答案之外提出和论证了第三种答案:在公共产权下的自我组织与管理。

在奥斯特罗姆获得诺奖后,有关评论大都高调赞扬了奥斯特罗姆的这一贡献,并指出其对于国家制定有关公共政策有十分有益的启发,这无疑是有道理的。但有关评论似乎也有意无意地流露出一种倾向,将奥斯特罗姆的观点奉为新的标准答案。这其实并非她的本意。事实上,上述三种办法都可能有其用武之地,也都有其无能为力和脆弱之处。

当个人之间为一己之私相互缠斗而一损俱损时,政府强力介入,实施控制与管理是符合各方利益的。哈丁说:"在一个杂乱的世界上,如果要想避免毁灭,人民就必须对外在于他们个人心灵的强制力量表示臣服,用霍布斯的术语来说,这个强制力量就是'利维坦'。"在公共牧场使用问题上,政府明确颁布规矩,惩罚不合作者,是最为常见的摆脱困境的出路。但政府要想做到最好并不容易,需要及时掌握充分信息,恰到好处地拿捏分寸,否则,实施中就有可能南辕北辙。放过坏人或冤枉好人,火候不够或力道过大,都达不到理想的效果。

若将拥堵的道路视为共同资源,政府管制的办法往往有立竿见影的效果。比如,当各方车辆不顾路口已经不畅而仍然争先恐后进入路口时,就会出现谁都走不了的"悲剧",而交警赶来之后会立刻打破僵局。再如北京自 2008 年奥运会起实行的机动车尾号限行政策被认为对缓解道路拥堵起到了积极的作用。但是,局限性也很明显,突出的一点是该政策的效果难以具有长期的可持续性。

通过产权私有化的方法摆脱公地悲剧虽然也有成功的例证,但是面临的问题更多。奥斯特罗姆直言:"很难确切知道,当一些分析人员强调对某些共同资源实行私有产权的必要性时,他们到底指的是什么。"特别是大气、河流、湖泊和海洋中的水域等不可能专有的资源,在技术上不具备明确建立不减弱的产权的可能性。即使在技术上可行,还可能存在经济上不合算,以及在意识形态上或在现实的公共选择过程中不被接受的问题,都会制约产权私有化方法的应用。

仍以路口拥堵问题为例，有经济学家本能地提出拍卖优先通行权的做法。即使这在技术上可行，不难想象成本也会过高。更重要的是，将公共道路"私有化"显然不会被公众接受，近年各地政府授权私人公司经营的收费道路不断引起社会舆论的恶评就是证明。而模拟市场征收道路通行费以解决拥堵的做法虽有国外实践和经济学家推荐，但也不被民意看好。

上述政府的或市场的方案都不能令人满意，奥斯特罗姆提醒人们还有第三种选择，她说："尽管有许多人仍痛苦地挣扎在毁灭他们自己资源的陷阱中，但是另一些人已经从公地困境的陷阱中解脱出来。"那就是实施自我组织与管理。考虑到共同资源使用中造成拥挤的个人与造成负外部性的个人是不一样的，后者的行为只给别人带来损害，对自己却只有好处；而前者自身也要承受其行为所引起的拥挤成本，所以，个人有可能乐于采取合作策略并不奇怪。

不过，奥斯特罗姆并未仅仅揭示成功的案例，而是也剖析了自我组织与管理方法的脆弱性。这种脆弱性可能来自当事人内部，他们可能由于各种原因而无法有效地自我组织起来；也可能来自当事人外部，比如政府推行了不利的政策规定，不承认地方惯例，甚至还鼓励更多的外来者进入等。就道路拥堵而言，实施这一方案更是显得无从下手，虽然也有一些尝试，如倡导无车日和少开车等，但杯水车薪。

以上分析表明，公地悲剧的治理没有标准答案。现实中究竟该选择哪种方案，首先要尊重历史和现状，如果本来已有解决问题的机制，就不必庸人自扰，非要落实自以为更理想的方案。如果现有制度已经出现危机，那当然需要采取措施来推进制度变迁，但也不宜先入为主地断然选定某个方案，而是能经过充分的思想实验和实践检验才好。

5.2.2 交通中的"公共地悲剧"模型

私家车作为耐用品具有很高的耐用度，可以为消费者提供较长时间的效用，因此设研究期为 T_0，T_0 小于私家车的使用年限。在研究期内有 M 个消费者，每个消费者拥有一辆私家车，消费者 i 拥有私家车的价值为 v_i。

设 t 时刻城市的最大交通容量为 G（指一个城市道路交通所能承载的最大车辆数），假定消费者交通容量的占用量在整个研究期内均匀分布。因此在 $[0, T_0]$ 内城市能够提供的动态交通容量为 T_0G。交通状况的好坏，直接影响着消费者的效用。当交通状况良好时，占用的总的交通容量

第5章
完全信息静态非合作博弈与"公共地悲剧"

不会影响消费者单位交通容量占用的边际效应。

消费者占用的单位交通容量的边际效用线性下降，交通容量占用给消费者带来的效用与私家车的价值有关。因此，当交通状况良好时，消费者 i 占用的第 y 个单位的交通容量的边际效用表示为 $(v_i-y)/\gamma$，其中 $\gamma>0$ 且为定值。

随着占用量的不断增加，当城市处于交通拥堵状态时，交通占用总量对消费者占用的单位交通容量的效用产生负的影响，并且这种影响急剧增加。

即存在 $\alpha \in (0, 1)$，当 $Y>\alpha T_0 G$ 时，$d[U(Y)]/dY<0$；$d^2[U(Y)]/dY^2<0$。

其中 $Y=\sum y_i$，代表 M 个消费者的交通占用总量，$y_i \in [0, T_0 G)$ 为第 i 个消费者占用的交通容量，$i=1, 2, \cdots, M$。

借鉴 Xie 和 Sirbu（1995）[①] 的思想，当一个城市处于交通拥堵状态时，消费者占用的 y 个单位的交通容量的边际效用为 $s(x)$。

因此将消费者 i 的效用函数表示如下：

当 $Y \leqslant \alpha T_0 G$，$U_i(y_i) = (v_i-p) + \int_0^{y_i} (v_i-x)/\gamma dx$

当 $\alpha T_0 G \leqslant Y \leqslant T_0 G$，$U_i(y_i) = (v_i-p) + \int_0^{y_i} s(x) dx$

当 $Y \leqslant \alpha T_0 G$，存在消费者效用最大化的条件。

即当 $y=v_i$，消费者效用最大，为 $(v_i-p)+v_i^2/2\gamma$

而当 $\alpha T_0 G \leqslant Y \leqslant T_0 G$，根据假设，$d[U(Y)]/dY<0$；$d^2[U(Y)]/dY^2<0$。所以，不存在消费者效用最大化。

综合以上，当 $y_i=v_i$，消费者效用最大，为 $(v_i-p)+v_i^2/2\gamma$。

对政府部门来说，交通基础设施建设的最优目标是最大化如下定义的社会总效用：

$$\text{Max } (Y/yi) \int_0^{y_i} s(x) dx$$

最优化的一阶条件整理后为

$$vi = 2(1+Y) \exp(Y-\alpha T_0 G) - 2 - Y$$

M 个上式相加后左边是个人效用最大化的交通量，即 $Y*$。等式右边

[①] Xie Jinhong, Sirbu Marvin. Price competition and compatibility in the presence of positive demand externalities [J]. Management Science, 1995, 41 (5): 909-926.

为交通设施最优目标的交通量 $Y**$。整理后为：$Y*=2M(1+Y**)\exp(Y**-\alpha T_0 G)-2M-MY**$。

根据前面的讨论，$Y**<\alpha T_0 G$，所以 $\exp(Y**-\alpha T_0 G)<1$；因此 $Y*=2M(1+Y**)\exp(Y**-\alpha T_0 G)-2M-MY**>2M(1+Y**)-2M-MY**=MY**$。

这说明个人效用最大化的交通量远远大于交通设施最优目标的交通量，即出现公共地悲剧。

5.3　北京私家车车主交通出行博弈分析

在交通领域中，所研究的效用是指出行者在一次性出行时，交通设施及服务满足其对经济性、安全性、舒适性等的要求程度。满足程度高则表示效用高，反之则效用较低。

策略（alternative）是指在出行者出行时，可供其选择的交通方式的集合，效用（utility）是指出行者选择的某种交通方式所具有的价值，出行者对出行方式总会抱有各种期望，或出行费用最少，或出行时间最短，或舒适快捷性高。由于每个出行方式都有自己的优势与劣势，所以出行者选择的出行方式不同时，人们期望所能得到的满足程度也是不尽相同的。即在出行者和可选出行方式既定的情形下，每一位理性的出行人都追求自己出行效用最大的交通方式。

5.3.1　私家车车主出行选择博弈模型

当道路交通流量比较小的时候，私家车车主出行有两种选择，一是开车，二是乘坐公共交通。假定有任意两位私家车车主，他们都有这两种策略，即开私家车出行和乘坐公共交通出行。

对于乘坐公共交通，假定时间成本为 $CT1$，票价成本为 $CT2$，舒服度为 0。因而其效用函数为 $0-CT1-CT2=-CT1-CT2$。

对于私家车出行，假定时间成本为 $PT1$，耗油等成本为 $PT2$，舒服度为 $P(CT1-PT1)$，即其舒服度是两种时间成本的差，差值越大，舒服度越大，但是其二阶导数是负的，说明其舒服度的增加值随着两种事件成本差的变大而变小。其效用函数为：$P(CT1-PT1)-PT1-PT2$。

第 5 章
完全信息静态非合作博弈与"公共地悲剧"

假定两位私家车车主的策略选择都不影响各自和相互的成本和效用，即两者是孤立的静止的，没有因为一位私家车车主开私家车出行而影响另一位私家车车主开私家车或者乘坐公共交通的效用或成本。因此其博弈模型见表5.3。

表 5.3　交通畅通下的私家车车主博弈

（私家车车主A的效用，私家车车主B的效用）	私家车车主A的策略	
	开私家车	乘坐公共交通
私家车车主B的策略　开私家车	$(P(CT1-PT1)-PT1-PT2, P(CT1-PT1)-PT1-PT2))$	$(-CT1-CT2, P(CT1-PT1)-PT1-PT2)$
乘坐公共交通	$(P(CT1-PT1)-PT1-PT2, -CT1-CT2)$	$(-CT1-CT2, -CT1-CT2)$

根据表 5.3，只要 $P(CT1-PT1)-PT1-PT2 > -CT1-CT2$，上述纳什均衡就为｛开私家车，开私家车｝。相反，如果 $P(CT1-PT1)-PT1-PT2 < -CT1-CT2$，上述纳什均衡就为｛乘坐公共交通，乘坐公共交通｝。

假定 $P(CT1-PT1) = (CT1-PT1)^\alpha \alpha > 0$，且 $\alpha < 1$。显然该函数满足我们对效用函数的要求，即一阶导数大于 0，二阶导数小于 0。

假定票价成本忽略不计，即 $CT2=0$；假定耗油成本和时间成本存在线性关系，即 $PT2 = \beta PT1$，$\beta > 0$，且 $\beta < 1$。

构造函数 $f(PT1, CT1) = (CT1-PT1)^\alpha - (1+\beta)PT1 + CT1$

显然，只要 $f(PT1, CT1) > 0$，纳什均衡就为｛开私家车，开私家车｝。相反纳什均衡就为｛乘坐公共交通，乘坐公共交通｝。

5.3.2　交通顺畅时的私家车车主出行选择

当道路交通流量比较小的时候，公共交通按照其运营速度 v 运行，私家车按照相关道路要求以某一速度运行。假定私家车速度是公共交通车辆速度的 γ 倍（$\gamma > 1$），则相同出行距离 L 下的时间成本分别是：公共交通的时间成本为 $CT1 = cL/v$，其中 c 为时间成本常数；私家车车主出行时间成本为 $PT1 = cL/\gamma v$。

函数 $f(PT1, CT1) = (cL/v - cL/\gamma v)^\alpha - (1+\beta)cL/\gamma v + cL/v = cL/v\,[(\gamma-1)^\alpha \gamma^{-\alpha}(cL/v)^{\alpha-1} - (1+\beta-\gamma)/\gamma]$

由于 $cL/v>0$，$\gamma-1>0$，因此，只要 $1+\beta-\gamma<0$，即 $1+\beta<\gamma$，开私家车的效用就大于乘坐公共交通的效用，纳什均衡就为｛开私家车，开私家车｝。事实上，由于 $\beta<1$，只要私家车车主驾驶私家车的速度比公共交通的速度大一倍，即 $\gamma>2$，就能满足上述条件。

在北京，如果出行距离不远，公共交通出行不换乘，公共交通的出行速度和私家车的出行速度差异不大，那么 α、γ 约等于 1，函数 $f(PT1,CT1)=(2\gamma-2-\beta)/\gamma$ 就和 β 有关，如果油价高，β 就大，函数 f 就可能小于 0，私家车车主就可能选择公共交通。相反，如果油价等油耗成本系数过小，私家车车主仍然选择私家车出行。以北京为例，一百千米耗油 10 升，共计 50 元，假定小汽车出行速度为 30 千米/时，私家车车主工资按北京市白领工资计算，即月工资 2 万元，则小时工资为 83 元，则 $\beta=0.18$，如果公共交通的速度低于 27.5 千米/时，那么私家车车主仍然选择私家车出行。只有公共交通的速度大于 27.5 千米/时，私家车车主才有可能选择公共交通出行。因此在短距离出行中，公共交通的速度仍然是私家车车主选择的依据。而现实中，我们为了满足短距离出行，减少私家车出行，设置一些电瓶车，但电瓶车速度远远低于私家车出行速度，所以其替代效果非常不明显。

相反，如果出行距离较远，公共交通需要换乘，那么公共交通的平均出行速度和私家车的出行速度就相差太大。以北京为例，公共交通的运营速度一般为 20～30 千米/时，而私家车速度一般为 60～80 千米/时，因此在交通顺畅时，博弈的纳什均衡就为｛开私家车，开私家车｝。

但是如果公共交通出行不换乘，而且速度很高，那么公共交通的平均出行速度和私家车的出行速度就相差不大，和短距离的分析相似，假定私家车速度一般为 60～80 千米/时，只要公共交通的平均出行速度不低于 50 千米/时，私家车车主出行选择仍然可能是公共交通。因此，北京市采取三环开通公交专线是提高人们选择公共交通出行的可行方案。

5.3.3 交通拥堵时的私家车车主出行选择

当交通拥堵时，不管是私家车还是公共交通出行速度都很低，而且基本上是相等的，因此函数 $f(PT1,CT1)$ 是负的，私家车车主选择公共交通出行。

但是在实际上，私家车车主开私家车出行的效用并不是 0，因为大家都知道，在自己的小汽车里，安全、舒适，而且安静，也可以听音乐等，因此，其函数应该重新构造为 $U(PT1, CT1) = f(PT1, CT1) + g(PT1)$。函数 f 的性质前面已经阐述了，函数 g 值和小汽车的时间成本有关，它是时间成本的二次函数，在达到时间成本常数之前函数 g 是增函数，在达到时间成本常数之后函数 g 是减函数。在时间成本常数上效用达到最大值。时间成本常数和出行距离有关，也和消费者的预期有关。此处以平均私家车出行时间作为时间成本常数。

在交通拥堵时，$f(PT1, CT1) = -(1+\beta)PT1 + CT1 = -\beta PT1$
$U(PT1) = g(PT1) - \beta PT1$

如果 $U(PT1) > 0$，私家车车主选择私家车出行；否则，私家车车主选择公共交通出行。

假定 $g(PT1) = 2cPT1 - PT1^2$，其中 c 为时间成本常数。

那么 $U(PT1) = PT1 \times (2c - \beta - PT1)$

$PT1 > 0$，如果 $PT1 < 2c - \beta$，那么 $U(PT1) > 0$，私家车车主选择私家车出行。

在交通拥堵时，β 较小。以北京为例，一百千米耗油 10 升，共计 50 元，假定小汽车出行速度为 10 千米/时，私家车车主工资按北京市白领工资计算，即月工资 2 万元，则小时工资为 83 元，则 $\beta = 0.06$，因此只要私家车的时间成本不超过时间成本常数的 2 倍，私家车车主仍然选择私家车出行。对于北京来说，每行驶一小时拥堵半小时是常态，以私家车 30 千米/时计算，私家车平均速度为 20 千米/时，而假定条件下小汽车出行速度为 10 千米/时，因此，在此条件下，私家车车主仍选择私家车出行。

5.3.4 交通顺畅、拥堵临界时的私家车车主出行选择

假定在两位私家车车主出行前，道路已经处于临界状态，此时，有一位出行者开私家车出行，道路仍然保持畅通状态，而如果两位私家车车主都选择私家车出行，道路将变为拥堵状态。两位私家车车主之间的博弈是完全信息静态博弈。两位车主的博弈见表 5.4。

表 5.4　交通畅通拥堵临界下的私家车车主博弈

（私家车车主 A 的效用， 私家车车主 B 的效用）		私家车车主 A 的策略	
		开私家车	乘坐公共交通
私家车车主 B 的策略	开私家车	($P_堵$, $P_堵$)	($P_公$, $P_通$)
	乘坐公共交通	($P_通$, $P_公$)	($P_公$, $P_公$)

根据以上的分析并简化为：如果开私家车出行，其效用大，如果坐公共交通，其效用小。

如果假定在拥堵状态下的私家车出行，其效用小于畅通状态下的公共交通的私家车车主效用，即 $P_通 > P_公 > P_堵$。那么｛开私家车，乘坐公共交通｝，｛乘坐公共交通，开私家车｝就是纳什均衡。

但是现实中，即使畅通条件下的公共交通，其效用也小于拥堵状态的私家车出行效用，那么开私家车就成为占优策略，私家车车主选择开私家车。因此，创造良好的公共交通效用是改善道路拥堵的一项措施。

5.3.5　停车收费时的私家车车主出行选择

从经济学边际成本定价理论出发，本书所研究的停车收费是指出行者通勤出行，目的地区域内相关的停车设施或停车场所在充分利用的情况下，对出行者停车需求按照停车收费标准收取的费用。当出行者的边际个人成本在增加时，出行者会考虑放弃小汽车而采用公共交通出行，以此来缓解区域内的交通拥堵，实现道路资源分配的帕累托最优。具体原理分析如图 5.1 所示。

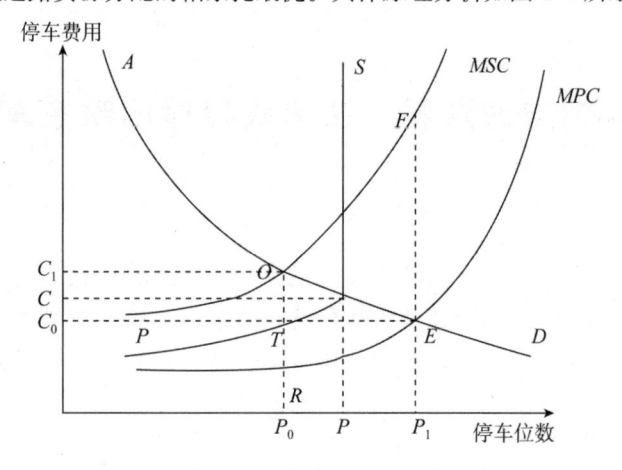

图 5.1　停车收费原理

第5章
完全信息静态非合作博弈与"公共地悲剧"

停车需求 AD 短时间内随停车收费价格的增加而减少，所以停车需求曲线是向下倾斜的，停车供给 PS，边际社会成本 MSC、MPC 为单个出行者的个人边际成本，两者均随停车费用的增加而增加。面积 EOF 代表社会效益的损失，C_0-C_1 为停车收费价格的之差，TR 为出行者效用的减少，OR 为出行者费用的支出。P_0、P、P_1 分别代表三种不同停车收费管理手段时停车供给量具体产生的停车收费的价格的变动。如图 5.1 所示，在不实施停车收费管理手段时，停车供给 AD 与停车需求 PS 在 P_1 处达到费用价格与供给量均衡，此时停车费用很低，出行者具有一定的支付能力来为此次出行埋单，这种出行意愿大于其边际个人成本，此时由于出行者数量的激增，局部路网的道路饱和度变大，导致路网交通超负荷运作，产生交通拥堵，使得整体运行效率降低，出行者的私人成本小于社会成本，产生外部成本，社会效益的损失如 EOF 所示。为了进一步增加社会效益，可以通过提高停车收费标准或增加停车供给，使得供给与需求在停车位数 P_0 处达到平衡，停车收费的费率即为停车收费政策实施前后所对应的停车费用之差（C_1-C_0）。此时，社会资源得到充分利用，实现社会效益最大化，却让出行者为出行付出昂贵的代价甚至放弃此次出行，从经济层面上来讲，不利于社会经济的良好发展。而在停车位数从 $P_1 \rightarrow P_0$ 变化的过程中，TR 总是小于 OR，该情况下部分出行价值较低的出行者会放弃小汽车而转向选择公共交通出行，进而社会总效率损失也随之相应减小。

不同的出行目的，出行者对停车收费价格敏感性不同。根据发生出行的必要性程度，出行目的可分为刚性出行和弹性出行两类。上班、上学、工作外出和回程属于刚性出行；弹性出行则包括文化娱乐、休闲健身、购物、探亲访友、外出就餐等。停车费率的改变对刚性出行者的出行目的、停车延时影响不大，而对于弹性出行者而言，停车费率的高低对停车地点的选择影响比较明显。当出行者选择中心商圈购物娱乐出行时，往往会考虑中心区的停车收费价格高，停车难等一系列问题，并且会通过效用来衡量此次出行的价值。

北京市自 2011 年 4 月 1 日起大幅提高中心城区停车价格，三环内大量停车位收费标准涨了 5 倍，被称为"限行""限购"后北京"治堵"的又一剂猛药①。

根据北京交通发展研究中心监测数据，调整停车费后，带来以下明显变化。

首先，一类区域停车场周边的小客车流量下降较为明显。一类区域停车场周边的35条监测路段中，有27条路段的小客车流量有所下降，平均降幅为12%。比如在北二环小街桥辅路的平均车流量下降了13%，西二环内南滨河路的平均车流量下降了10.3%。

其次，提高收费区域的停车量少了。在跟踪的11个监测地点中，7个监测地点的停车位利用率下降，平均降了16个百分点。比如，位于西二环中环广场路侧停车场的停车位利用率下降23个百分点，小街桥桥下停车场的车位利用率下降了4个百分点。北京交通发展研究中心进行的车主调查问卷反映，价格调整后，29%的受访者选择采用其他的交通方式，这也从一个侧面表明，价格杠杆在发挥作用，日均机动车出行总量将减少。

北京市交委的调查显示，价格调整后，18%的受访者选择在低收费区域停车，37%的受访者选择在小区周边等不收费区域停车。这就意味着超过半数的受访者不愿接受调整后的价格。这些车主一旦上路，会因找车位而增加占道时间，进而制造新的拥堵。

公联顺达是北京最大的停车管理公司之一，其路侧停车场在提价后两周，停车数量减少了一半左右。在东城区新裕家园小区前的停车场，空闲的车位占了2/3，收费员王文华无奈地表示，自从白天的停车价格由原来的2元/时上涨为2.5元/15分后，附近小区业主都不敢在这里停车了。

5.3.6 限制车牌发放的主要模式及分析

目前我国限制车牌发放主要有三种模式：一是以上海为代表的效率优先的拍卖制；二是以首都北京为代表的公平优先的摇号制；三是广州兼顾公平与效率的混合制。在纯拍卖政策下，高出价的竞标者获得牌照，政府可以取得收益，然后可以将其用于改善城市道路和公共交通等。摇号政策使得摇到指标的居民获得免费使用私家车的资格，政府在此政策下没有收入。混合制中，政府预先决定拍卖与摇号的比例，拍卖部分可为政府带来

---

① 人民日报，2011年4月28日，第018版。

一定的收益。

对于城市道路这样的公共资源，在私家车数目少的时候，因不存在拥堵问题，边际使用成本不随着数量而改变。但当私家车数量增长到一定程度，拥堵就会带来额外的边际成本。当需求大于供给而产生拥挤时，如何分配稀缺性的公共资源成为政策制定者所面临的问题。政府可以通过市场机制，也可以通过非市场机制，甚至混合制来实现。最优的市场机制需要考虑消费者的支付意愿，而非市场机制往往考虑公平性等道德原则的诉求（Calabresi and Bobbit，1978；Walter，1983）。选择何种交通拥堵定价与车牌分配方式——拍卖、摇号与混合机制，需考虑所分配物品的特性以及制度设计者的目标。不同特性的公共品在现实中会以不同的方式进行分配，拍卖、摇号以及混合三种分配制度历史上都被政府采用过。价格机制一般用来分配可以通过经济效率体现的资源，加拿大与美国等政府将公共资源如森林砍伐权和石油开采权通过拍卖来进行分配已经被证明是有效率的。而非价格机制一般都用来分配包括健康产品、廉租房等难以实现效率目标，但用来保证基本的社会分配公平性的物品（Aubert，1959；Goodwin，1992；Hofstee，1990）。Taylor 等（2003）认为排队和摇号不区分参与者与产品的差异特质，使每人都有平等的机会赢得物品，体现的是一种平等的精神。我国曾发生的轮岗制度和北京的车牌分配模式就是这方面很典型的例子。

5.4 北京交通管理的"公共地悲剧"

5.4.1 北京交通管理的相关方

根据 2016 年北京市缓解交通拥堵行动计划，涉及北京市交通管理的主要有城六区政府及其下属派出机构、市交通委、市市政市容委、市规划委、市发展改革委、市园林绿化局、市公安局公安交通管理局等市局机构。

其实涉及北京市交通管理的有六方代表。它们分别是国务院交通运输部及公安交通管理局、北京市公安交通管理局、北京市交通委员会、北京市经济和信息化局、天津市政府部门、北京市居民委员会等。

国务院交通运输部及公安交通管理局是代表国家对首都交通发展下指导棋。其背后有国务院及相关国家级行业机构。它们作为宏观管理的决策者和北京交通的参与者一起对北京交通决策进行指导。比如在2009年的交通运输部主要职责中有指导交通运输信息化建设，监测分析运行情况，开展相关统计工作，发布有关信息，指导公路、水路行业环境保护和节能减排工作。在2013年的主要职责中有负责推进综合交通运输体系建设，统筹规划铁路、公路、水路、民航以及邮政行业发展，建立与综合交通运输体系相适应的制度体制机制，优化交通运输主要通道和重要枢纽节点布局，促进各种交通运输方式融合[①]。这种指导和北京地区政府的具体行政形成了中央政府和地方政府的博弈。

北京市公安交通管理局代表道路方参与北京交通的管理。北京市公安局公安交通管理局（简称市公安局交管局）是全市道路交通安全的主管机关，下设17个职能部门。其主要职能有：负责维护疏导路面交通秩序；依法纠正处罚各类交通违法行为；办理各类机动车通行证件；负责全市地方（含外事机构、外籍人员）机动车和驾驶员管理；负责道路交通事故处理；查缉交通肇事逃逸案件；负责起草道路、交通管理方面的地方性法规、规章；监督、检查交通民警执法行为；行政复议应诉、行政诉讼工作；负责开发应用智能交通科学技术，规划设置和维护管理城市道路交通标志设施。2016年《北京机动车交通事故快速处理办法》的制定，一方面说明了北京市道路因交通事故造成的拥堵，另一方面也说明了北京市公安交通管理局代表道路方参与北京交通的管理。

北京市交通委员会是负责本市城乡交通统筹发展、交通运输和交通基础设施综合管理的市政府组成部门。市交通委设13个内设机构和北京市交通委员会路政局、北京市交通委员会运输管理局。其主要职责：加强统筹本市城乡交通运输协调发展，优先发展公共交通，大力发展农村交通，促进各种运输方式相互衔接，为中央国家机关、驻京部队、中央企事业单位和市民的工作、生活提供优良的交通设施和运输服务保障。它代表公共交通联盟参与北京交通的管理。比如摇号政策就体现了其利益取向。在2012年的时候，按平均概率3年多就可以中签。在2014年的时候，中签率涨到

---

① http://www.moc.gov.cn/jiaotonggaikuang/201510/t20151015_1902308.html.

了 84∶1，变成了 7 年中签。但是随着指标的进一步削减和摇号频率的下调，申请者的数量也大幅增长，中签越来越难。目前北京普通小客车基准中签率已达到 725∶1，换言之就是平均每个摇号者，在目前的摇号频率下（2月1次），中签需要 120 年。但就是这 120 年的中签率，北京交通管理部门还是认为太高了，要继续削减才能抵御北京机动车过快增长的问题。

北京市经济和信息化委员会（简称市经济信息化委）是负责本市工业、软件和信息服务业发展、推进信息化工作的市政府组成部门，挂北京市国防科学技术工业办公室（简称市国防科工办）的牌子。其主要职责是：研究提出本市工业发展战略；根据国家工业行业规划和产业政策，研究拟订本市工业行业规划及配套措施的实施意见；指导工业行业地方标准的拟订；按照规定权限，核准、备案和上报本市规划内和年度计划规模内工业和信息化领域固定资产投资项目；车辆生产准入管理；工业生产许可工作中的产业政策确认；高技术产业中涉及生物医药、新材料等的规划、政策和标准的拟订及组织实施；组织编制重大技术装备规划，协调相关政策；工业的节能、资源综合利用、清洁生产促进和落后产能退出工作；对中小企业的指导和扶持，会同有关部门对北京市中小企业创业投资引导基金使用的决策、监督和管理；企业减负工作。它是非公共交通联盟的代表。

天津市政府部门是外部省市的代表。在第 3 章中已经阐述，这里不再说明。但是在下一章"京津冀区域协调发展下的北京交通博弈分析"中还会涉及。

居民委员会是居民自我管理、自我教育、自我服务的基层群众性自治组织，是中国人民民主专政和城市基层政权的重要基础，也是党和政府联系人民群众的桥梁和纽带之一。北京市居民委员会是北京市区域集团利益的代表，它们为了区域利益最大化而和市政府乃至中央政府进行博弈。北京交通管理的根本就在于这里。2016 年北京市缓解交通拥堵行动计划，许多道路的修缮就离不开这个机构的博弈。

5.4.2　上级与下级之间的一般博弈模型

涉及北京市交通管理的六方代表中除了利益集团的博弈外，还有上下级之间的博弈，比如中央政府与北京市地方政府的博弈，北京市政府与区域居民委员会的博弈等,这种上下级之间的博弈比集团博弈更加隐蔽,也更加危害北京交通管理的有效性。中央政府和北京市政府已经认识到这种严重性,分别采取种种措施来尽量消除这种博弈。本节将从理论上说明上下级之间的博弈,5.4.4 节将分析北京市采取的措施中消除这种博弈的办法。

我国中央政府与地方政府的利益博弈关系近几年来越来越引起国内学术界的关注。研究成果较多。谢识予认为,在市场经济条件下,企业和地方都有自身的经济利益,在不违反国家政策法规的前提下,企业和地方有很大的自主权,政府要有与企业和地方"博弈"的意识,否则政策的效果往往与政策的目标有很大偏差[1]。张维迎和栗树和认为,为了控制和争夺资源、维护地区利益,地方政府向上级政府争资金、争留成、争项目,区域间展开竞争并在竞争压力下采取保护主义措施,从而强化而不是削弱了对企业的控制[2]。银温泉认为,以各种经济指标来量化和比较地方经济发展成就的干部考评制度以及日益民主的选举制度,以下放财政权和税收权、投融资权和企业管辖权为核心的放权让利,在调动了地方政府的积极性和主动性的同时,也导致地方政府追求本地利益最大化,降低了资源配置效率[3]。孙立平认为,中国已经进入"利益博弈时代",政府之间,尤其是中央政府和地方政府之间的利益博弈,对整个经济社会的影响极其深远[4]。李新安认为,中央政府和地方政府之间的利益博弈是市场化改革进程中的必然产物。中央与地方区域利益目标取向上的差异决定了双方在多个领域展开利益博弈,博弈的结果不仅对二者的利益分配具有实质性的影响,而且对整个社会经济增长格局和资源配置效率具有间接的经济效应[5]。

中央政府利益是整个社会公共利益最集中的代表和体现。一般而言,中央政府的行为目标是追求中央利益的最大化。地方政府利益具有双重特性:一方面,地方政府利益具有与中央政府利益的一致性,即为实现公共利益的最大化而组织生产,分配资源,促进社会全面进步;另一方面,地方政府利益又具有明显的独立性,它必须首先着眼于本区域的经济、文化

---

[1] 谢识予. 经济博弈论(第二版)[M]. 上海:复旦大学出版社,2002:50—52.
[2] 张维迎. 地区间竞争与中国国有企业的民营化[J]. 经济研究,1998(12):13—22.
[3] 银温泉. 打破地方市场分割对策研究[J]. 经济研究参考,2001(27):2—20.
[4] 孙立平. 中国进入利益博弈时代[J]. 经济研究参考,2005(68):2—4.
[5] 李新安. 我国中央、地方政府区域调控的利益博弈分析[J]. 财贸研究,2004(4):1—6.

第5章
完全信息静态非合作博弈与"公共地悲剧"

和公共设施等事业[①]。这种利益的双重性又导致地方政府角色的双重性:一方面地方政府作为中央政府代理机构,执行中央政府的决定,实现对本地区经济的宏观管理和调控;另一方面地方政府作为本地区的非政府主体的代表人,争取中央政府的支持,实现本地区经济利益最大化。

在传统的计划经济体制下,受权力、财力等因素的制约,地方政府利益的独立性并不明显,地方政府对中央政府主要是以行政组织为基础的单一的行政服从关系。改革开放以后,地方政府在我国政府制度的纵向结构体系中的地位和作用日益显著,中央政府和地方政府的分权突破了原有的行政性分权,逐步实现了经济性分权,再加上现行的干部考核体制,不仅使地方政府谋求地方自身利益产生了动力,而且提供了其与中央政府进行利益博弈的机会,中央政府与地方政府的关系转变到以各自利益为基础的多元博弈关系。

在市场化改革过程中,由于地方政府和中央政府利益目标的不完全一致,以及地方政府独立利益主体地位的不断强化和巩固,中央政府和地方政府之间的利益博弈是必然存在的。尤其是目前我国处于新旧体制并存的转轨时期,不完全的计划和不完全的市场并存,改革过程中中央政府和地方政府协同推进,而政府尤其是地方政府和企业之间千丝万缕的联系尚未完全割断。这些经济特征影响着中央政府和地方政府的行为和功能,从而导致在转轨时期中央政府和地方政府的博弈将长期存在。

地方政府和区域自治委员会之间也有上述相似的博弈关系。

在上级政府、下级政府的博弈中,最需要关注的是下级政府利益过度膨胀造成的对社会公共利益的负面影响,以及当下级政府利益取向与上级政府调控政策之间不一致时可能造成的宏观调控政策的减效或失效。现引入一个简化的博弈模型来简要说明。

假定上级政府为实现特定利益制定经济政策P1(假设政策本身对实现既定目标是科学合理的)。经济生活中,上一级政府的本职是调控好经济运行,下一级政府作为上一级政府的地方代理者,本职是遵守上级的调控政策,两者履行本职到位的预期得益均为0,如表5.5所示($a1=0$, $a2=0$)。

---

① 刘然,朱丽霞. 中央与地方利益均衡分析[J]. 云南行政学院学报,2005(3):25-28.

表 5.5　上下级政府之间的利益博弈的简化模型

（上级政府的效用，下级政府的效用）		上级政府的策略	
		政策 P1	政策 P2
下级政府的策略	合作	A ($a1$, $a2$)	C ($c1$, 0)
	不合作	B ($b1$, $b2$)	D ($d1$, $d2$)

在转轨经济中和分权体制下，下级政府具有追求自身利益的意愿和权力，从而有了不遵守中央政策的可能。在下级政府不遵守的情况下，地方政府的短期得益为 $b1$，中央政府得益为 $b2$，则 $b1>0$，$b2<0$。

面对下级政府的不合作，中央政府制定政策 P2 加以调控，如地方政府合作，则中央政府通过政策 P2 达到"拨乱反正"的目的，实现初始预期得益 0。如地方政府为了地方利益继续不合作，则地方得益 $d1>0$，中央政府得益 $d2<0$。在地方政府不合作的情况下，中央政府继续出台调控政策 P3、P4……地方政府仍然有合作和不合作两种选择。

从表 5.5 可以看出，A 其实代表了中央高度集权的计划经济体制的运行状态。B、D 说明由于下级政府对区域利益的主张，影响了初始经济政策 P1 的政策效果。C 情况虽然最终实现了政策目的，但增加了调控环节，减缓了政策目的的实现进程，这也是政策减效的一种表现。在当前经济阶段和体制下，下级政府对自身利益的追求不仅具有内在动力，而且具备外在条件，因此经济运行中不可避免地存在上级政府经济政策效力和效果的降低。

5.4.3　地方政府与中央政府的非合作博弈

地方与中央的博弈主要有两种类型：第一类是中央政府想做事，而地方政府缺乏积极性。在这种情况下，地方政府往往会在执行中央政策的过程中采取"上有政策，下有对策"的策略。第二类是地方政府想做事，但需要经过中央政府的审批。在这种情况下，地方政府往往会采取各种办法规避中央政府的审批，如大项目的分拆等。然而，在权力下放体制下，交通基础设施发展过程中中央与地方政府博弈的均衡点往往并非最优策略。比如交通基础设施项目的审批过程就是如此。

设定中央对地方项目的审批策略包括"统一标准"（或称"一刀切"）和"个别调研"。面对中央的审批策略，地方的策略则包括"服从"和

第 5 章

完全信息静态非合作博弈与"公共地悲剧"

"违规"两种,对于地方的策略,中央又有"强监督"和"弱监督"两种策略。以上这些策略构成了此博弈模型的策略空间。

不论是中央对各地方的具体项目的合理性进行调查研究,还是对各个地方项目加强监督都需要付出获取地方具体时空知识的成本。当中央选择"统一标准"的审批策略时,如果地方服从,地方的获益将会因为中央的审批难以满足地方的多样性需求而较低,我们假定为 2,而由于"统一标准"的审批策略使中央省去了为了获取所需具体时空知识而对各地方的具体项目进行个别调研分析的成本,故其获益较高,我们假定为 4;如果地方出现违规情况且中央没有加强对地方的监督,则地方会因为在一定程度上满足了自身的需求而获益较高,我们假定为 4,因为地方的违规给中央造成的损失往往要经过较长时间才能表现出来,同时一个地方造成的损失对于中央来讲往往较小,故假定中央获益为 3,在此情况下,如果中央加强了监督则地方将会受到惩罚,其获益为 0,但同时中央也付出了加强监督的成本,故其获益为 2。当中央选择"个别调研"的审批策略时,中央的审批更符合地方的实际需求,地方政府选择服从的获益较高,我们假定为 4,故地方政府再冒险去违规的意愿就会大大降低。由于中央要为个别调研付出相应的成本,故其获益为 2。C 代表中央政府,L 代表地方政府。具体的博弈过程如图 5.2 所示,有四种结果。

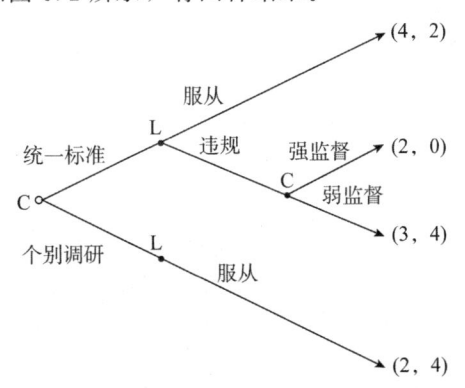

图 5.2 中央与地方政府审批中的博弈模型

(1) 中央政府采取"统一标准"的审批策略,地方政府服从,则中央政府获益为 4,地方政府获益为 2;

(2) 中央政府采取"统一标准"的审批策略和"强监督"策略,地方政府违规,则中央政府获益为 2,地方政府获益为 0;

(3) 中央政府采取"统一标准"的审批策略和"弱监督"策略,地方政府违规，则中央政府获益为 3，地方政府获益为 4；

（4）中央政府采取"个别调研"的审批策略，地方政府服从，则中央政府获益为 2，地方政府获益为 4。

博弈分为三期，时序为：

（1）地方政府向中央政府提出审批申请，中央政府选择后进入下一阶段；

（2）地方政府根据中央政府的审批策略做出自己的选择；

（3）中央政府做出自己的监督策略。

从上面的模型中我们很容易看出中央与地方在审批过程中博弈的纳什均衡为中央采取"统一标准"的审批策略，且不加强监督；地方采取违规的策略。在均衡点二者的收益为（3，4）。这对两者来说都是最优策略。这解释了我国在交通基础设施建设或者其他工业项目建设过程中地方政府每每出现把大项目分拆报批，或者先开工、后补手续等违规行为，也说明了中央的项目审批制度难以管好地方政府的微观决策。

5.4.4 2016 年北京市缓解交通拥堵行动计划中的博弈分析

2016 年 2 月，北京市人民政府发布了《2016 年北京市缓解交通拥堵行动计划》，分 6 个方面、46 项打出一套缓堵"组合拳"。

与往年相比，2016 年市政府创新性地组建缓堵专项督查组，建立任务落实台账。承担 46 项工作任务的 24 家市级责任单位和区政府有了"监督员"，随时有可能被亮黄牌。督查组实行"按月报送信息、双月报告进度、每季度常务会讨论"的制度，对 24 家市级责任单位和区政府进行督查，采取下发"督办通知单"的形式催办。"任务落实不力的，要进行通报批评，对不作为的提出建议并报市监察局依法追究责任。"这是针对上下级政府之间存在博弈的第一种措施，即责任和监督。

哪儿最难啃就从哪儿下嘴，已经成为 2016 年交通缓堵的最大特色。也是针对上下级政府之间存在博弈的第二种措施，即不回避措施。哪儿最难？核心区交通基础设施建设现场会上，东西城年内开工疏堵工程一口气从 14 条增长到了 50 条。直面问题，转变工作作风，改革审批制度，提高

第 5 章
完全信息静态非合作博弈与"公共地悲剧"

实效,打通次支干路,成为 2016 年城六区缓堵重头戏,除了东西城的 50 条,朝阳区、海淀区、丰台区、石景山区也各开工建设 10 条以上次支路。

从上面两种措施就可以看到,在交通管理方面,北京市存在着严重的上下级之间的博弈。

比如工疏堵工程,首先是国家层面,《中共中央国务院关于进一步加强城市规划建设管理工作的若干意见》[①] 在 2016 年年初发布,其根据是在欧美等发达国家,拆掉围墙的街区制正是破解城市拥堵的良药。从距离地面 5 千米的高度俯瞰巴黎、华盛顿、东京,能看到蛛网一般密布的干路支路,而北京地区只看得到成片的大院、小区和稀疏的城市道路。因而文件的目的不是要让小区开放,而是着眼路网结构。所以说中央政府对北京的交通下了指导。

其次,北京市人民政府下发《2016 年北京市缓解交通拥堵行动计划》,其重点措施之一就是解决路网结构,但是对小区开放这一中央政府强调的事情,回避了。

接着,我们看到居民委员比如洋桥(丰台)、松榆里(朝阳)等小区在一段时间的犹豫之后,马上封闭小区,实施停车收费。与上级政府关注的交通疏导相比,这些居民委员或者街道办事处更关心如何收费。小区由中央倡导的开,而年底部分小区的封闭,可见其上下级之间的博弈。

面对公共利益,又出现交通管理的悲剧。

---

① 人民日报,2016 年 2 月 22 日.

第 6 章 京津冀区域协调发展下的北京交通博弈分析

6.1 京津冀区域及其协调发展

6.1.1 经济学视角下京津冀区域软实力分析

"软实力"一词来源于英文"Soft Power",最先明确提出这一概念的是美国学者约瑟夫·奈(Joseph S. Nye Jr.),他在研究国际关系问题时提出:一个国家拥有军事和经济实力("硬实力",Hard Power),与之相对应则是一种"软实力",即通过吸引而非强迫或收买的手段来达成自己所愿的能力。

约瑟夫·奈认为软实力是一种通过让人做自己想做的事情而获得预期结果的能力。这是一种通过吸引而非强迫获得预期目标的能力。它可以通过说服他人遵从或使他人同意那些能够产生预期行为的准则或制度来发挥作用[①]。其后，约瑟夫·奈又指出一个国家的软实力主要来自三种资源：文化、政治价值观和外交政策。

从我们掌握的资料来看，王沪宁教授是较早研究软实力理论的。王沪宁（1993）认为文化是影响其他国家行为的实力，构成了国家实力的基础，文化包括政治系统和政治领导、民族士气和民族精神、社会的国际形象、国家的对外战略、确定国际体制的能力、科学技术[②]。陈宪（2004）[③]认为社会资本、创新环境、人力资本和公共服务是构成城市软实力的四大主要因素；陈正良（2005）[④]认为文化、政府职能、社会凝聚、社会资本、区域形象、居民素质是区域发展的必要因素；孙伊然（2006）[⑤]认为以信任为核心的社会资本意味着社会的效率，它使得人们之间的沟通、交往更为容易，更具有互利互惠的性质，是软实力的主要要素；刘绛华（2006）[⑥]认为社会凝聚、居民素质、民族精神和爱国热情是软实力的关键因素，是知识经济时代的核心竞争力；张涛甫（2006）[⑦]认为社会凝聚和社会资本作为文化软实力，可以与经济资本共同发展城市，把发展重新定位在硬实力和软实力的平衡发展上；李克勤（2006）[⑧]认为文化、政府效能和价值观是软实力的主要因素，决定区域的影响力、吸引力、创造力以及该区域在全国乃至国际上的地位和作用；马庆国和楼阳生（2007）[⑨]针对浙江丽水"软实力"现状和问题，建立了较系统的区域软实力分析框架。杨志（2008）[⑩]认为，"区域软实力是以人为本，以价值观为核心，以文化事业和文化产业为主要载体，以发展为要义所显示的区域凝聚力、影响力和创造力"。

---

① Joseph S. Nye Jr. Soft Power [J]. Foreign Policy, Fall, 1990（80）：153—171.
② 王沪宁. 作为国家实力的文化：软权力 [J]. 复旦学报（社会科学版），1993（03）：75，91—965.
③ 陈宪. 以四大突破口整体提升城市"软实力"[J]. 领导决策信息，2004（48）.
④ 陈正良. 论增强区域发展的"软实力"[J]. 社会主义研究，2005（02）.
⑤ 孙伊然. 社会资本：城市的软实力 [J]. 上海经济，2006（05）.
⑥ 刘绛华. 软实力——知识经济时代核心竞争力的关键 [J]. 求实，2006（12）.
⑦ 张涛甫. "软实力"：城市发展的另一维度 [J]. 甘肃社会科学，2006（02）.
⑧ 李克勤. 增强湖北软实力：问题、框架及建议 [J]. 统计与决策，2006（07）.
⑨ 马庆国，楼阳生，等. 区域软实力的理论与实施 [M]. 北京：中国社会科学出版社，2007.
⑩ 杨志. 城市软实力 [M]. 广州：广东人民出版社，2008.

上述对区域软实力的研究可以归纳为三种观点[①]。第一种观点认为，应该突出强调区域软实力的各个构成要素及其作用。代表性研究成果是马庆国、楼阳生（2007）等出版的《区域软实力的理论与实施》一书。他们认为区域软实力是指"在区域竞争中，建立在区域文化、政府公共服务（服务制度和服务行为）、人力素质（居民素质）等非物质要素之上的区域政府公信力、区域社会凝聚力、特色文化的感召力、居民创造力和对区域外吸引力等力量的总和。"第二种观点认为，应与约瑟夫·奈的"软实力"概念相映照。如李正治、张凤莲（2009）[②]认为，区域软实力是指"一个地区通过直接诉诸心灵或者精神的方式，发展、动员和发挥区域内外的心智能力的作用来达到区域的社会和经济目标的能力"。第三种观点认为，要反映出软实力的来源或力量构成。

表 6.1 是一些专家学者对软实力构成要素的研究。从表 6.1 可见，多数学者认为，构成"软实力"的主要要素有文化、价值观念、社会制度、战略、国际制度、国际形象等。

表 6.1 国内学者对"软实力"要素构成观点综述一览表

学者	文化	价值观念	社会制度	战略	国际制度	发展模式	国际形象	文明
王沪宁（1993）	○							
张剑荆（2004）			○	○				○
李海娟（2004）	○							
姜奇平（2004）		○						
戴业炼、陈宏愚（2006）	○	○	○					
门洪华（2007）			○	○	○	○		
俞新天（2008）		○	○	○				
何增科（2010）	○	○						

由于"软实力"从概念提出和实际运用，都是在 1990 年至今的国际政

[①] 朱孔来，郭春燕，亓庆亮. 区域软实力指标体系及定量化测度的实证研究 [J]. 管理世界，2012（11）：180—181.

[②] 李正治，张凤莲. 试论区域软实力与区域经济的发展 [J]. 理论月刊，2009（05）.

第6章 京津冀区域协调发展下的北京交通博弈分析

治背景下提出来的,因此,以约瑟夫·奈为首的研究者所研究的"软实力",均是以"国家"为操作对象。之后我国学者将软实力运用到各个领域,在国家软实力之外,又提出了所谓的政治软实力、文化软实力、区域软实力、城市软实力、组织软实力、企业软实力等一系列的延伸概念。

马庆国和楼阳生等(2007)在文献研究和对实际问题研究的基础上,借鉴国家"软实力"的概念,以区域竞争力理论为支撑(见图6.1),进行理论创新,建立区域"软实力"的概念。马庆国和楼阳生等(2007)认为"区域软实力是指在区域竞争中,建立在区域文化、政府公共服务(服务制度和服务行为)、人力素质(居民素质)等非物质要素之上的区域政府公信力、区域社会凝聚力、特色文化的感召力、居民创造力和对区域外吸引力等力量的总和。这种'软'的力量能够吸引区域外的生产与消费要素,协调本区域社会经济系统的运作,提升本区域社会、政治、经济和文化的发展品位,塑造良好的区域形象,提高区域竞争力,为区域经济社会的和谐、健康、跨越式发展提供有力支持"。

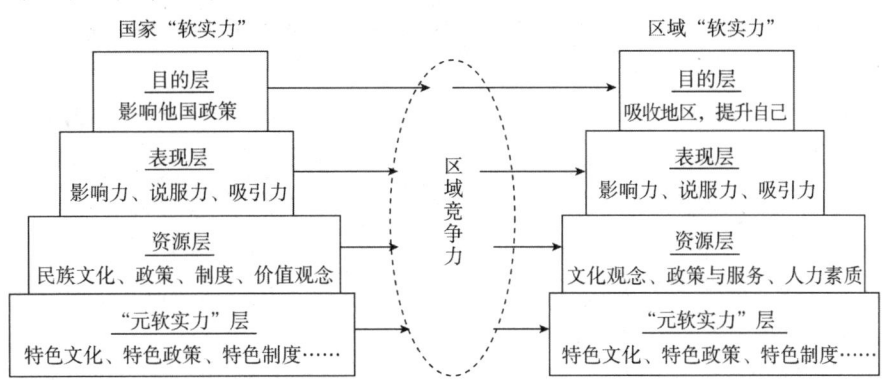

图 6.1 从国家"软实力"到区域"软实力"

与此同时,不少学者纷纷撰文从不同的角度讨论"软实力"问题。从表6.2可见,多数学者认为,文化、政府服务、城市吸引、区域创新、生态环境、区域形象和居民素质都是构成区域"软实力"的主要要素。

表 6.2 国内学者对区域"软实力"要素构成观点综述一览表

学者	文化	政府效能	社会凝聚	社会资本	创新环境	区域形象	居民素质	区域融通	价值观	人力资本	公共服务	区域创新	生态环境	教育	城市吸引	城市构建	社会和谐
陈宪(2004)				○	○					○	○						

续表

学者	文化	政府效能	社会凝聚	社会资本	创新环境	区域形象	居民素质	区域融通	价值观	人力资本	公共服务	区域创新	生态环境	教育	城市吸引	城市构建	社会和谐
陈正良（2005）	○	○	○	○		○	○										
李克勤（2006）	○	○							○								
马庆国、楼阳生（2007）	○					○					○						
杨志（2008）	○										○	○					
陶莹（2011）	○					○					○						
朱孔来（2012）	○					○		○			○	○					
齐玉宇（2013）											○		○		○	○	○
郭春燕（2014）	○										○						

根据区域"软实力"的基本内涵，各位专家依次构建区域"软实力"评价指标体系。我们整理了近几年学者们构建的区域"软实力"指标体系（表 6.3）。从表 6.3 可以看出，四位学者把区域"软实力"的构成要素作为一级指标，在一级指标的基础上再建立二级指标。

比较和分析四位学者的区域"软实力"指标体系，我们发现可以归纳为三种类型，即一级指标相同、一级指标相近和一级指标不同。

一级指标相同的类型中，包含了区域文化和公共服务，但对于区域文化和公共服务二级指标的设置却是不同的；一级指标相近的类型中，如人口素质和教育发展，而人口素质与教育发展设置的二级指标均包含高等院校数、高校在校大学生、教育经费支出；一级指标不同的类型中，如区域融通和区域创新（朱孔来，2012）、城市影响力和环境舒适力（齐玉宇，2013），这些指标体系各有自己的依据和特色，但个别指标出现划分不清的情形，如二级指标每万人专利数分别划入了区域文化、区域创新、教育发展中；入境旅游人数分别划入区域形象、区域融通、城市影响力中。

第6章
京津冀区域协调发展下的北京交通博弈分析

表 6.3　2011—2014 年学者们对区域"软实力"评价指标体系构建一览表

陶莹（2011）[①]		朱孔来（2012）[②]	
一级指标	二级指标	一级指标	二级指标
区域文化	1. 文化产业增加值占 GDP 的比重 2. 互联网普及率 3. 城镇人均文化消费占消费支出比重 4. 图书馆总流通人次占总人口比重 5. 每万人专利申请数	区域文化	1. 文物文化事业费占地方财政支出比例 2. 文体娱乐就业人数占总就业人数比例 3. 每万人博物馆数 4. 每万人公共图书馆藏书量
人口素质	1. 高等教育毛入学率 2. 平均受教育年限 3. 人均教育经费投入 4. 每万人就业人口中技术人员数 5. 每万人科学家和工程师人数	人力资源素质	1. 人均财政性教育支出 2. 每万人中小学生在校生人数 3. 每万人高等学校数 4. 每万人在校大学生数
公共服务	1. 基本社会保险覆盖率 2. 卫生医疗支出占预算支出比重 3. 一般公共服务支出预算支出比重 4. 社区服务设施覆盖率 5. 住房保障支出占预算支出比重	政府公共服务	1. 公众对政府服务满意度 2. 每万人拥有医生数 3. 公共设施建设水平 4. 三项基本保险参保人数

[①] 陶莹. 区域软实力的测度及软硬实力的关系 [D]. 杭州：浙江工商大学，2011.
[②] 朱孔来，郭春燕，亓庆亮. 区域软实力指标体系及定量化测度的实证研究 [J]. 管理世界，2012（11）：180-181.

续表

| 陶莹（2011） || 朱孔来（2012） ||
一级指标	二级指标	一级指标	二级指标
区域形象	1. 流入人口占全国流动人口比重 2. 贸易开放度 3. 每万人接待外国旅游人数 4. 环境指数 5. 每千人拥有中国驰名商标数	区域形象	1. 污水处理能力 2. 人均百度搜索条数 3. 吸引外资能力 4. 城市人均公共绿地面积
		区域融通	1. 人均邮电业务量 2. 每万人全年接待入境旅游人数 3. 人均地方交通客运量 4. 每万人国内国际航线数
		区域创新	1. R&D经费占地方财政支出比例 2. 每万人R&D人员数 3. 每万人科研院机构数 4. 每万人专利授权数

| 齐玉宇（2013）[①] || 郭春燕等（2014）[②] ||
一级指标	二级指标	一级指标	二级指标
文化感召力	1. 公共图书馆数 2. 文化馆数 3. 艺术表演团体 4. 文物、文化事业费	文化资源	1. 人均文化产业产值 2. 每万人文化事业机构数 3. 全国重点文物保护单位数 4. 国内游客数
教育发展力	1. 高等院校数 2. 普通高校在校大学生数 3. 科技活动人员 4. 专利授权数	教育发展	1. 人均财政性教育支出 2. 高层次人力资源数 3. 每万人高等学校数 4. 每万人专利产品数
社会和谐力	1. 城市维护费 2. 公共安全支出 3. 基本养老保险参保人数 4. 离休、退休保险福利费用 5. 卫生机构人员数	公共管理	1. 居民对公共管理满意度 2. 公共场所市民文明程度 3. 每万人社区服务设施数 4. 社保覆盖率

---

① 齐玉宇. 山东省城市软实力综合评价分析［D］. 济南：济南大学，2013.

② 郭春燕，朱孔来. 城市软实力评价指标体系和测度方法的实证研究——以山东省17市为例［J］. 西安财经学院学报，2014（04）：79-85.

第6章 京津冀区域协调发展下的北京交通博弈分析

续表

齐玉宇（2013）		郭春燕等（2014）	
一级指标	二级指标	一级指标	二级指标
公共服务力	1. 供水总量 2. 集中供热面积 3. 排水管道长度 4. 标准运营车数 5. 城市道路面积	生态环境	1. 空气质量为优或良的天数 2. 国家级风景区数 3. 交通堵塞率 4. 城市人均公共绿地面积
城市影响力	1. 年入境游客数 2. 入境旅游外汇收入 3. 境外投资企业数 4. 外商投资项目数 5. 外商直接投资金额	城市构建	1. 城市形象宣传投入 2. 互联网综合人口覆盖率 3. 交通客运量 4. 知名企业及品牌数
环境舒适力	1. 生活垃圾无害化处理量 2. 污水年处理量 3. 绿化覆盖面积 4. 园林绿地面积	城市吸引	1. 市民的城市归属感 2. 外来人口定居意愿 3. 城市国内知名度 4. 吸引外资能力

经济学是资源配置的科学，可以从两个方面来说，即供给和需求，这两个方面博弈的结果就是经济实力，因此，我们研究软实力就要从需求和供给两个方面来研究。供给是区域能够提供的，比如图书馆数、人口素质（比如文盲率等）、园林绿地面积、知名企业及品牌数、城市道路面积、集中供热面积等，需求是达成自己所愿的能力吸引对方的要求，从经济实力角度来说就是人力资源和物质资本的要求，比如社保覆盖率、公众对政府服务满意度、每万人拥有医生数、公共设施建设水平等。比较供给和需求两个方面，我们认为应该以需求为主，因为软实力的定义首先就是满足需求的程度；其次，从供给的角度研究软实力比较复杂，需要考虑供给的方方面面，比如集中供热面积是区域提供的，北方的这一指标肯定要高于南方，但是集中供热面积不一定是需求所包含的，因为这一供给指标还需要考虑区域的环境，比如温度、湿度等。本书就是从需求的角度抽取区域供给指标建立区域软实力指标体系。

根据马斯洛需求层次模型，可以建立对应的二级指标，具体见表6.4。从表6.4可以看到，满足生理需求的指标有：人均生活用品及服务消费、人均交通通信消费、人均居住消费、人均餐饮消费（食品烟酒）和人均衣着消费。满足安全需求的指标有：人均年末工伤保险参保人数、人均年末基本养老保险参保人数、人均年末生育保险参保人数、人均年末失业保险参保人数、人均年末医疗保险参保人数。满足社交需求的指标有：人均文教娱乐消费、人均艺术表演机构数、人均艺术表演演出场次、人均艺术表演团体国内演出观众人次、人均城市绿地面积。满足尊重需求的指标有：人均国内专利申请授权数、规模以上工业企业R&D项目数、技术市场成交额。

表6.4 经济学视野下区域软实力的指标体系

区域软实力	生理需求	人均生活用品及服务消费
		人均交通通信消费
		人均居住消费
		人均餐饮消费（食品烟酒）
		人均衣着消费
	安全需求	人均年末工伤保险参保人数
		人均年末基本养老保险参保人数
		人均年末生育保险参保人数
		人均年末失业保险参保人数
		人均年末医疗保险参保人数
	社交需求	人均文教娱乐消费
		人均艺术表演机构数
		人均艺术表演演出场次
		人均艺术表演团体国内演出观众人次
		人均城市绿地面积
	尊重需求	人均国内专利申请授权数
		规模以上工业企业R&D项目数
		技术市场成交额

区域软实力的指标权数采用客观赋权的方法，即从原始数据出发，通过一定的数学转换，运用数理统计方法取得指标权重的方法，如主成分分

第6章 京津冀区域协调发展下的北京交通博弈分析

析法和因子分析法等。本书采用主成分分析法确定权数，其基本思路是先将各三级指标数据作均值化变换，然后对每个子系统（二级指标）所包括的三级指标基于协方差进行主成分分析，在此基础上再对各个子系统的评价得分进行主成分分析，得到区域软实力综合评价得分。本书选取的原始数据来源为2014年《中国统计年鉴》和各省市统计年鉴。用SPSS先对原始数据进行无量纲化处理，再进行主成分分析。2014年生理、安全、尊重需求和区域软实力的主成分方差贡献率都在80%以上，因此区域软实力的主成分能够包含原始变量至少80%的信息，进而得出2014年各省生理、安全、尊重需求得分和区域软实力的综合得分和排名。根据各子系统得分及区域软实力综合得分进行聚类分析，得到聚类结果见表6.5。

表6.5 区域软实力及其子系统聚类结果

地区	生理聚类	安全聚类	社交聚类	尊重聚类	综合聚类
北京	1	1	1	1	1
天津	2	2	1	1	2
河北	3	3	2	2	3
山西	3	2	1	2	3
内蒙古	2	2	1	2	3
辽宁	2	2	2	2	3
吉林	3	2	2	2	3
黑龙江	3	2	2	2	3
上海	1	1	1	1	2
江苏	2	2	1	1	2
浙江	2	1	1	1	2
安徽	3	3	1	3	3
福建	2	2	1	3	3
江西	3	3	2	2	3
山东	3	2	2	3	3
河南	3	3	2	2	3
湖北	3	3	1	2	3
湖南	3	3	2	2	3

续表

地区	生理聚类	安全聚类	社交聚类	尊重聚类	综合聚类
广东	2	1	2	3	2
广西	3	3	2	2	3
海南	3	2	1	2	3
重庆	3	2	1	3	3
四川	3	3	2	2	3
贵州	3	3	2	2	3
云南	3	3	2	2	3
西藏	3	3	3	2	3
陕西	3	3	2	2	3
甘肃	3	3	1	2	3
青海	3	3	1	2	3
宁夏	3	3	1	2	3
新疆	3	2	1	2	3

在生理需求方面，根据聚类分析可以看到，北京在第一类，天津在第二类，河北在第三类，京津冀差异较大。

在安全需求方面，根据聚类分析可以看到，北京在第一类，天津在第二类，河北在第三类，京津冀差异较大。

在社交需求方面，各地区差距不大。根据聚类分析可以看到北京、天津在第一类，河北在第二类。

在尊重需求方面，根据聚类分析可以看到北京、天津在第一类，河北在第二类。

在区域软实力方面，北京一枝独秀，天津人均满足程度较高。

6.1.2 基于投入产出模型的区域经济差异性分析

区域经济之间的差异普遍存在于不同国家或地区的经济发展过程之中。适度的差异可以促进某些局部地区经济先发展起来，进而通过"扩散效应"实现整体经济均衡发展；但是，区域之间过大的经济差异会对整体经济发展和社会稳定产生一系列负面的效应。

第6章

京津冀区域协调发展下的北京交通博弈分析

改革开放以来，中国的经济发展取得了举世瞩目的成就，与此同时，区域经济之间的差异也开始成为一个不可回避的现实问题。不管是东、中、西三大地带间，还是各省区市间以及县域之间的经济差距都有不同程度的扩大[1]。区域经济差异的不断扩大，不仅影响到国民经济的健康运行，也关系到我国社会和政治的稳定[2]。

现有文献对区域经济之间的差异进行了分析，但是多数文献是集中于某一个或者某些总体流量变量（比如人均 GDP）而进行分析的，这种分析的结果是：不同的区域经济差异测度方法在度量区域经济总体差距变化时会产生一些不同，它们对长时段区域经济差异的不平衡性变动描述比较一致，但对较短时段的描述存在差别，在某些个别时段甚至出现相反结果。因此需要对区域经济差异进行经济存量的分析。

现有文献也对区域经济之间的差异原因进行了分析，它们将原因归纳为区域之间的资本、劳动力、技术等的差异，有些文献还研究了其他的原因，比如区域空间位置等。但是作为一个统一的、资本劳动力基本上能够自由流动的国家，内部的各个区域的经济差异可能需要更加综合深入的分析。

因此，本书在进行文献综述之后建立基于投入产出的区域经济差异模型，运用模型对区域经济差异进行综合、系统、深入的经济存量分析，进而根据 2007 年全国各地投入产出表分析区域经济之间的差异，特别是比较了京津冀区域的经济差异，这些研究和分析对我们正确认识中国经济的新常态、正确把握经济发展的规律、正确制定政策具有重要的现实意义和理论价值。

根据马克思主义的经典理论，生产力和生产关系的矛盾是社会运动发展的基本矛盾。经济发展一方面体现为生产力的发展，另一方面体现为生产关系的发展，但根本上经济发展主要体现为生产力的发展，因为生产关系取决于生产力的水平。生产力有三个要素，即生产者、生产工具和生产对象。现有的研究集中于生产要素，很少有反映生产工具和生产对象的，而生产工具又是最活跃最能体现生产力的要素。投入产出表的中间投入部

---

[1] 李小建，乔家君. 20 世纪 90 年代中国县际经济差异的空间分析 [J]. 地理学报，2001，56 (2)：136−145.

[2] 吴爱芝，杨开忠，李国平. 中国区域经济差异变动的研究综述 [J]. 经济地理，2011，31 (5)：705−711.

分却是体现生产者、生产工具和生产对象的集大成者，因此必须运用投入产出表才能准确反映区域经济中生产力的发展。

在投入产出表中，中间投入部分体现了区域的生产力水平，最初投入部分体现了区域的生产关系。因而我们可以通过处理和比较不同区域的中间投入和最初投入来比较区域经济的差异。具体地说，我们建立如下模型。

根据投入产出表的基本平衡关系，我们用数学形式表示：

$$\sum_{j=1}^{n} X_{ij} + Y_i = X_i \quad (i=1, 2, \cdots, n) \tag{1}$$

其中，X_{ij} 表示 j 部门生产时要消耗的 i 部门产品的价值量，X_i 是 i 部门的总产值，Y_i 表示 i 部门产品作为最终产品使用的价值量，式（1）中的 Y 代表了来自家庭、企业以及政府等的各种需求，此时，引入作为参数的直接消耗系数，可将式（1）写为：

$$\sum_{j=1}^{n} a_{ij} X_j + Y_i = X_i \quad (i=1, 2, \cdots, n) \tag{2}$$

其中，a_{ij} 的含义是 j 部门每单位产出中对 i 部门产品消耗的价值量，它是反映两个部门产品技术经济联系的指标。由式（1）、式（2）得到由矩阵表示的投入产出模型：

$$\mathbf{AX} + \mathbf{Y} = \mathbf{X} \tag{3}$$

其中，$\mathbf{X}$ 为总产出的列向量；$\mathbf{Y}$ 为最终需求的列向量；$\mathbf{A}$ 为直接消耗系数矩阵，直接消耗系数矩阵是物质生产部门之间的消耗系数，基本上是技术性的，因而是相对稳定的，反映的是各部门产品在生产过程中的技术联系，因此又称技术系数矩阵。

由式（3）我们可以得到：

$$\mathbf{X} = (\mathbf{I} - \mathbf{A})^{-1} \mathbf{Y} = \mathbf{BY} \tag{4}$$

其中，$\mathbf{B}$ 是完全消耗系数矩阵，是 $(\mathbf{I} - \mathbf{A})^{-1}$ 的表达。

对于 r 地区，可以得到：

$$X^r = A^r X^r + Y^r \tag{5}$$

$$X^r = (I - A^r)^{-1} Y^r = B^r Y^r \tag{6}$$

假设 r 地区的生产力（完全消耗系数矩阵）和生产关系（最初投入）发生了一些变化，这些变化可以分别表示为矩阵，见式（7）和式（8）：

$$^r = [E_{ij}^r] \tag{7}$$

$$e^r = [e_i^r] \tag{8}$$

第6章

京津冀区域协调发展下的北京交通博弈分析

其中，E^r 和 e^r 代表直接消耗系数的变动和最终需求的变动，$i, j = 1, 2, \cdots, n$。那么，地区 r 的直接消耗系数矩阵和最终需求的向量为：

$$A^r + E^r = [A_{ij}^r + E_{ij}^r] \tag{9}$$

$$Y^r + e^r = [Y_{ij}^r + e_{ij}^r] \tag{10}$$

对式（9），相对应的完全消耗系数矩阵是 $B^r(E^r) = [I - A^r - E^r]^{-1}$。

$$\Delta X^r \approx X^r(E^r) - X^r = [B^r(E^r) - B^r][Y^r(e^r) - Y^r] \tag{11}$$

在这种情况下，改变总产出 ΔX^r，可以近似得到：

$$\Delta X^r \approx [B^r(E^r) - B^r]Y^r + B^r[Y^r(e^r) - Y^r] \tag{12}$$

通过式（12），我们可以将一个区域经济发展变化分成两个部分，其一是代表生产力的完全消耗系数矩阵的变化，其二是代表生产关系的最初投入的变化导致最终需求的变化。因此，我们就可以通过思考各种 A^r 和 Y^r （$\forall r = 1, \cdots, R$）的相互作用，计算不同区域之间经济发展的差异。因此，我们有：

$$X^{r/s} = (I - A^s)^{-1} Y^r, \quad \forall s = 1, \cdots, R \tag{13}$$

其中 $X^{r/s}$ 表示在给定 s 的生产力水平下与 r 相关的生产关系（最初投入）的一个假定的产出。其后，我们可以通过结果构造一个矩阵 $\mathbf{M}_{R \times R}$，是区域生产力（完全消耗系数矩阵）和生产关系（最初投入，最终需求）交互的乘数。这样的矩阵中 m_{rs} 是一个典型的元素，它揭示了区域 r 的生产力与区域 s 的生产关系交互作用下相关的产出乘数。

之后我们可以得到，$\overline{M}$ 的元素列平均由下式给出：

$$\overline{m}_{\cdot s} = \sum_{r=1}^{R} \frac{\overline{m}_{rs}}{R} \tag{14}$$

它代表的是区域 s 的生产关系下国家的产出乘数。

同样，$\overline{M}$ 的元素的行平均由下式给出：

$$\overline{m}_{r \cdot} = \sum_{s=1}^{R} \frac{\overline{m}_{rs}}{R} \tag{15}$$

它代表的是区域 r 的生产力水平下国家的产出乘数。

因此区域经济差异可以通过国家层面的产出乘数进行分析，也可以直接对相关区域的产出乘数进行分析。

根据基于投入产出的区域经济差异模型，区域之间的差异表现为技术等区域生产力（表现为区域的经济存量）引起的差异和区域国内生产总值（GDP）引起的差异。

区域经济之间的差异首先表现为经济存量的差异。比如我国和日本，尽管中国的 GDP 及其增长速度都超过了日本，但是我们的经济存量不如日本，因而我们的发展水平不如日本。而如果仅仅从 GDP 或者 GDP 增长的速度来说就会得出错误的结论。因此我们比较区域经济之间的差异首先应该比较区域经济存量之间的差异。基于投入产出的区域经济差异模型，就给出了区域经济存量差异（总产出）的比较。尽管有些文献（比如 Fujita[①]）提到了经济存量，但只是借助工业产出分析生产要素，而没有从总产出的差异比较区域经济的差异。

区域经济存量主要表现为区域生产力，直接表现为区域生产技术、生产工具。我国历史上由于封建社会的漫长发展、日本的常年入侵和计划经济的长期实施等影响，各省市的生产技术很不相同。改革开放以来，资本的入侵又强化了这一差异，东部地区的技术设备先进，而西部地区的技术设备落伍，大城市的技术设备发达，而小城市的技术设备陈旧。

区域生产技术表现为投入产出模型的中间投入部分，即区域完全消耗系数矩阵。基于投入产出的区域经济差异模型，就体现了区域完全消耗系数的差异导致的总产出的差异。因而分析这些总产出的差异就能分析区域生产力的差异，就能分析区域经济存量的主要差异。

当然我们不能否认经济流量的价值。经济流量是导致经济存量发生变化的经济变量。目前现有的国内外对区域经济差异的研究主要集中在区域国内生产总值（GDP）以及在此基础上的其他经济流量的研究。因此我们这里不对此再进行详细的分析。但是从上面的分析可以看到如果仅仅对经济流量进行分析而说明区域经济的差异，那么这种分析是片面的，是不系统的。事实上通过实证的研究可以发现，这部分的差异在中国省市区域经济差异中是不明显的。

我们找到的最全和最近的是 2007 年全国 30 个省市的投入产出表，通过计算各个省市的直接消耗系数矩阵和完全消耗系数矩阵，并根据式(13)，同时进行了相对数处理来避免区域 GDP 的影响，得到表 6.6。

[①] H. Hofer, A. Worgotter. Regional Per Capital Income Convergence in Austria [J]. Regional Studies, 1997 (31): 1—12.

第6章 京津冀区域协调发展下的北京交通博弈分析

表6.6 增值乘数矩阵

	1	2	3	4	5	6	7	8	9	10	11	12	13	14	15	16	17	18	19	20	21	22	23	24	25	26	27	28	29	30	APM
	北京	安徽	福建	甘肃	广东	广西	贵州	河北	重庆	河南	湖北	湖南	四川	山东	云南	上海	山西	海南	黑龙江	陕西	内蒙古	天津	浙江	吉林	江西	辽宁	青海	宁夏	江苏	新疆	
1 北京	0.18	0.14	0.14	0.04	0.65	0.08	0.05	0.27	0.06	0.21	0.10	0.12	0.09	0.30	0.07	0.30	0.07	0.02	0.09	0.11	0.09	0.12	0.31	0.11	0.07	0.16	0.01	0.02	0.43	0.05	0.15
2 安徽	0.13	0.11	0.11	0.03	0.52	0.07	0.04	0.21	0.05	0.17	0.08	0.09	0.07	0.24	0.06	0.24	0.05	0.01	0.07	0.08	0.07	0.09	0.26	0.09	0.05	0.13	0.01	0.01	0.35	0.04	0.12
3 福建	0.14	0.12	0.11	0.03	0.54	0.07	0.04	0.22	0.05	0.17	0.08	0.10	0.09	0.24	0.06	0.24	0.06	0.01	0.07	0.08	0.07	0.09	0.26	0.09	0.06	0.13	0.01	0.01	0.36	0.04	0.12
4 甘肃	0.12	0.10	0.10	0.03	0.46	0.06	0.03	0.19	0.04	0.15	0.07	0.09	0.09	0.22	0.05	0.20	0.05	0.01	0.07	0.07	0.06	0.08	0.23	0.08	0.05	0.12	0.01	0.01	0.30	0.04	0.11
5 广东	0.16	0.13	0.13	0.04	0.64	0.07	0.04	0.25	0.06	0.20	0.09	0.11	0.09	0.28	0.07	0.29	0.06	0.01	0.08	0.09	0.08	0.11	0.28	0.10	0.06	0.16	0.01	0.01	0.43	0.04	0.14
6 广西	0.12	0.10	0.10	0.03	0.47	0.06	0.03	0.19	0.04	0.15	0.07	0.08	0.07	0.21	0.05	0.22	0.05	0.01	0.06	0.07	0.06	0.08	0.23	0.08	0.05	0.12	0.01	0.01	0.32	0.03	0.11
7 贵州	0.13	0.11	0.11	0.03	0.51	0.06	0.04	0.21	0.05	0.16	0.07	0.09	0.07	0.23	0.06	0.23	0.06	0.01	0.07	0.08	0.07	0.09	0.26	0.08	0.05	0.13	0.01	0.01	0.34	0.04	0.12
8 河北	0.14	0.11	0.11	0.03	0.57	0.07	0.04	0.24	0.05	0.18	0.08	0.10	0.09	0.26	0.06	0.26	0.06	0.01	0.07	0.08	0.08	0.09	0.26	0.10	0.05	0.15	0.01	0.01	0.38	0.04	0.13
9 重庆	0.13	0.11	0.11	0.03	0.53	0.07	0.04	0.21	0.05	0.16	0.07	0.09	0.07	0.24	0.06	0.24	0.06	0.01	0.07	0.08	0.07	0.09	0.26	0.09	0.06	0.13	0.01	0.01	0.35	0.04	0.12
10 河南	0.14	0.11	0.11	0.03	0.53	0.07	0.04	0.23	0.06	0.18	0.08	0.10	0.09	0.25	0.06	0.23	0.06	0.01	0.07	0.08	0.07	0.09	0.27	0.08	0.06	0.14	0.01	0.01	0.36	0.04	0.12
11 湖北	0.12	0.10	0.10	0.03	0.48	0.06	0.03	0.21	0.05	0.16	0.07	0.08	0.07	0.23	0.05	0.21	0.05	0.01	0.06	0.08	0.07	0.08	0.25	0.08	0.05	0.12	0.01	0.01	0.31	0.04	0.11
12 湖南	0.12	0.11	0.11	0.03	0.50	0.06	0.03	0.20	0.04	0.16	0.07	0.09	0.07	0.22	0.05	0.22	0.05	0.01	0.07	0.08	0.07	0.08	0.26	0.08	0.05	0.12	0.01	0.01	0.32	0.04	0.11
13 四川	0.13	0.11	0.11	0.03	0.55	0.07	0.03	0.21	0.05	0.20	0.08	0.11	0.10	0.29	0.07	0.29	0.05	0.02	0.09	0.09	0.07	0.11	0.29	0.11	0.06	0.16	0.01	0.01	0.33	0.05	0.12
14 山东	0.16	0.14	0.13	0.03	0.55	0.08	0.04	0.26	0.06	0.20	0.08	0.10	0.09	0.29	0.07	0.29	0.06	0.02	0.09	0.09	0.07	0.11	0.29	0.11	0.06	0.16	0.01	0.01	0.44	0.05	0.15
15 云南	0.14	0.12	0.11	0.03	0.53	0.06	0.03	0.22	0.05	0.17	0.08	0.09	0.07	0.24	0.06	0.24	0.06	0.01	0.07	0.09	0.07	0.09	0.26	0.09	0.06	0.13	0.01	0.01	0.35	0.04	0.12
16 上海	0.17	0.13	0.13	0.04	0.62	0.08	0.04	0.24	0.06	0.19	0.08	0.11	0.09	0.27	0.06	0.28	0.06	0.01	0.08	0.10	0.08	0.11	0.30	0.10	0.06	0.16	0.01	0.01	0.42	0.05	0.14

续表

	1	2	3	4	5	6	7	8	9	10	11	12	13	14	15	16	17	18	19	20	21	22	23	24	25	26	27	28	29	30	APM
	北京	安徽	福建	甘肃	广东	广西	贵州	河北	重庆	河南	湖北	湖南	四川	山东	云南	上海	山西	海南	黑龙江	陕西	内蒙古	天津	浙江	吉林	江西	辽宁	青海	宁夏	江苏	新疆	
17 山西	0.13	0.11	0.10	0.03	0.49	0.06	0.03	0.20	0.05	0.16	0.07	0.09	0.09	0.23	0.05	0.22	0.05	0.01	0.07	0.08	0.07	0.09	0.25	0.08	0.05	0.12	0.01	0.01	0.32	0.04	0.11
18 海南	0.13	0.11	0.10	0.03	0.50	0.07	0.03	0.21	0.05	0.16	0.07	0.09	0.09	0.23	0.05	0.23	0.06	0.01	0.07	0.08	0.07	0.09	0.25	0.08	0.05	0.13	0.01	0.01	0.33	0.04	0.11
19 黑龙江	0.14	0.11	0.10	0.03	0.52	0.07	0.04	0.21	0.05	0.17	0.08	0.10	0.09	0.24	0.06	0.23	0.06	0.01	0.07	0.09	0.07	0.09	0.25	0.09	0.06	0.13	0.01	0.01	0.35	0.04	0.12
20 陕西	0.13	0.11	0.10	0.03	0.49	0.06	0.03	0.20	0.05	0.16	0.07	0.09	0.09	0.23	0.05	0.22	0.05	0.01	0.06	0.08	0.07	0.09	0.24	0.08	0.06	0.12	0.01	0.01	0.33	0.04	0.11
21 内蒙古	0.12	0.10	0.10	0.03	0.48	0.06	0.03	0.19	0.05	0.15	0.07	0.09	0.09	0.22	0.05	0.22	0.05	0.01	0.07	0.08	0.06	0.09	0.24	0.08	0.06	0.12	0.01	0.01	0.32	0.04	0.11
22 天津	0.13	0.12	0.11	0.03	0.50	0.07	0.03	0.22	0.05	0.17	0.08	0.10	0.10	0.24	0.06	0.23	0.06	0.01	0.07	0.09	0.07	0.09	0.26	0.09	0.06	0.13	0.01	0.01	0.34	0.04	0.12
23 浙江	0.16	0.14	0.13	0.03	0.65	0.08	0.04	0.27	0.06	0.21	0.09	0.12	0.11	0.29	0.06	0.29	0.06	0.01	0.08	0.09	0.08	0.11	0.32	0.10	0.07	0.16	0.01	0.02	0.44	0.05	0.15
24 吉林	0.14	0.12	0.11	0.03	0.53	0.07	0.04	0.22	0.05	0.17	0.08	0.10	0.10	0.25	0.06	0.24	0.06	0.01	0.07	0.09	0.07	0.09	0.26	0.09	0.06	0.14	0.01	0.01	0.35	0.04	0.12
25 江西	0.13	0.12	0.11	0.03	0.49	0.07	0.04	0.22	0.04	0.17	0.08	0.10	0.09	0.24	0.06	0.22	0.06	0.01	0.07	0.08	0.06	0.10	0.26	0.09	0.06	0.13	0.01	0.01	0.33	0.04	0.12
26 辽宁	0.14	0.12	0.11	0.03	0.55	0.06	0.03	0.23	0.05	0.18	0.08	0.10	0.10	0.25	0.06	0.24	0.06	0.01	0.08	0.09	0.08	0.10	0.27	0.09	0.05	0.14	0.01	0.01	0.37	0.04	0.13
27 青海	0.10	0.09	0.08	0.03	0.35	0.06	0.03	0.19	0.04	0.13	0.06	0.08	0.07	0.18	0.05	0.16	0.04	0.01	0.06	0.07	0.06	0.09	0.19	0.07	0.05	0.11	0.01	0.01	0.24	0.03	0.09
28 宁夏	0.14	0.12	0.11	0.03	0.55	0.07	0.04	0.22	0.05	0.17	0.08	0.10	0.10	0.25	0.06	0.25	0.06	0.01	0.08	0.10	0.08	0.11	0.26	0.09	0.06	0.14	0.01	0.01	0.37	0.04	0.12
29 江苏	0.15	0.13	0.13	0.04	0.61	0.08	0.04	0.25	0.05	0.19	0.09	0.11	0.11	0.28	0.07	0.27	0.06	0.01	0.08	0.10	0.08	0.11	0.30	0.10	0.06	0.15	0.01	0.01	0.41	0.05	0.14
30 新疆	0.13	0.12	0.11	0.03	0.50	0.07	0.04	0.22	0.05	0.17	0.08	0.10	0.09	0.24	0.06	0.23	0.06	0.01	0.07	0.09	0.07	0.09	0.26	0.09	0.06	0.13	0.01	0.01	0.34	0.04	0.12
ATM	0.14	0.12	0.11	0.03	0.53	0.07	0.03	0.22	0.05	0.17	0.08	0.10	0.10	0.24	0.06	0.24	0.06	0.01	0.07	0.09	0.07	0.09	0.26	0.09	0.06	0.13	0.01	0.01	0.35	0.04	

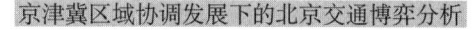

表 6.6 显示了矩阵 $\overline{M}$ 的计算结果。从中可以看出我国 30 个省市生产力和生产关系之间的关系。比如，读取表中北京的整个行，代表了北京的生产关系在各个省市生产力水平下的产出乘数。读取表中北京的整个列，代表了在我国其他省市的生产关系下，北京的生产力产生的产出乘数。

下面分别对京津冀、长江三角洲和东北三个区域进行比较。三个区域的 APM/ATM 均值、标准差及变异差见表 6.7。

表 6.7 京津冀、长江三角洲和东北地区等区域内差异性比较

	APM			ATM		
	u	s	s/u	u	s	s/u
京津冀	0.133	0.015	0.115	0.150	0.066	0.437
沪浙苏	0.143	0.006	0.040	0.283	0.059	0.207
黑吉辽	0.123	0.006	0.047	0.097	0.031	0.316

从表 6.7 可以看出，无论是 ATM 还是 APM，长江三角洲区域内的差异都比较小，这说明长江三角洲在我国区域经济的发展中是值得区域学习和借鉴的。对于京津冀和东北地区而言，京津冀地区的 ATM 和 APM 差异都比较大，但值得提出的是，京津冀区域内的差异主要是由于生产关系的差异造成的，更进一步说，该区域的差异是人为累积造成的，一个是首都，一个是直辖市，一个是普通省，三者生产关系的差异是巨大的，因而带来了区域差异。相反，东北地区在生产关系方面差异较小，基本上和长江三角洲的相似，但在生产力水平上区域之间差异较大。

6.1.3 京津冀产业约束条件下北京市交通产业优化研究

近年来，京津冀区域发展迅速，但能源消费量剧增，环境压力加大，2000 年到 2014 年，京津冀地区 GDP 总值由 9 907.5 亿元快速攀升到了 66 474.5 亿元，经济增长 6 倍，占全国 GDP 总值的 10% 以上。经济发展自然伴随着能源、资源的消耗和生态环境的破坏，京津冀地区标准煤耗费总量从 2000 年的 17 893.3 万吨提高到 2013 年的 31 170.36 万吨，占全国能源消费总量的 11.2%。产业结构调整是实现节能减排的重要途径，北京市

是京津冀协同发展的核心，疏解北京的非首都功能是京津冀协同发展的首要任务，本节以北京市为研究目标，探讨在京津冀区域总投入基本不变、区域总产出 GDP 不减少以及区域能源消耗降低的多目标约束条件下，如何优化产业结构使经济保持平稳增长。

从京津冀一体化的约束条件出发，首先根据《2012 年全国投入产出表》《2012 年北京市投入产出表》《2012 年天津市投入产出表》和《2012 年河北省市投入产出表》编制京津冀区域间 19 个部门投入产出表。运用引力模型中含运输量的摩擦系数对投入产出表进行修正，数据选择《中国交通年鉴》中京津冀地区及其他地区一般产品运输量和煤炭运输量的数据。目标规划模型的建立是在研究京津冀区域的产业结构优化方向的约束条件下，研究北京市 19 部门产业结构优化方向。

在研究京津冀产业结构调整时，试图在总投入不变的情况重新配置三地的资源，设定如下目标函数：$\sum_{j=1}^{n} x_j = X$

其中，X 为总投入值。

根据区域间投入产出表，记地区生产总值为各地区的经济增长值之和，那么地区生产总值的增长即为经济优化调整的最终目标，设定如下目标函数：$\max \sum_{j=1}^{n} v_j x_j (i=1,2,\cdots,n)$

其中，n 表示产业个数，v_j 表示产业部门的增加值率；x_j 为总产出。

在能源消耗方面，保证经济增长最大化的条件下实现京津冀能源耗费总量的最小化即是能源调整的目标。假定"不同能源之间可以相互替代、转换"，以适应不同地区不同能源种类的情况，更好地对不同行业间的能源消耗进行统计、研究、分析。采用"万吨标准煤"为统一计量单位，则能源消费减少的目标函数为：$\min \sum_{j=1}^{n} e_j v_j x_j$

其中，e_j 表示各产业的单位 GDP 能耗系数。

由于全国各地区各行业生产活动投入要素不同，除了能源资源的消耗还有生产资料等不同的要素的不断投入，很多行业还要依赖其他行业的要素投入。因此单纯地追逐区域经济发展的最大化和能源投入的最小化，是严重偏离实际情况的，容易造成行业缺乏必要的要素而无法达到生产目标，限制整个经济结构的持续发展，影响国民经济的运行。根据计算得出的京津冀区域间投入产出表 **AX＋Y＝X**，其中 **A** 为直接消耗系数矩阵，**X** 为产出矩阵，**Y** 为最终需求矩阵，从投入产出需求角度来看，来自各区域产业的总投入必须满足总产出和最终使用需求，即第一个约束条件为刚性

第6章
京津冀区域协调发展下的北京交通博弈分析

约束：$x_i - \sum_{j=1}^{n} a_{ij}x_j - y_j = 0$，其中 a_{ij} 是京津冀区域间直接消耗系数。

GDP 是国民经济核算的核心指标，也是衡量一个国家或地区总体经济状况的重要指标。经济增长目标约束为对京津冀 GDP 总量的规划值不能低于前一年京津冀 GDP 总量实际值：$\sum_{j=1}^{n} v_j x_j \geqslant F_{\text{GDP}}$。

京津冀地区能源供给以及能源消耗造成的生态环境恶化也在不断加剧，考虑能源消费量的约束作用：$\sum_{j=1}^{n} e_j v_j x_j \leqslant C_e$，其中，$e_j$ 表示各产业的单位 GDP 能耗系数；C_e 表示能源消耗总量减少的目标值。

在进行产业结构优化模拟时，是在京津冀三地总投入不变的情况重新配置三地的资源，而京津冀三地各自的投入情况是在一定范围内变动的，通过计算历年各地区总投入的变化情况，选取实际投入的 5％、8％、10％、13％、15％变动范围作为情景设定。

模型中，x_j 为决策变量，代表着各行业的产出总和，各行业总产出不可能是负值，所以该变量具有如下约束，即 $x_j \geqslant 0$。

根据近十年来，北京市和天津市政府通过对第一产业的结构调整，降低第一产业投入，河北省第一产业投入增加。因此满足实际约束北京市第一产业投入降低：$x_1 < X_1$；天津市第一产业投入降低：$x_1 < X_1$；河北省第一产业投入增加：$x_1 > X_1$。

根据区域间投入产出表及实际情况，建立模型方程：

$$\sum_{j=1}^{n} a_{ij} x_j + y_i = x_i$$

$$\sum_{j=1}^{n} x_j \geqslant X$$

$$\sum_{j=1}^{n} \left(1 - \sum_{i=1}^{n} a_{ij}\right) x_j \geqslant F_{\text{GDP}}$$

$$\sum_{j=1}^{n} e_j \left(1 - \sum_{i=1}^{n} a_{ij}\right) x_j \leqslant C_e$$

北京市第一产业投入降低：$x_1 < X_1$；

天津市第一产业投入降低：$x_1 < X_1$；

河北省第一产业投入增加：$x_1 > X_1$。

模型三层目标：第一层目标为京津冀总投入之和基本保持不变，第二层目标为京津冀模拟 GDP 总值不低于实际 GDP，第三层目标为京津冀能源消费总量低于实际值。本书研究在京津冀三地总投入之和不变的情况下，对京津冀各地区的投入量进行最优配置，以京津冀 GDP 总量增加和能源消费总量减少为目标。按照目标的优先程度，规定总投入不变目标优先于经济目标，经济目标又优先于能源消费目标，记总投入不变目标优先变量为 p_1，经济目标优先变量为 p_2，能源消费目标优先变量为 p_3，据前文中的目标规划模型，引入正负偏差 $d^{\pm}$，构造如下京津冀多目标规划模型：

$$\min z = p_1(d_1^+ + d_1^-) + p_2(d_2^-) + p_3(d_3^+)$$

$$\text{s.t} \quad x_i - \sum_{j=1}^{n} a_{ij}x_j - y_i = 0$$

$$\sum_{j=2}^{19} x_j + d_1^+ - d_1^- = X_1'$$

$$\sum_{j=21}^{38} x_j + d_1^+ - d_1^- = X_2'$$

$$\sum_{j=40}^{57} x_j + d_1^+ - d_1^- = X_3'$$

$$x_1 + d_1^+ = X_1;$$

$$x_{20} + d_1^+ = X_{20};$$

$$x_{39} - d_1^- = X_{39};$$

$$X_1' + X_2' + X_3' + X_1 + X_{20} + X_{39} = X$$

$$\sum_{j=1}^{n}\left(1 - \sum_{i=1}^{n} a_{ij}\right)x_j + d_2^+ - d_2^- = F_{\text{GDP}}$$

$$\sum_{j=1}^{n} e_j\left(1 - \sum_{i=1}^{n} a_{ij}\right)x_j + d_3^- - d_3^+ = C_e$$

情景 1：$0.92x_j \leqslant x_j \leqslant 1.08x_j$

情景 2：$0.90x_j \leqslant x_j \leqslant 1.10x_j$

情景 3：$0.88x_j \leqslant x_j \leqslant 1.12x_j$

情景 4：$0.85x_j \leqslant x_j \leqslant 1.15x_j$

情景 5：$0.80x_j \leqslant x_j \leqslant 1.20x_j$

上述模型中 p_1、p_2、p_3 表示三个层级目标，d_k^-、d_k^+（$k=1,2,3$）表示第 k 个软约束的正、负偏差变量，均为非负数；约束条件中的第一个刚性约束表示投入产出模型的横向平衡关系：中间使用＋最终使用－流入＝总产出；x_i、y_i 为待估计变量，x_j 表示优化后 j 产业的总投入，为非负数，y_i 表示优化后 i 产业的最终使用减去流入。接下来为三个软约束。其中 a_{ij} 表示京津冀投入产出表中直接消耗系数矩阵中京津冀三地各 19 个部门共 57 个元素，e_j 为各部门能源强度。

第一层级目标为总投入（产出）基本保持不变。薛声家认为在总投入不变的前提下研究产业结构优化，问题是无法得到各个产业的投入数据，只能得到各个产业的增加值。根据投入＝增加值/增加值率，如果知道各行业的增加值率，就可以推算出投入数据。投入产出表代表了各个产业之间的技术联系，除非发生重大的技术变迁，这种联系通常具有较强的稳定性。根据沈利生和吴振宇的做法，假设北京市 2013 年的投入产出关系与 2012 年相同，即直接消耗系数、增加值率均保持不变。2013 年各地的总投入分别为北京 57 439.6 亿元，天津 44 746 亿元，河北 82 870.4 亿元。三地总投入合计 185 056 亿元。试规划在总投入不变的条件下优化产业结构，因此模拟总投入 $X=185\ 056$ 亿元。该目标体现为同时极小化第一个软约束的正、负偏差变量。

第二层级目标为预期 GDP 比实际 GDP 增加且预期能源消费量均比实际值降低。各地统计年鉴可查的 2013 年的京津冀增加值分别为北京 19 800.81 亿元，天津 14 442.01 亿元，河北 28 442.95 亿元，共计 62 685.77 亿元。试规划模拟经济目标不低于 2013 年实际增加值，即 $F_{GDP}=62\ 685.77$ 亿元。将此目标设置为极小化第二个软约束的负偏差变量和第三个软约束的正偏差变量。

第三层级目标为能源强度随着京津冀三地 GDP 的增加而降低。能源统计年鉴可查的 2013 年京津冀生产能源消费分别为北京 6 724 万吨标准煤，天津 7 882 万吨标准煤，河北 29 664 万吨标准煤。京津冀三地共消耗 44 270 万吨标准煤，与 2012 年相比，京津冀能源消费增速为 2.51%。试规划京津冀三地能源消耗总量减少到 41 070 万吨标准煤。

产业结构优化调整是个动态的过程，本书的模拟做的是比较静态分析和多目标规划的序贯式算法，为了体现在京津冀区域条件约束下北京市不同的产业结构调整力度对经济增长、能源消耗影响的具体过程，本书逐步加大投入和最终使用减去流入的波动范围，共设置五种情景进行模拟：各产业投入（产出）与最终使用减去流入在上下 5%、8%、10%、13%、15% 的范围内波动。另外，电力热力的生产和供应业、燃气生产和供应业、水的生产和供应业、交通运输仓储和邮政业、卫生与社会工作等产业关系国民生计及北京市社会公共基础产业，不允许这些产业降低投入，分别将这些产业投入的波动范围设置为非负数变动。

模型的求解采取目标规划法的序贯式算法，其核心是根据优先级的先后顺序，将原多目标问题分解为一系列传统的单目标线性规划问题，然后依次求解。

即首先令 $p_1=1$，p_2、$p_3=0$，得出满足第一优先目标时第一个约束的偏差变量，在此基础上，令 $p_2=1$，p_1、$p_3=0$，得出满足第二优先目标时第二个约束的偏差变量，以此类推，得出所有约束的偏差变量。

表6.8 产业结构优化模型的偏差变量

	8%	10%	12%	15%	20%
d_1^+	0	0	0	0	0
d_1^-	834.3727	0	0	0	0
d_2^+	432.246	422.443	421.9201	417.3689	0
d_2^-	0	0	0	0	0
d_3^+	0	0	0	0	0
d_3^-	0.8232712	0.8077987	0.7573662	0.6908846	0.8786560

资料来源：作者根据lingo11软件结果整理。

模型中第一层目标，$\min z = p_1(d_1^+ + d_1^-)$，要求恰好达到规定的目标值，即京津冀模拟后三地的模拟投入总值不变，第一个软约束的正、负偏差都要尽可能小。从表6.8中可以看出，在以上五种不同的情境下，投入变动为8%的第一个正负偏差量不都为负，因此情景一不符合模型。其余四种情景的第一个软约束的正、负偏差变量均为0，实现总投入不变的目标具有现实的可能性。

模型中第二层目标，$\min z = p_2(d_2^-)$，要求不低于所规定的目标值，即要求在满足京津冀三地总投入不变的条件下，模拟后京津冀三地的模拟增加值之和不低于实际增加值。五种情景中投入变动为20%的第二个正负偏差量都为0，因此情景五不符合模型。其余三种情景第二个软约束的负偏差变量均为0，正偏差变量大于0，说明模拟增加值大于实际增加值的目标可以实现。

模型中第三层目标，$\min z = p_3(d_3^+)$，要求不高于所规定的目标值，即，在满足前两层目标的同时，要求模拟后的能源消费总量不高于所规定的目标值。剩余三种情景中第三个软约束的正偏差变量均为0，负偏差变

第6章 京津冀区域协调发展下的北京交通博弈分析

量大于0，说明模拟能源消费低于规划的目标值。

综上，说明在京津冀三地各地区10%～15%的各部门总投入变动符合模型的三个目标及约束。其中投入变动为12%的情景在能耗降低方面是最优模拟情景，并且保证GDP增加和总投入不变。因此，以12%情景为例讨论京津冀三地产业关联分析。

分析各部门总投入在12%变动情况下京津冀整体的产业变动情况（表6.9）。

表6.9 京津冀整体的产业变动

地区 19部门名称	北京	天津	河北
农、林、牧、渔业（第一产业）	−5.80%	−6.39%	12.00%
采矿业	−12.00%	12.00%	12.00%
制造业	−4.02%	12.00%	12.10%
电力、热力、燃气及水生产和供应业	−12.00%	−12.00%	12.00%
建筑业	−11.99%	12.00%	−11.50%
第二产业投入变化率	−7.26%	11.24%	12.00%
批发和零售业	−11.00%	−12.00%	12.00%
交通运输、仓储和邮政业	12.00%	12.00%	12.00%
住宿和餐饮业	12.00%	11.20%	13.00%
信息传输、软件和信息技术服务业	12.00%	12.00%	13.10%
金融业	12.00%	12.00%	12.00%
房地产业	11.95%	11.98%	12.00%
租赁和商务服务业	12.00%	12.00%	12.01%
科学研究和技术服务业	11.10%	12.00%	12.00%
水利、环境和公共设施管理业	12.00%	12.00%	12.00%
居民服务、修理和其他服务业	12.00%	11.01%	12.00%
教育	12.00%	11.96%	12.00%
卫生和社会工作	12.37%	12.00%	12.00%
文化、体育和娱乐业	12.00%	12.03%	12.00%
公共管理、社会保障和社会组织	12.00%	12.00%	12.00%
第三产业投入变化率	12.00%	12.00%	12.00%
总投入变化率	3.53%	11.47%	10.28%

资料来源：作者根据lingo11软件结果整理。

北京交通博弈
基于京津冀协调发展

在京津冀三地整体投入、GDP和能耗约束条件下，三种情景中，北京市的模拟结果整体方面都是减少第一产业和第二产业的投入，增加第三产业的投入。近年来北京市大量关闭或迁出高耗能高污染的制造业企业，加大对服务业的投入。可见模拟值与实际情况相符合。北京作为全国首都，在文化、历史、科教、人才、信息、市场等方面占据着优势，而这些有利条件正是第三产业快速发展的重要支撑因素。同时，第三产业耗费的能源资源相对较少，对生态环境的平衡作用较好，又恰好可以弥补北京在能源矿产与自然环境方面的不足。因此，应当大力发展能够发挥北京优势、体现首都特色的第三产业。

天津市在情景1和情景2的模拟结果是整体增加第二、三产业的投入，同时降低第一产业的投入。天津市第二产业为优势产业，其中航空航天产业、装备制造业、生物医药产业为天津优势产业不可或缺的重要组成部分，是天津市经济发展的重要驱动力。在小范围调整过程中，应该鼓励这些优势产业的发展，加大政府投入，促进自主创新型、高新技术型改造，实现传统制造业产业链的广泛延伸，加快建设科技发展的基础平台，大力发展科技创新，提高高新科技产业的自主知识产权，进而不断地进行成果转化，实现产业结构向着高新、高精、高质的方向转变。第三产业中的金融、房地产、批发零售、交通运输等行业在活动中需要能源较少、社会和经济产值较高，大力发展这些行业对于促进生产力的提高具有极大的意义。河北省模拟值始终是增加三个产业的投入。河北省地广物博，80%以上的土地面积为平原，具有优良的农业基础，气候适宜，巩固和发展现代化农业具有先天的优势。应该秉承现有的优势，发展规模化农业，建设依靠机器自动化的现代化农场，既能够解放生产力又能够提高生产作业水平。河北省第二产业能耗大对环境产生严重污染，对于这些产业河北省应该转变企业技术改革，做到节能减排、提高产量。其中第二产业主要以钢铁、煤炭、电力、非金属矿业、石油天然气、金属锻造加工等生产为主要经济构成，根据实际情况进行末位淘汰严格整改，必将对整个区域的能源消耗产生极大的积极作用。同时，大力发展第三产业，提高产业科技含量，建立高新技术产业基地、高端服务业，在保障经济发展的同时，对于降低能源耗费，保护生态环境也具有积极的意义。

北京市的产业结构中一直以第三产业比重占主导地位，但产业结构仍旧需要加快调整以有利于在有限能源消费下发挥其更大的经济效益。从结

第6章

京津冀区域协调发展下的北京交通博弈分析

构调整角度而言,由于农业所占的比重已经很低,所能调整降低的范围十分有限,应考虑增大农业科技投入,提高农业单位产品的增加值来实现既定能源约束下经济效益最大化。对于第二产业来说,目前已经降低大部分工业部门的比重。

在京津冀协同发展的大背景下,加大北京市产业结构调整力度,北京市第一产业和第二产业应该持续降低投入,大力发展第三产业,尤其以信息传输、软件和信息技术服务业、金融业、房地产业、租赁和商务服务业、科学研究和技术服务业、教育业作为产业结构调整的主导方向。北京的医疗和教育行业的非均衡分布表现突出。现有市属三甲医院21家,其中17家位于四环以内。市属高校21所,教育部直属高校26所,这些高校大多位于四环以内,且海淀区就聚集了首都高校和科研院所的50%以上,过于集中的优质教育资源没有发挥出应有的辐射带动作用。高等教育、高档医院与首都的功能定位相符,应是北京重点发展和提升的行业,但因其地耗高、聚人多、聚车多等特点,应更多考虑增加投入进行适度聚集的合理布局,既能缓解市区人口资源环境的压力,又有助于带动周边郊区县的发展。

从优化结果来看(表6.10),在模拟投入12%~15%时批发和零售业、居民服务、修理和其他服务业投入趋势应该逐步减少。目前在北京市个体经营户中,批发和零售业占55.9%,居民服务、修理和其他服务业占9.7%,三者合计达66.6%。有经营活动的中小微企业法人单位数达42.5万个,其中,批发和零售业占36%,租赁和商务服务业19.3%,两者合计达55.3%。目前,北京市已经迁出动物园批发市场在内的不同规模批发零售市场,有利于缓解当地交通拥堵,疏散密集人群,提高周边环境质量。可见,上述行业基本属于劳动密集型行业,不仅劳动生产率低、规模小、聚人多,且外来就业人口占比高。减少这些产业的投入符合京津冀协同发展、疏解非首都功能的规划。

表6.10 模拟投入值增长率

部门编号	实际投入(万元)	10%	12%	15%
1	3 957 500	−4.37%	−5.80%	−8.56%
2	14 547 482	−10.00%	−12.00%	−15.00%

续表

部门编号	实际投入（万元）	10%	12%	15%
3	137 279 127	10.01%	−4.02%	−14.99%
4	37 603 543	−10.00%	−12.00%	−14.98%
5	41 573 097	3.92%	−11.99%	−15.00%
6	39 490 000	−10.00%	−11.00%	−15.00%
7	31 816 192	10.00%	12.00%	15.00%
8	11 926 300	10.11%	12.00%	15.04%
9	31 670 491	10.00%	12.00%	15.00%
10	40 031 576	10.00%	12.00%	15.00%
11	20 941 600	9.90%	11.95%	15.00%
12	24 156 980	10.00%	12.00%	15.10%
13	36 161 751	10.00%	11.10%	14.97%
14	3 027 802	10.00%	12.00%	15.00%
15	2 915 146	9.70%	12.00%	14.02%
16	11 506 680	10.00%	12.00%	15.00%
17	10 826 434	10.00%	12.37%	15.11%
18	10 888 328	10.20%	12.00%	15.00%
19	14 795 599	10.00%	12.00%	15.04%

资料来源：作者根据 lingo11 软件结果整理。

在新区域战略和城市功能定位背景下，北京市产业结构优化的目标是以构建"高精尖"产业结构为基本导向，优化三次产业结构，突出高端化、服务化、集聚化、融合化、低碳化，最终形成高端引领、创新驱动、绿色低碳的产业发展模式。北京市产业结构调整目标一是调整疏解非首都功能的产业，二是扶持发展符合首都功能定位的高端产业。

根据模拟结果，选取京津冀三地各部门投入为 12% 的变动情景进一步计算区域能耗降低最大值。根据表 6.10 得到 $d_2^+ = 421.9201$、$d_3^- = 0.7573662$，表明京津冀区域 GDP 模拟值可以增加 421.9201 亿元，区域能耗降低 0.7573662 万吨标准煤。进一步优化，将 GDP 模拟值增加为 $F'_{GDP} = 63107.92$ 亿元，

第6章
京津冀区域协调发展下的北京交通博弈分析

根据变动后模型求出区域能耗降低最大值 d_3^-。将模型目标约束条件变为 $\max z = p_1(d_3^+) + p_2(d_3^-)$，其中 $p_1 = 0$，$p_2 = 1$。其余条件不变，求得 $d_3^- = 1.0065$，说明区域能耗降低最大模拟值为 1.0065 万吨标准煤，京津冀区域能耗最多降低 24.5%。此时各地模拟投入增加变动见表 6.11。

表 6.11 各地模拟值投入增加变化率

地区 部门名称	北京 变动前	北京 变动后	天津 变动前	天津 变动后	河北 变动前	河北 变动后
农、林、牧、渔业	−5.80%	−8.84%	−6.39%	−8.72%	12.00%	12.00%
采矿业	−12.00%	−12.00%	12.00%	12.00%	12.00%	12.03%
制造业	−4.02%	−12.00%	12.02%	12.00%	12.10%	5.90%
电力、热力、燃气及水生产和供应业	−12.00%	−11.93%	−12.00%	−12.00%	12.00%	−12.00%
建筑业	−11.99%	−12.00%	12.00%	12.00%	−11.50%	12.00%
批发和零售业	−11.00%	−11.00%	−12.00%	12.00%	12.00%	12.00%
交通运输、仓储和邮政业	12.00%	−10.20%	12.00%	11.86%	12.00%	12.00%
住宿和餐饮业	12.00%	12.00%	11.20%	12.00%	13.00%	12.00%
信息传输、软件和信息技术服务业	12.00%	12.00%	12.00%	12.87%	13.10%	12.00%
金融业	12.00%	12.01%	12.00%	12.00%	12.00%	12.00%
房地产业	11.95%	12.00%	11.98%	12.00%	12.00%	12.02%
租赁和商务服务业	12.00%	12.00%	12.00%	12.05%	12.01%	12.00%
科学研究和技术服务业	11.10%	12.00%	12.00%	12.00%	12.00%	12.00%
水利、环境和公共设施管理业	12.00%	−12.00%	12.00%	12.00%	12.00%	−12.00%
居民服务、修理和其他服务	12.00%	−12.00%	11.01%	12.00%	12.00%	1.06%
教育	12.00%	12.00%	11.96%	12.00%	12.00%	−12.00%
卫生和社会工作	12.37%	12.00%	12.00%	12.00%	12.00%	−11.90%
文化、体育和娱乐业	12.00%	12.00%	12.03%	−12.00%	12.00%	−12.00%
公共管理、社会保障和社会组织	12.00%	12.00%	12.00%	12.00%	12.00%	12.00%

资料来源：作者根据 lingo11 软件结果整理。

根据表 6.11，在总投入不变、区域 GDP 最大的情况下，进一步降低能耗到最小模拟值是不切实际的。理论上，能降低能耗的部门都是能源强度绝对值较大的行业。在区域中计算能耗最优化，应降低相对能源强度大的部门。一味追求能源消耗减少，在表 6.11 中反映出问题。北京市的交通运输、仓储和邮政业，水利、环境和公共设施管理业，居民服务、修理和其他服务等关乎社会人民生活的行业模拟投入值降低；天津市交通运输、仓储和邮政业，文化、体育和娱乐业行业模拟投入值降低，而应该控制减少投入的批发零售行业投入值增加；河北省电力、热力、燃气及水生产和供应业，水利、环境和公共设施管理业，卫生和社会工作，教育等服务行业模拟投入值降低。其中电力、热力、燃气及水生产是河北省优势行业，不应降低投入，应该鼓励发展。

因此，虽然计算出的区域能耗最低时模拟投入值在理论上符合模型，但是在实际生活中并不能达到。

6.2 动态博弈

动态博弈（dynamic game）是指参与人的行动有先后顺序，而且行动在后者可以观察到行动在先者的选择，并据此作出相应的选择。这种博弈无论如何都无法看作同时决策，所以叫作动态博弈，也称"多阶段博弈"。

动态博弈有两种重要类型，即序贯博弈（sequential game）和重复博弈（repeated game）。

序贯博弈每一个阶段的博弈结构是不同的，即从后一个决策节点开始的子博弈不同于从前一个决策节点开始的子博弈。或者说，同样结构的博弈只出现一次。某些对局者可能率先采取行动，它是一种较为典型的动态博弈，而重复博弈则可视为一种特殊的动态博弈形式。

重复博弈指同样结构的博弈重复多次，其中的每次博弈称为"阶段博弈"。如"囚徒困境"中小偷每次作案后判刑释放后又作案。它分为有限次重复博弈与无限次重复博弈。

6.2.1 序贯博弈

序贯博弈表述为博弈树的博弈，通常也叫作展开型表示的博弈。博弈

第6章
京津冀区域协调发展下的北京交通博弈分析

树描述了所有局中人可以采取的所有可能的行动以及博弈的所有可能的结果。博弈树由节点（nodes）和棱（edges）组成，节点又分为决策节点（decision nodes）和末端节点（terminal nodes）。博弈树以棱把节点连接起来。

决策节点是局中人作出决策的地方。每个决策节点都与一个在该决策节点上进行决策的局中人相对应。每棵博弈树都有一个初始决策节点，初始决策节点也叫作博弈树的根（root），是博弈开始的地方。末端节点是博弈结束的地方，一个末端节点就是博弈的一个（可能的）结果（outcome）。每一个末端节点，都与一个支付向量相对应，这个向量按分量次序排列博弈的所有参与人在这个结果下的博弈所得。博弈的参与人的数目，就是支付向量的维数。

首次行动顺序原则：序贯博弈各结果相应的支付向量中，按照每个参与人头一次决策行动出现先后的自然次序排列收益。

博弈树必须说明在每一个节点上相应的局中人能够采取的所有可能的选择。一些博弈树可能包含"不做任何决策"的决策节点。每一个决策节点都有至少一条棱从它那里出发往后延伸，但是没有最大延伸数量的限制。对于不是根的每个节点，只能有来自别的节点的唯一的棱指向它这个节点。博弈树并不要求每个局中人必须在至少一个非末端节点上进行决策。即可能会出现某些局中人并不在任何一个非末端节点上进行决策的情形。

在序贯决策博弈中策略与行动有区别。行动是每一个决策节点上局中人的决策变量或行动的具体选择。而策略是一个完整的行动计划，就构成局中人在博弈中的一个策略。

同时决策博弈，每个局中人的策略就是他能够采取的行动。

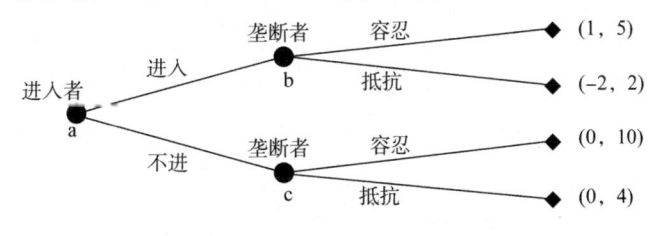

图 6.2 进入障碍博弈

图 6.2 中，"进入者"只有一个决策节点，他有两个纯策略可以选择：进入和不进入。"垄断者"有四个可能的纯策略：不管你怎样，我总容忍；

不管你怎样，我总对抗；你进我抗，你不进我忍；你进我忍，你不进我抗。垄断者的这四个纯策略，可以简单描述为四个行动集，每一个行动集都说明垄断者在他拥有的两个决策节点上相应的行动。

{容忍，容忍}、{对抗，对抗}、{对抗，容忍}、{容忍，对抗}。

均衡与结果在这里是两个不同的概念：均衡是策略的组合，结果是行动的组合。

一般使用倒推法（逆向推导法）求序贯博弈的结果。从序贯博弈的最后一个决策阶段开始分析，每一次确定出所分析阶段局中人的行动选择和路径。然后再确定前一阶段决策的局中人的行动选择和路径。倒推到某个阶段，则这个阶段及随后阶段的博弈结果就可以确定下来，该阶段的决策节点就可以等同于一个末端节点。因此，甚至可以用不再包括该阶段与其随后所有阶段博弈的等价博弈树，来代替原来的博弈，这个等价的博弈树在这里是一个末端节点。

6.2.2 重复博弈

有限次重复博弈是给定一个博弈 G，重复进行 T 次 G，并且在每次重复之前各参与人都能观察到以前博弈的结果，这样的博弈过程称为 G 的一个"T 次重复博弈"，记为 $G(T)$。而 G 则称为 $G(T)$ 的原博弈。$G(T)$ 中的每次重复称为 $G(T)$ 的一个阶段。

重复博弈使博弈结果有了更多的可能，如果原博弈有 n 条路径，重复两次博弈则有 n^2 条路径，重复 T 次就有 n^T 条路径。

在有限次博弈中，每一次的博弈都有一组结果即支付组合，因此重复博弈中各参与人的支付应该是他们每阶段支付相加的"总支付"。

用每阶段的平均支付来进行比较各阶段重复博弈和各种均衡效率。如果博弈次数少，重复时间较近，无须引用贴现系数；如果博弈次数较多，重复时间较长，可以引进贴现系数 d，未来支付折算成当前支付。

如果原博弈 G 有唯一的纯策略纳什均衡（NE），则对任意正整数 T，重复博弈 $G(T)$ 有唯一的子完美纳什均衡（SPNE），即各博弈方每个阶段采用原博弈 G 的纳什均衡策略。各博弈方在 $G(T)$ 中的总支付为在原博弈 G 中支付的 T 倍，平均每阶段支付等于原博弈 G 中的支付。这说明所有具有唯一 NE 的静态博弈构成的重复博弈，它们和零和博弈一样，都是原博弈的一次性博弈的简单重复和支付相加。

第6章
京津冀区域协调发展下的北京交通博弈分析

如果构成重复博弈的原博弈有多于一个的纯策略 NE，这时重复博弈就可能有多个 SPNE 路径，重复次数越多，这种路径也越多，并且会出现在原博弈中并非均衡的策略组合在重复博弈中却构成其 SPNE 的一个部分的情况。导致这个结果的原因是，当阶段博弈（原博弈）有多个 NE 时，参与人可以使用不同的 NE 惩罚第一阶段的不合作行为或奖励第一阶段的合作行为，而这一点在阶段博弈只有唯一 NE 时办不到。这说明当原博弈有多个纯战略纳什均衡时，有限次重复博弈有许多效率差异很大的子博弈完美纳什均衡，并且可以通过设计特定的策略，主要是包含报复机制的触发策略，实现效率较高的均衡，充分发掘一次性博弈中无法实现的潜在合作利益。

无限次重复博弈和有限次重复博弈的区别如下。

对有限次重复博弈的分析可知，存在最后一次重复正是破坏重复博弈中博弈方利益和行为的相互制约关系，使重复博弈无法实现更高效率均衡的关键问题。

无限次重复博弈不能忽视不同时间得益的价值差异和贴现问题，必须考虑后一期得益折算成前一期的贴现系数，对博弈方选择和博弈均衡的分析必须以平均得益或总得益的现在值为依据。

总支付现值 $= p_1 + \delta p_2 + \delta^2 p_3 + \cdots$

当 δ 趋近于 0，行动短视化，时间视野往往局限于本期、近期；当 δ 趋近于 1，参与人有远见，他充分意识到他现期的行动决策将通过其他参与人的反应影响到他未来的收益，因而试图跨期协调其行动决策。

尽管阶段博弈中唯一的 NE 是不合作的（坦白，坦白），在有限次重复时，唯一的子博弈完美 NE 还是在每个阶段都（坦白，坦白），可是在无限次重复（在可预见的将来不会结束）进行的情况下，只要参与人有足够的耐心（即 δ 足够接近 1），每个阶段的行动组合为（不坦白，不坦白），将形成一条子博弈完美 NE 的路径。

如果博弈重复无穷次且每个人有足够的耐心，任何短期的机会主义行为的所得都是微不足道的，参与人有积极性为自己建立一个乐于合作的声誉，同时也有积极性惩罚对方的机会主义行为。

6.3 京津冀区域协调发展下的交通博弈研究

6.3.1 京津冀地方政府与交通单位的序贯博弈

假设存在两个地方政府（此结论可以推广到多个地方政府）A 和 B，它们与交通单位（可以是国家交通主管部门，也可以是交通企业）合作在当地建设交通设施，因为在地方与交通单位合作建交通设施的过程中，交通单位往往会拿出一半甚至更大比例的资金，故地方政府需要付出的建设成本较小，我们假定为 2。地方政府因为交通设施建设而创造了政绩，我们假定其获益为 7，减去成本 2 后，地方政府还可获益 5。如果某一个地方政府与交通单位合作，而另外一个地方政府不与交通单位合作，则合作的地方政府除去因创造了政绩而获益 5 之外，还能获得在政绩排位竞争中取得先机的收益 3，即总获益为 8，而不合作的地方政府的获益则为 0。具体的博弈过程如图 6.3 所示，有四种结果。

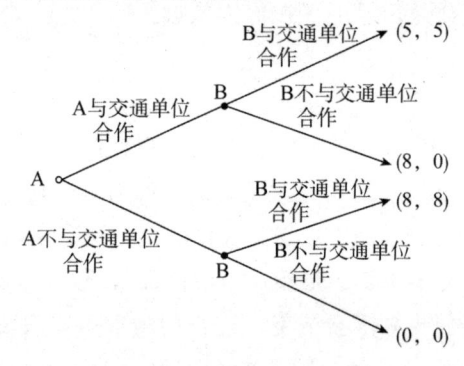

图 6.3 交通设施建设中的地方政府之间的序贯博弈

（1）地方政府 A 与交通单位合作，地方政府 B 也与交通单位合作，则这两个地方政府获得的收益都为 5；

（2）地方政府 A 与交通单位合作，地方政府 B 不与交通单位合作，则 A 获得收益为 8，B 获得收益为 0；

（3）地方政府 A 不与交通单位合作，地方政府 B 与交通单位合作，则 A 获得收益为 0，B 获得收益为 8；

（4）地方政府 A 不与交通单位合作，地方政府 B 也不与交通单位合作，则这两个地方的收益都为 0。

博弈分为两个阶段，时序为：

（1）交通单位向地方政府 A 提出合作，地方政府 A 选择后进入下一阶段；

（2）地方政府 B 在观察到地方政府 A 的行动，并在交通单位向地方政府 B 提出合作时，做出自己的选择。

在交通单位向地方政府 A 表达合作意向时，地方政府 A 会想到如果自己不与交通单位合作，便不会有政绩，也会想到交通单位会继续向地方政府 B 表达合作意向，而如果地方政府 B 接受了合作，则地方政府 B 在政绩排名中就会比自己占得先机，故地方政府 A 为了在晋升竞争中不至于落后，就会选择与交通单位合作。与此同时地方政府可能会忽视：在当地还有比此项交通设施更需要配置公共资源的领域；后续的运营中会出现财务不可持续，地方政府会因此而背负上巨额债务。同理，地方政府 B 也会选择与交通单位合作。故此博弈模型的纳什均衡就是地方政府 A、B 都会与交通单位合作。此模型可以对地方政府的数量进行扩展，用于解释为什么我国的交通产业建设通过"省合作"得到了快速的发展。

通过以上模型的分析我们可以看出来，在权力下放后，地方政府获得了一定的财权和投资决策权，具备了合作的基础。在交通单位所提供的"专项转移支付"资金（大部分来源于银行贷款和发行路债券）的诱惑下，地方政府则不惜大额举债来筹措配套交通建设的资金。然而，地方项目的合理性，在为了政绩"大干快上"的冲动下失去谨慎。这最终使得模型的均衡点落在了地方政府忽视当地需求与相应交通设施建设的合理性或财务的可持续性，一哄而上建交通的结果上。如果要改变博弈的均衡点，就应该改"专项转移支付"为"一般性转移支付"，让地方政府的决策尽量不再过多地受到交通行业主管部门的影响。

6.3.2 出行者出行方式选择行为的重复博弈分析

设有 公共道路资源，假设共有 n 个出行者，每天的策略选择看作每期的博弈，每期他们同时进行出行选择的博弈。在博弈中，出行者可以选择私家车出行或者是公交车出行。设 x 为选择私家车出行的人数比例，则选择公交车出行的人数比例为 $1-x$。其收益分析为：

（1）双方成员均选择公交出行，则双方各自得益为 $R>0$。

（2）一方选择私家车出行，另一方选择公交出行，则选择私家车出行的一方由于乘坐私家车比较舒适将获得超额收益 $d(x)>0$，最后收益为

$R+d(x)$，且 $d'(x)<0$，即选择私家车出行的人数越多获得的超额收益越小；而乘坐公交出行的一方，则由于拥堵时间成本、公交换乘时间成本和公交内拥挤的不舒适遭受损失 $b(x)>0$，获较低的收益 $R-b(x)$，且 $b'(x)<0$，即选择公交车的人数越少乘客的不舒适遭受损失就越小。

(3) 双方成员均选择私家车出行，这势必占用公共资源引起拥堵而遭受一定损失 $e(x)>0$，因此两者均获得收益 $R-e(x)$，且 $e'(x)>0$，即选择私家车出行的人数越多引起拥堵的损失越大。并假定 $b(x)>e(x)$，该不等式意味着当一方选择私家车出行时，另一方选择公交车出行的拥堵时间成本、公交换乘时间成本和公交内拥挤的不舒适成本巨大，获极低的收益 $R-b(x)$，因此每个人都有选择私家车的动机。收益矩阵如表6.12所示。从表6.12的收益矩阵可以知道，在博弈过程中，对参与者1而言，如果参与者2选择公交车，1的占优策略是私家车，因为 $R+d(x)>R$；如果参与者2选择私家车，参与者1的占优策略仍然是私家车，因为 $R-b(x)<R-e(x)$，因此，参与者1的占优策略是（私家车，私家车）。同理可以分析，参与者2的占优策略也是（私家车，私家车），所以可得到该博弈的均衡是（私家车，私家车）。囚徒困境模型向人们说明了集体理性与个人理性之间的矛盾，即使博弈双方都知道（公交车，公交车）对两个人的总收益是最大的，但在个人利益最大化原则下的战略选择结果却使得两个人的总收益最小。

表6.12 出行者出行选择博弈

（参与者1的效用，参与者2的效用）		参与者1的策略	
		公交车	私家车
参与者2的策略	公交车	(R, R)	$(R+b(x), R-b(x))$
	私家车	$(R-b(x), R+b(x))$	$(R-e(x), R-e(x))$

为了走出囚徒困境，可以引入重复博弈。重复博弈是指基本博弈重复进行构成的博弈过程。虽然重复博弈形式上是基本博弈的重复进行，局中人的行为和博弈结果却不一定是基本博弈的简单重复。在重复博弈中每次博弈的条件、规则和内容都是相同的，但由于有一个长期利益的存在，各博弈方在当前阶段的博弈中要考虑到不能引起其他博弈方在后面阶段的对抗、报复或恶性竞争，即不能像在一次性静态博弈中那样毫不顾及其他博弈方的利益。有时，一方做出一种合作的姿态，可能会使其他博弈方在今

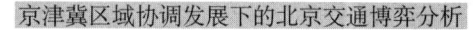

第6章
京津冀区域协调发展下的北京交通博弈分析

后阶段采取合作的态度，从而实现共同的长期利益。因此，重复博弈不能被当作基本博弈的简单叠加，必须作为整体进行研究。重复博弈中，局中人首先试探合作，若对方也合作，则下一阶段博弈中继续合作；而一旦发现对方不合作，则用永远不合作来对其进行惩罚，这样的策略称为触发策略或冷酷策略。

下面考虑表6.12中囚徒困境博弈模型的无限次重复博弈。我们认为都选择公交车参与就是合作，而选择私家车参与就是不合作，设贴现因子为δ，考虑两个局中人的触发策略，如果参与者1在博弈的某个阶段首先选择了"私家车"，他在该阶段得到的收益为$R+d(x)$，但是这种行为会引发参与者2的"永远选择私家车参与"的惩罚，因此，参与者1以后的每个阶段的收益都是$R-e(x)$，所以，只要式（16）成立，给定参与者2没有选择"私家车"，参与者1将不会选择"私家车"。

$$R+d(x)+[R-e(x)]\delta+[R-e(x)]\delta^2+\cdots \leqslant R+R\delta+R\delta^2+\cdots \tag{16}$$

求解式（16）得

$$\delta \geqslant d(x)/[d(x)+e(x)]$$

即当$\delta \geqslant d(x)/[d(x)+e(x)]$时，只要参与者2不会选择"私家车"策略，参与者1将不会选择"私家车"策略，如果博弈重复次数较多，且每个人有足够的耐心，任何短期的机会主义行为的所得都是微不足道的，参与人有积极性为自己建立一个乐于合作的声誉，同时也有积极性惩罚对方的机会主义行为，从而形成能够实现自我实施的制度均衡。

在进行重复博弈时，假设博弈群体中有三种类型的博弈人，博弈参与人的策略选择：第一种为"公交车"（用"G"表示）；第二种采取"触发策略"（用"C"表示）；第三种采取"私家车"策略（用"S"表示）。当博弈参与人"犯错误"时，他的行为会偏离他的策略选择（如选择"公交车"策略的参与者出现选择"私家车"行为），称之为颤抖效应。假设参与人只有在想要选择私家车时才会出现颤抖效应，也就是说，采用"公交车"策略的参与人不会"犯错误"；并假设"犯错误"的参与人会在下次博弈时修正之前所采取的错误策略选择。由于该博弈矩阵为对称的，不妨考虑参与人1的收益情况，参与人2的讨论类似。设一次博弈时，参与人1采取策略i，参与人2采取策略j，其中

$i,j \in \{G,S\}$，参与人1的收益为π_{ij}，则

$$\pi_{GG}=R,\ \pi_{GS}=R-b(x),\ \pi_{SG}=R+d(x),\ \pi_{SS}=R-e(x) \tag{17}$$

设重复博弈时，参与人 1 选择策略 i，参与人 2 选择策略 j 时，V_{ij} 为参与人 1 的总收益，$i, j \in \{G, C, S\}$，通过计算可得重复博弈的收益矩阵如表 6.13 所示。

表 6.13 出行者出行选择博弈

参与者 1 的效用		参与者 1		
		G	C	S
参与者 2	G	$V_{GG} = \pi_{GG}/(1-\delta)$	$V_{GC} = \pi_{GG}/(1-\delta)$	$V_{GS} = \pi_{GS}/(1-\delta)$
	C	$V_{CG} = \pi_{GG}/(1-\delta)$	$V_{CC} = \pi_{GG}/(1-\delta)$	$V_{GS} = \pi_{GS} + \pi_{SS}/(1-\delta)$
	S	$V_{SG} = \pi_{SG}/(1-\delta)$	$V_{SC} = \pi_{SG} + \pi_{SS}/(1-\delta)$	$V_{SS} = \pi_{SS}/(1-\delta)$

当博弈出现"颤抖效应"，选择私家车策略的博弈参与人"犯错误"的概率为 ε 时，由此可以进行新的不确定性重复博弈。结论是上述重复博弈的结果是稳定的，收敛的。

因此，当 x 增大时，$d(x)/[d(x)+e(x)]$ 的值是越来越小的，参与人比较看重未来阶段的收益，$\delta \geqslant d(x)/[d(x)+e(x)]$ 这一条件越易满足，也就是说选择私家车的人数越来越多，导致交通拥挤，使得出行者认识到不能只注重眼前利益，更应该看重未来阶段的利益，从而采取合作方式。关于合作博弈将在下一章进行研究。

6.3.3 京津冀区域实际情形分析

地方政府（北京、天津及河北）与交通单位的序贯博弈导致的结果是北京、天津、河北高速公路非常发达，北京和天津之间有三条高速公路，但是省级公路及高速公路的配套非常不健全，从而导致高速公路在重大节日时拥堵不堪。

新华社北京 2016 年 9 月 30 日专电[①]（记者高亢、陈聪），记者从高德地图获悉，全国多地公安交通管理部门与高德地图近日联合发布了《中国主要城市节假日出行预测报告（2016 年国庆节）》。报告显示，十一假期期间，长途、中短途旅游需求将集中释放，道路交通压力将明显增加，假期首日群众高速公路出行将达到峰值。

报告数据显示，全国各大中型城市及其周边（主要包括京津冀地区、

---

① http://news.hebei.com.cn/system/2016/09/30/017391964.shtml

第 6 章

京津冀区域协调发展下的北京交通博弈分析

长三角地区、珠三角地区、成渝地区）高速公路在十一假期期间都易发生拥堵。全国高速出城高峰预计将从9月30日14:00开始持续至夜间24:00。受高速免费影响，0点将是高速拥堵小高峰，10月1日高速公路大流量将从6:00持续到20:00，其中9:00至12:00为车流量最大。预计4日至6日每日15:00至21:00是入城高峰；10月7日流量将明显少于10月6日。图6.4就是从空中看到的交通拥堵的现象。

图 6.4 空中看交通

根据前文分析，京津冀区域发展很不平衡，北京的软实力和天津、河北的差异较大，区域间产业发展也不平衡，如果按照产业集聚理论，交通的压力将会增加，即河北、天津的资源尤其是劳动力资源和资本资源将进一步流入北京，作为载体，小汽车将会更多地涌入北京。尤其是京津冀区域协调发展的情况，生活便利化，居住工作分开化越来越明显。2014年小汽车平均路桥费为 1 131.12 元，少于 200 元的所占比例最高，达到 23.60%。图 6.5 是年车辆路桥费用信息图[①]。

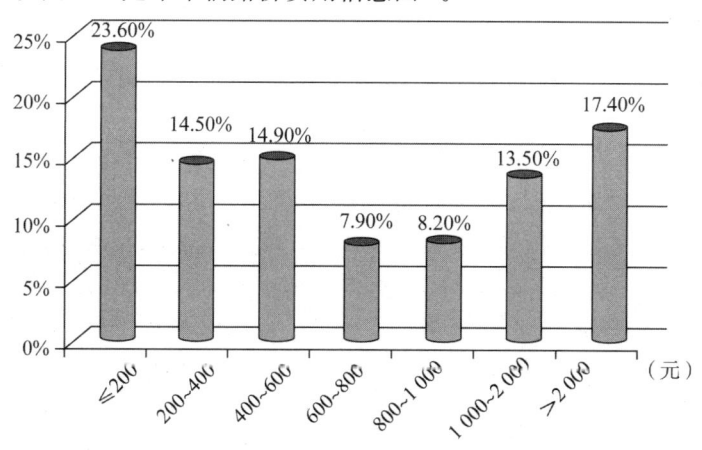

图 6.5 年车辆路桥费用信息图

---

① http://www.bjtrc.org.cn/InfoCenter/NewsAttach/2015 年北京交通发展年报_20160303143117631.pdf.

北京交通博弈
基于京津冀协调发展

从图6.5可以看到，有17.4%左右的车辆频繁进出北京。如果按一周5天，一天10元，一个月4周，一年10月大致计算可以得到，$5\times10\times4\times10=2\,000$。因此这17.4%的车主基本上住在北京的郊区或者河北或者天津。他们进出北京基本上走高速。

高速公路的蓬勃发展得益于政府之间的序贯博弈，高速公路的拥堵仍然受制于政府之间的序贯博弈。

根据京津冀地方政府与交通单位的序贯博弈分析，我们知道，模型的均衡点落在了地方政府忽视当地需求与相应交通设施建设的合理性或财务的可持续性，一哄而上建交通的结果上。其实和高速公路配套的公共基础设施也非常重要，比如停车场的建立，高速公路进出口的设计与规范。如今的高速公路出现拥堵，除了交通事故之外，还由于这些配套设施的缺少，使得车辆只能待在高速公路上，进一步加强了高速公路的拥堵。如果地方政府能够考虑相应交通设施建设的合理性或财务的可持续性，而不是一哄而上建交通，那么高速公路就可以"高速"了。

事实上，由于京津冀区域协调发展，城市居民生活和工作有了更宽的选择，因此，居住工作距离就可能进一步加大。2014年北京常住人口密度为1 311人/平方千米，每平方千米比上年末增加22人。由城区向郊区县人口分布密度呈逐渐下降趋势，人口分布密度增长速度也呈逐渐下降趋势，尤其核心区人口密度增长速度呈现减慢趋势。首都功能核心区的人口平均密度为23 953人/平方千米，每平方千米比上年末增加11人。城市功能拓展区人口平均密度为8 268人/平方千米，每平方千米比上年末增加178人。城市发展新区人口平均密度为1 088人/平方千米，每平方千米比上年末增加21人。生态涵养发展区人口平均密度只有218人/平方千米，每平方千米比上年末增加1人。在各种方式中，轨道交通出行距离最长，其后依次是小汽车、公共汽（电）车、出租汽车、电动车和自行车。六环内各交通方式出行时耗晚高峰略高于早高峰。出行效率方面，小汽车的出行效率最高，其次为轨道交通、出租车、电动自行车、公共汽（电）车、自行车。六环内各种主要交通方式的出行距离、时耗和平均行程速度见表6.14。2014年小汽车平均出行距离达到13.1千米（表6.14）。这些数据表明，私家车车主面临重复博弈的挑战。

第6章 京津冀区域协调发展下的北京交通博弈分析

表6.14　各方式平均出行距离/出行时耗/行程速度

方式	平均出行距离（km）	平均出行时耗（min） 早高峰	平均出行时耗（min） 晚高峰	平均行程速度（km/h） 早高峰	平均行程速度（km/h） 晚高峰
公交汽（电）车	9.8	59.6	65.3	9.9	8.8
轨道交通	17.8	73.6	75.3	15.2	14.2
出租车	8.6	41.3	44.7	11.7	10.1
小汽车	13.1	38.5	46.4	16.0	15.1
自行车	3.1	22.3	24.4	9.3	9.0
电动自行车	4.3	23.4	26.7	10.8	10.1

根据出行者出行方式选择行为的重复博弈分析，私家车车主选择合作才能效用最大化。其实私家车车主也了解这种可能性。图6.6就是私家车车主在高速堵车时合作的一种选择。

图6.6　高速堵车私家车车主打牌

第 7 章
知识文明视角下区域协调发展的北京交通博弈

7.1 知识文明下区域协调发展的空间集聚

空间集聚是现实中最为常见的一种经济现象，对这种现象进行解释是城市和区域经济学研究的核心内容之一。Marshall（1890）[1] 最先系统地阐述了集聚形成的原因，并提出外部经济的概念；Ohlin（1933）[2] 对外部经济的类型进行了研究。Hoover（1936）[3] 在 Ohlin 研究基础上重新定义了引起集聚现象的原因，指出外部经济包括两种类型：地方化经济和城市化经济。对聚集形成原因的探讨从 20 世纪 30 年代一直持续到 20 世纪 70 年

---

[1] Marshall, A.(1890). Principles of Economics (8th edn.) [M]. Macmillan, London, 1920.

[2] 贝蒂尔·俄林(1931). 地区间贸易和国际贸易[M]. 王继祖, 等译. 北京：首都经济贸易大学出版社, 2001.

[3] 克里斯塔勒(1933). 德国南部中心地原理[M]. 常正文, 王兴中, 等译. 北京：商务印书馆, 1997.

第7章
知识文明视角下区域协调发展的北京交通博弈

代,而外部性也被视为破解集聚现象难题的关键因素。随着对外部经济因素研究的深入,研究者们发现,虽然外部经济很好地解释了集聚现象,但又出现了一个新的难题,即外部经济的来源是什么。于是,对聚集形成机制的解释便与引起外部经济的最小微观因素发生联系,同时也为聚集形成机制模型化提供了研究切入点。规模报酬递增与完全竞争市场结构的不相容性,使完全竞争理论无法解释经济活动的空间集聚,迫使研究者改变聚集形成的假设条件,特别是对市场进入条件、规模经济等因素的改变,即在垄断竞争条件下,D−S模型的出现使得对集聚形成机制与路径的探讨成为可能。随后,以Krugman等为代表的新经济地理学派,在D−S框架下对集聚形成机制进行了详细的论述。此外,还有学者从知识溢出的角度、中间产品、搜寻成本、劳动力供需匹配等方面说明集聚形成的机理。可以说,上述研究在一定程度上打开了外部性的"黑箱",但未完全解开。

古典区位论在分析微观主体的区位选择时,更多地关注选址行为与影响选址的因素。在区位论中,集聚经济成为影响区位选择的重要因素(Weber,1909)[1],而对于"怎样集聚"这一问题,除了探讨Marshall给予的原因外,古典区位理论没能给出更令人信服的解释。

20世纪70年代后期的研究中,虽然各学派从不同角度建立模型探索集聚形成的机制,但"集聚发生在哪里"的问题仍然没有得到解决。对于"怎样聚集"以及"哪里聚集"这两个难题,作为区域经济学基础理论的区位理论也未能提供令人满意的答案。虽然如此,但Hotelling(1929)[2]模型的出现,又为这两个难题的解决提供了一丝希望。

因此,工业文明下区域协调发展的结果是产业聚集、要素聚集、知识聚集等进而空间聚集,因为这符合规模经济和专业分工的基本要求。产业聚集、要素聚集等空间聚集的必然后果是交通拥堵,因此要破解交通拥堵首先从理论上说明在知识文明下区域协调发展空间不再聚集。

7.1.1 空间聚集的霍特林模型

集聚作为地表空间中一种特殊现象,被纳入经济学研究领域的历史已久。特别是在Marshall的论著出现后,集聚现象便成为区位理论研究的重

---

[1] A. 韦伯(1909). 工业区位论[M]. 李刚剑,等译. 北京:商务印书馆,1997.
[2] Hotelling, H. Stability in Competition [J]. Economic Journal, 1929, 39 (153): 41−57.

要议题。在 Thünen (1842)[①] 的农业区位论中，城市作为集聚的结果是事先给定的。Thünen 在此基础上详细论述农业如何围绕城市进行布局；在 Weber (1909) 工业区位论中，集聚首先被视为一种影响企业区位选择的因素，而关于集聚产生的原因，Weber 是基于 Marshall 分析基础上给出的。Christaller (1933)[②] 的研究虽未探讨集聚形成原因等问题，但其理论包含区位主体间相互影响的内容，对古典区位理论的发展做出了重要贡献。Losch (1943)[③] 对于集聚现象的解释与马歇尔等人给出的解释有所不同：在 Losch 的市场区位论中，更侧重于研究经济区，并提出"区位均衡"的概念，并且市场区位论假设——企业的区位必须这样的多，以致整个空间被占用，而空间填满后的现象即为空间集聚。随后，Hoover (1937, 1971)[④] 的研究虽然对集聚现象做了更为详细的研究工作，但对集聚形成原因的解释同样是以"外部性"为基础给出的。至此，在 20 世纪 80 年代以前，经济学者对集聚现象的解释只停留在文字解读上。在 80 年代后，随着数理工具在经济学领域的广泛应用，部分学者找到一条可以将外部性进行模型化而对集聚形成原因进行解释的路径，其中最具代表性的是以 Krugman、Fujita 等人为代表的新经济地理学派，特别是核心边缘、自有资本、资本创造、全局和局部溢出等模型从不同角度对产业集聚、转移等现象进行深入分析。

集聚形成的原因是多方面的，而以新经济地理学派为代表的学者也正是在这种考虑下，不断放松经济模型的假设条件，并试图不断加入影响集聚形成的因素。然而，这种努力依旧不能完全解释集聚形成机制的问题，并且，对"哪里集聚"的问题依然不能给出令人满意的答案。"哪里集聚"的问题又使得区位选择理论与集聚交织在一起，成为区位理论研究所要面临的又一难题。

关于在哪里集聚的问题，经典的 Launhardt-Weber 模型只是指出集聚应该发生在成本最小化的地点，而这个成本最小的地点可能会有很多。

[①] 杜能 (1842). 孤立国同农业和国民经济的关系 [M]. 吴衡康，译. 北京：商务印书馆，1997.

[②] 克里斯塔勒 (1933). 德国南部中心地原理 [M]. 常正文，王兴中，等译. 北京：商务印书馆，1997.

[③] 奥古斯特·勒施 (1943). 经济空间秩序 [M]. 王守礼，译. 北京：商务印书馆，1995.

[④] 埃德加·胡佛 (1975). 区域经济学导论 [M]. 王翼龙，译. 北京：商务印书馆，1990.

第7章

知识文明视角下区域协调发展的北京交通博弈

Weber（1909）指出，集聚发生在哪个地点是历史性或偶然性因素决定的。Losch（1943）同样用偶然性来解释"哪里集聚"问题。

新经济地理学派虽然较好地解释了集聚形成机制的问题，但 Krugman（1991）[1] 依然用偶然性来解释"哪里集聚"。另外，有些学者以 Hotelling（1929）模型为基础，从区位主体的角度出发，试图破解"集聚在哪里"的问题，可以说，在比较强的假设条件下 Hotelling 模型可以做出有效的解释。这些模型还包括：空间垄断模型（Smithies，1941；Heffley，1980）、空间卖方双寡头垄断（Gabszwicz and Thisse，1986）、空间寡头垄断（Ohta，1980）。然而，上述 Hotelling 及其拓展模型虽然考虑了不同的市场结构以及不同的定价方式，但均质空间背景下消费者均匀分布且只生产一种同质产品的假设条件过于严格，限制了 Hotelling 模型进一步发展，且只研究企业间竞争而未考虑企业间合作问题，也使 Hotelling 模型离现实情况越来越远。区位选择行为除了受多区位因素（自然、社会、经济等）影响之外，还与区位选择主体有着密切关系。在 Launhardt（1882）、Weber（1909）等学者的理论中，主要是研究单主体在多区位因素影响下如何布局的问题。虽然 Losch 的研究涉及多主体，但其没有深入拓展。

可以说，从区位选择角度探讨主体经济行为的众多研究中，Hotelling 及其拓展模型为聚集形成及哪里聚集等问题的解决提供了较为新颖的思路。

目前，可将 Hotelling 模型拓展的角度归纳为两个方面：一是企业间关系由竞争变为合作，并延续先前学者运用博弈分析的思想，深化其研究；二是从不同主体间相互作用的角度出发，改变原来关于消费者效用及产品同质的假设（Eaton and Lipsey，1979；Stahl，1987；Wolinsky，1983）。国内学者中唐茂华和陈柳钦（2007）[2]、盛科荣和樊杰（2010）[3] 即在消费者效用为 C—D 形式及两种产品的假设下对企业选址进行了研究。

因此，霍特林模型是研究空间集聚的基本模型，下面对此简要介绍。

在一条长为 x 的线性城市中均匀分布着一些消费者，同时有两个厂商，假设两厂商的产品是同质的，价格外生给定为 p，消费者只购买单位产品，另外，运输成本是消费者到厂商距离的线性函数并且单位运输成本

---

[1] 保罗·克鲁格曼（1991）. 地理和贸易 [M]. 张兆杰，译. 北京：北京大学出版社，2000.
[2] 唐茂华，陈柳钦. 从区位选择到空间集聚的逻辑演绎 [J]. 财经科学，2007（3）.
[3] 盛科荣，樊杰. 范围经济与商业企业地理集群 [J]. 经济地理，2010（4）.

为 1，所以每一个理性的消费者都会去离自己更近的厂商那里购买，而对于厂商而言就是在该线性城市上选择一个对自己有利的位置，以最大化其需求，因为每个厂商所面对的需求等于购买其商品的顾客的数量。如图 7.1 所示，假设厂商 1 位于距左端点 a 的地方，厂商 2 位于距右端点 b 的地方，且 a 在 b 的左边。显然，在厂商 1 左边的消费者肯定会去厂商 1 购买，在厂商 2 右边的消费者肯定去厂商 2 购买。关于在 a 和 b 之间的这段，距厂商 1 近的去厂商 1 购买，距厂商 2 近的去厂商 2 购买，随着从城市两边向中间逼近，最后总有一位消费者去厂商 1 购买和去厂商 2 购买是无差异的，假设此消费者位于 m 点，于是就有下面几个方程：

```
         a              b
  |------|------|-------|------|
  0    厂商1    m      厂商2
```

图 7.1　线性城市中两厂商的定位

$D_1 = m$，$D_2 = x - m$，且 $m - a = x - b - m$

因此，$D_1 = (a + x - b) / 2$，$D_2 = (b + x - a) / 2$

所以厂商 1 面临的需求为 $(a + x - b) / 2$，又因为 $dD_1/da = 0.5 > 0$，所以厂商 1 的需求函数是 a 的增函数，因此，厂商 1 为了获得更大的市场份额会不断地增大 a 的值，即不停地向右移动。同理厂商 2 为了获得更大的市场份额，会不断地增大 b 的值，即向左移动，最后在 $a = b = 0.5x$ 处达到均衡，且是唯一的均衡，也就是说两厂商平分整个市场，且都把位置定在线性城市的中心位置。

D'Aspremont，Gabsezwicz 和 Thisse（1979）[①] 延续 Hotelling 模型的框架与构想进行探讨，得出的结论为：第一，D'Aspremont 等认为，当诸厂商在线性城市中进行竞争时，如果两家厂商坐落于这一线性城市中心的地点（但不是同一地点）的话，就可能不会存在纯战略价格纳什均衡，从而将会使得两厂商的利润为零，也即出现了"伯川德"（Bertand）悖论，故最小差异化原则不成立。第二，若把 Hotelling 模型中的一次函数换成运输成本的二次函数，就得到了相反的结论，即厂商会分布在市场端点，也就是两厂商会选择最大差异化原则。

[①]　D'Aspremont C，Gabsezwicz J，Thisse J. On Hotelling' "Stability in Competition" [J]. Ecinimetrica，1979（47）：1145—1150.

第 7 章
知识文明视角下区域协调发展的北京交通博弈

Economides（1986）[①]同样在 Hotelling 模型的基础上，把运输成本函数改为距离的 a 次方，a 在 1 和 2 之间，最后的结论为：当 a 位于某个小区间时才存在子博弈均衡解。

此后，很多学者对 Hotelling 模型又进行了进一步的推广分析，既有横向差异化方向的拓展，也有纵向差异化方面的拓展，比如，Tyagi（2000）[②]探讨了在生产成本不同的情况下两厂商顺序进入市场的定位选择模型。此外 Kats（1995）[③]在其文章中用一个圆周来替代线性城市，这样改进后的模型就有了纯策略子博弈完美均衡，即厂商等间距地定位在圆周上。另外还有 Perloff（1985）[④]、Eaton 和 Wooders（1985）[⑤]、Economides（1986[⑥]，1989[⑦]），Jehiel（1992）[⑧]，Berry（1994）[⑨][⑩]，Baker（1995）[⑪]等对产品不同质的问题进行了研究，把 Hotelling 模型运用到了纵向差异化之中。

7.1.2　知识文明下的博弈

从上面对空间集聚的经济学理论分析可以看到，作为基本模型的霍特

[①] Economidea N. Minimal and Maximal Droduct Differention in Hotelling' duopoly [J]. Economics Letters，1986（61）：67—71.

[②] Tyagi，R. K. Sequential Product Positioning under Differential Costs [J]. Management Sciecce，2000，46（7）：928—940.

[③] Kats，Amoz. More on Hotelling's Stability in Competition [J]. International Journal of Aindustrial Organization，1995，13（1）：89—93.

[④] Perloff，J. and Solop，S. Equilibrium with Product Differentiation [J]. The Review of Economic Studies，1985，52（25）：107—120.

[⑤] Eaton，B. C.，Lipsey，R. G. Product Differentiation Hangbook of Industrial Organization [J]. Amsterdam：North Holland，1989：723—768.

[⑥] Economides，N. Minimal and Maximal Producet Differentiation in Hotelling's Duopoly [J]. Economic Letter，1986，21（3）：67—71.

[⑦] Economides，N. Symmetric Equilibrium Existence and Optimality in Differentiated Product Markets [J]. Journal of Economic Theory，1989，47（16）：178—194.

[⑧] Jehiel，P. Product Differentiation and Price Collusion [J]. International Journal of Industrial organization. 1992，10（5）：633—641.

[⑨] Berry，S. T. Estimating Discrete Choice Models of Product Differentiation [J]. Rand Journal Economics，1994，25（9）：242—262.

[⑩] Berry，S. T. Levinsohn，J. and Pakes，A. Automobile Prices in Market Equilibrium [J]. Econometrica，1995，63（4）：841—890.

[⑪] Baker，J. Product Differentiation through Space and Time [J]. Antitrust Bulletion，1995，42（8）：177—196.

林模型以及后续的研究都是围绕产品的差异性或者区域地理的特殊性来展开的。

产品通常存在多方面的差异,如横向差异等。产品在颜色、品牌、销售地点等方面存在的差异称为横向差异。横向产品差异化是指生产者通过选择不同的产品定位或不同的产品品牌等向市场提供异质的产品。学者对成本差异时的Hotelling模型进行了讨论。

但是这一模型是基于工业文明的,具体来说它存在五个假设前提,这些假设前提分别是:企业的有限性、交通成本的差异性、企业供给的差异化、交通工具的非机动化以及生活的休闲。这五个假设前提在工业文明时代是满足的,但是到了知识文明时代,这五个假设前提已经失去了意义。具体论述如下:

(1)企业的有限性。不论是生产企业还是营销型企业,在工业文明时代,都是实体经济,因而必然占用一定的空间,而占用空间本身就是企业的成本,因而在一定的需求量下,企业的数量是有限的。但是到了知识文明时代,线下交易变成线上交易,实体店变成虚拟店,而虚拟店的开设基本不需要占用空间,因此有多少需求就可以开设多少店。企业在知识文明时代,其数量不再受到空间的限制。这种假设前提的放弃,Hotelling模型就失去了价值。再考虑图7.1,厂商1的左边有可能存在新的厂商3,而厂商2的右边有可能存在厂商4,如果厂商1按照交通成本向右移动,那么它就会失去左边的客户,厂商2如果向左边移动,那么它就会失去右边的客户,因此,从这个意义上说空间的差异不会引起企业空间的聚集。表7.1是阿里巴巴公司业绩[①],从表7.1可以看到,阿里巴巴年活跃买家3亿以上,移动月活跃用户发展很快,由2014年的2亿发展到2016年的4亿多。如果是实体经济,这需要多大的空间。

---

① http://baike.baidu.com/link?url＝M5URZ6VWFDSCGpjnNSsfNIvlLrUhGyGVqg4hnHmY_Rn3U4EJIT2C_QqBFjdAVVoG_mAGnivTIDkB－dye_CQCeaMGXmGDWOOKSF_E-3K3nYQJyjpyNT3YS70BWRCx5BlkabgtJZ6p2Ia24lTB7cxXXbn2iHuOCvh_qfaliGWjil2K_v_vSiacoW_i_－aocIhhdEDANRx2vOoZ8knRgG7rCqKtHzj8_yWnlnE7gb51－QYw3VY3pMgQ23O0lh2mGdbRu♯3_1.

第7章

知识文明视角下区域协调发展的北京交通博弈

表7.1 阿里巴巴公司业绩

年度	季度	淘宝交易额（亿元）	天猫交易额（亿元）	年活跃买家（亿人）	移动月活跃用户（亿人）
2016	第二季度	5 080	3 290	4.34	4.27
	第一季度	4 490	2 930	4.23	4.1
2015	第四季度	5 630	4 010	4.07	3.93
	第三季度	4 380	2 750	3.86	3.46
	第二季度	4 270	2 460	3.67	3.07
	第一季度	3 810	2 190	3.5	2.89
2014	第四季度	4 940	2 930	3.34	2.65
	第三季度	3 798.32	1 758.34	3.07	2.17
2014年9月19日在纽约交易所挂牌上市					

(2) 交通成本的差异性。在工业文明时代，交通成本具有显著的差异性。比如我们国家的改革开放是从沿海开始的，到今天为止，我国东部地区的经济发展比西部地区要好，区域的软实力也是东部地区好于西部地区。从表6.5可以看到，东部地区基本上都在第1、2类，而西部地区基本上都在第3类；从区域差异性上（表6.6）可以看到，无论APM还是ATM，沿海地区和内陆地区都存在很大的差异。其原因就在于海运成本较低，陆运成本较高，而高速陆运成本更高，穿越高山等的交通成本更加高。交通成本的差异性导致企业选址的集聚性。而在知识文明时代，虚拟经济天然具有零距离无成本的属性，就是一些实体经济其面临的交通成本也和工业文明时代有所不同，比如高速公路的大量出现，高速列车的出现，这些不仅将交通成本降低，而且由于运输的时间短，导致其时间成本反而比海运少。中国古代的京杭大运河成为游览河而不再是运河就是这个原因。事实上，在北京和在内蒙古，内蒙古企业生产的牛奶价格基本上是一样的，就说明了交通成本差异性在知识文明时代逐渐不显著了。在Hotelling模型及其后续的研究中，都要界定单位运输成本，比如原始的Hotelling模型，假定单位运输成本为1，而在知识文明时代，如果单位运输成本足够小，那么由于空间差异带来的成本差异就可以忽略不计，那么由于Hotelling模型而带来的空间集聚就不存在了。表7.2是不同地区大白菜的价格，可以看到区域价格差异和交通成本的差异无关。比如北京新发地的大白菜价格在表7.2中几乎最低，但是北京的大白菜多数都是从外地运输过来的。

表 7.2　全国各地大白菜价格

产品	市场	最低价	最高价	平均价	时间
大白菜	青岛黄河路农产品批发市场	¥0.80	¥1.20	¥1.00	2016-09-26
大白菜	江西永丰县农产品批发中心市场	¥0.00	¥0.00	¥1.60	2016-09-26
大白菜	北京新发地批发市场	¥0.45	¥0.60	¥0.52	2016-09-26
大白菜	四川广安市邻水县农产品交易中心	¥0.00	¥0.00	¥1.40	2016-09-26
大白菜	新疆乌鲁木齐凌庆蔬菜果品有限公司	¥0.50	¥0.50	¥0.50	2016-09-26
大白菜	山西晋城绿欣农产品批发市场	¥0.50	¥0.60	¥0.55	2016-09-26
大白菜	哈尔滨哈达农副产品股份有限公司	¥0.40	¥0.65	¥0.52	2016-09-26
大白菜	山东淄博市鲁中蔬菜批发市场			¥0.60	2016-09-26
大白菜	天津市金钟蔬菜批发市场	¥0.50	¥1.00	¥0.70	2016-09-26
大白菜	江苏宜兴蔬菜副食品批发市场	¥0.80	¥1.00	¥0.90	2016-09-26
大白菜	山东济南七里堡蔬菜综合批发市场	¥0.80	¥1.00	¥0.90	2016-09-26
大白菜	河北馆陶金凤禽蛋批发市场	¥0.50	¥0.70	¥0.60	2016-09-26
大白菜	河南商丘市农产品中心批发市场	¥0.55	¥0.65	¥0.65	2016-09-26
大白菜	青岛城阳蔬菜水产品批发市场	¥0.50	¥2.00	¥0.90	2016-09-26
大白菜	甘肃陇西清吉洋芋批发市场	¥0.65	¥1.80	¥1.50	2016-09-26
大白菜	通海县金山蒸发批发市场	¥0.22	¥0.80	¥0.30	2016-09-26
大白菜	安徽六安市裕安区紫竹林农产品批发市场	¥0.75	¥0.90	¥0.85	2016-09-26
大白菜	徐州七里沟农副产品中心批发市场	¥0.60	¥0.90	¥0.75	2016-09-26
大白菜	宁夏银川北环蔬菜果品综合批发市场	¥0.44	¥0.80	¥0.50	2016-09-26
大白菜	石家庄桥西蔬菜中心批发市场	¥0.50	¥0.70	¥0.60	2016-09-26
大白菜	红星实业集团有限公司红星农副产品批发市场	¥1.10	¥1.30	¥1.20	2016-09-26
大白菜	武汉武商皇经堂农副产品批发市场	¥1.30	¥1.50	¥1.40	2016-09-26
大白菜	浙江省嘉善县浙北果蔬批发交易中心	¥1.10	¥1.40	¥1.25	2016-09-26
大白菜	包头市友谊蔬菜批发市场	¥1.00	¥1.00	¥1.00	2016-09-26

第7章
知识文明视角下区域协调发展的北京交通博弈

（3）企业供给的差异化。在工业文明时代，按照产业组织理论，产品差异是市场结构的一个主要要素，企业控制市场的程度取决于它们使自己的产品差异化的成功程度。除了完全竞争市场（产品同质）和寡头垄断市场（产品单一）以外，通常产品差异是普遍存在的。企业对于那些与其他产品存在差异的产品拥有绝对的垄断权，这种垄断权构筑了其他企业进入该市场或行业的壁垒，形成竞争优势。同时，企业在形成产品实体的要素上或在提供产品过程中，造成足以区别于其他同类产品以吸引购买者的特殊性，从而导致消费者的偏好和忠诚。这样，产品差异化不仅迫使外部进入者耗费巨资去征服现有客户的忠实性而由此造成某种障碍，而且又在同一市场上使本企业与其他企业区别开来，以产品差异为基础争夺市场竞争的有利地位。因此，产品差异化对于企业的营销活动具有重要意义。产品差异化分为垂直差异化（vertical differentiation）和水平差异化（horizontal differentiation）。垂直差异化是指生产出比竞争对手更好的产品；水平差异化是生产出与竞争对手具有不同特性的产品。而在现实生活中，通过垂直差异化和水平差异化两种手段交替使用而成功地推出自己的品牌的例子不胜枚举。产品有差异，顾客就需要了解这种差异化，最直接的了解就是到店体会，因而这种差异化必然带来客户的交通成本。工业时代的产品差异化，本质上是企业供给的差异化。触动用户的痛点，最好的方式就是对用户的需求"量身定制"。

定制在工业时代以前属于"高大上"，一般都和"皇家"这个词沾边。工业化的快速发展，商品的同质化越来越严重，比如在服装行业，同样的衣服贴牌不同价格就有天壤之别，企业为了拼品牌，不惜花费大量的广告费、推广费。到了互联网时代，营销更重视用户的需求，而且企业可以直接和用户对话，那么，传统的"品牌"之争变成了差异化的竞争，差异化的优势在于一方面让企业产品与众不同，另一方面也满足现代人个性化的需求。美国最新预测的"改变未来的十大技术"中，"个性定制"被排在首位，其市场地位越来越被人们认可，定制消费在西方国家已被人们广泛接受，并已形成了成熟、稳定的供需链条。而随着"互联网+"的大势所趋，如何在互联网上找到商机，"定制"成了最热的词汇之一，定制的范围包罗万象，在已较为熟悉的定制服装、礼品之外，定制蔬果、定制旅行、量肤定制等全新概念的产品和服务，正以不可思议的速度与形态走进人们的生活，为人们带来不可思议的惊喜。定制不仅满足了人们衣食住行各方面的基本需求，更开创性地"无缝"满足了人们追求品质、强调个性的内心渴望与美好愿景。

在"互联网+"的推动下，各行各业正在迎来互联网、移动互联网的热潮，互联网时代，信息越来越对称了，个人定制的区域会越来越广，占据八成以上的互联网用户对产品的选择更加理智化、个性化。也许个人定制比工业产品的价格要高一些，但是，年轻人的消费观念更趋向于"定制"，定制可以不便宜，但是通过定制可以知道为什么贵，贵在哪儿，这么做值不值，面对精明的消费者，定制是满足他们个性化需求最好的方式之一，同时也是企业追求差异化的必然。

在知识文明时代，人们不去产业集聚区选购商品，而是通过资讯了解自己对产品的需求。这样的话，产业集聚就失去了客户的规模效应。

交通需求就因此发生变化。

（4）交通工具的非机动化。在工业文明时代的早期，尽管小汽车已经盛行，但人们的设计仍然基于非机动车。比如市中心商业区，扎群的产业聚集，都是建立在自行车时代或者步行时代。在那个年代，由于交通工具的非机动化，人们的消费出行半径很小，因而产业要聚集，劳动要素要聚集，信息要聚集。而交通工具机动化了，情况就发生了变化。有车族说，汽车给他们生活带来的最直接变化是"活动范围扩大了，生活更加多彩"。诚然，随着汽车进入越来越多的普通家庭，人们的生活也逐渐进入并适应了"车轮节奏"，汽车消费市场应运而生。从销售到保养，从维修到"美容"，每个环节都吸引着大批商户……可以说，汽车消费在改变人们生活的同时，也在带动着城市相关产业的发展，使之亮点纷呈、时尚味渐浓。但是在工业文明时代，修车经历中"发愁""担忧""麻烦"成为被提及较多的词语。"那时候，最怕汽车坏在市区以外，自己动手非常麻烦，如果是配件损坏就更无助了……"现年55岁的陈平贵曾是一家单位的轿车司机，当年他的汽车后备厢中常放着一张叠好的大帆布，一旦车辆出现问题就把它铺在车身底下，自己仰面躺在帆布上，用各种工具展开忙碌的修理工作。"有时一忙就是六七个小时，还不一定能修好。"陈平贵说。而到知识文明时代，汽车首先是故障率比以前小，很少能见到坏在路上的车辆，即便出现故障，不少品牌4S店都提供"救援"服务，一个电话就能解决好多问题，再也不用躺在车下忙碌了。引擎牵动着人们的生活，也牵动着用车品质的提升。部分市民会选择去汽车租赁店租车出游，现在许多汽租

第7章
知识文明视角下区域协调发展的北京交通博弈

公司都实现了连锁经营,异地还车非常便利,省却了顾客的时间和精力。汽车租赁业的蓬勃发展,不仅反映出人们对汽车使用需求的提升,也折射出部分顾客理性的消费观。不少人平时并不需要私家车代步,只有节假日或特殊情况下才有用车需求,买辆私家车显然不划算,租车成为不错的选择。

  轿车对现代城市化与工业化发展的另一个积极的作用是,它拓展了城市的生产和生活的空间。轿车进入家庭使传统的城市工业生产与城市生活在空间上的分离成为可能,工业生产区和城市生活区的相对分离,解决了对城市生活区污染的压力。西方发达国家轿车在城市化过程中的作用值得我们借鉴。自19世纪40年代以来,随着轿车普及,在纽约、芝加哥、东京、巴黎等国际大都市,通过将传统城市中的产业、医院、文教等机构大规模地迁往大城市边缘地带,很好地解决了城区过密、郊区过疏、环境污染、人口过度密集和交通拥挤等"大城市病",实现了大城市与中小城市的优势互补和集聚效应,为大都市可持续发展走出了一条成功的道路。总结发达国家大都市发展战略的历史进程,我们发现这样一些共性经验:通勤方式的多样化与高效化,铁路、公共电汽车、小汽车,成为人口扩散与重新聚集的驱动力与物质保障。特别是小汽车大规模进入家庭,大大地增加了人们自由选择工作与生活场所的范围、方式与速度。同时,城市中心区经过人口与产业外迁,实现了产业结构的调整,高耗能、高污染、高噪音的工业企业迁出城区,就业结构也随之改变。城市中心区的黄金地段更多地留给了金融、保险、证券、贸易、展览、商业等第三产业部门,也因此推动了城市产业结构的升级。

  出行半径加大,人们对于空间的敏感性也就变小了。因而空间集聚从主观上就不再是那么重要了。在Hotelling模型中,如果是机动车,这么小的距离应该可以忽略不计吧。

  (5) 生活的休闲。工业文明时代,由于工作繁忙,时间紧张,另外,其他休闲活动也非常缺少,因而人们的主要休闲活动就是去逛商店,因而商店的位置就非常重要。知识文明时代,人们有多种休闲方式,既有虚拟的电视网络,也有实际的小区社区活动场所,因而小区商店休闲成为一种选择。

  综合以上,我们看到基于工业文明时代的空间积聚的理论基础已经动摇，图 7.2 所示的中国网络购物规模①更加说明这一点。

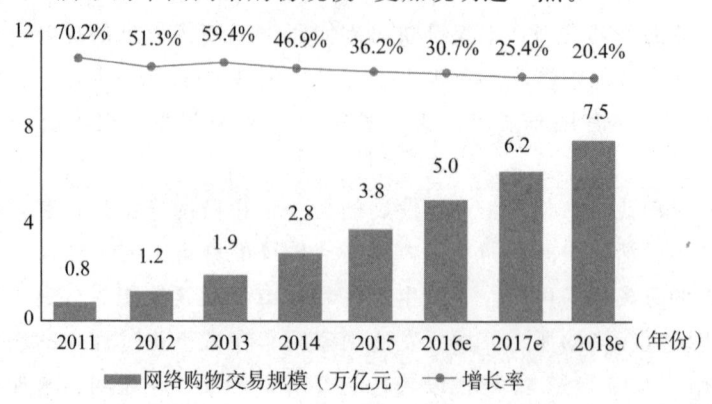

图 7.2 2011—2018 年中国网络购物规模

上述数据②显示，2015 年中国网络购物市场交易规模达 3.8 万亿元，同比增长 36.2%；根据国家统计局发布的数据显示，2015 年我国社会消费品零售总额达到 30.1 万亿元，网络购物在社会消费品零售总额中的占比为 12.6%，较 2014 年提高 2%。网络购物行业发展日益成熟，各家电商企业除了继续不断扩充品类、优化物流及售后服务外，也在积极发展跨境网购、下沉渠道发展农村电商。在综合电商格局已定的情况下，一些企业瞄准母婴、医疗、家装等垂直电商领域深耕，这些将成为网络购物市场发展新的促进点。2015 年中国网络购物市场中 B2C 市场交易规模为 2.0 万亿元，在中国整体网络购物市场交易规模中的占比达到 51.9%，较 2014 年的 45.2% 提高 6.7 个百分点，年度占比首次超过 C2C；从增速来看，2015 年 B2C 网络购物市场增长 56.6%，远超 C2C 市场 19.5% 的增速。本年度 B2C 市场占比反超 C2C 后，B2C 市场占比仍将持续增加。随着网购市场的成熟，产品品质及服务水平逐渐成为影响用户网购决策的重要原因，未来这一诉求将推动 B2C 市场继续高速发展，成为网购行业的主要推动力。而 C2C 市场具有市场体量大、品类齐全的特征，未来也仍有一定的增长空间。

那么新的基于知识文明的区域经济理论应该是空间集散理论。

上面的分析已经表明，空间积聚的理论基础已经动摇，因而使空间分散；但是知识文明是在工业文明的基础上，工业化的生产还是重要的基

---

① http://www.askci.com/news/hlw/20160510/1016407947.shtml.
② http://www.askci.com/news/hlw/20160510/1016407947_2.shtml.

第7章
知识文明视角下区域协调发展的北京交通博弈

础,因而生产的集中性仍然是必要的,只不过对地理位置的敏感度已经下降,而其他方面的产业需要分散,只有这样才能符合知识文明的产业要求。

7.1.3　基于空间集散的京津冀区域产业、政府布局分析

基于空间集散的区域经济发展理论,我们可以大致设计京津冀区域产业布局。

依据国家提出的京津冀产业升级转移的具体方案[①]即按照市场主导、政府引导、资源互惠、功能互补和融合互动的原则,从全国生产力整体布局出发,明确三省市产业发展定位,理顺产业发展链条,加快产业转型升级,推动产业转移对接,打造立足区域、面向全国、辐射全球的优势产业聚集区。国家提出,要按照京津冀区域整体功能定位和三省市具体的功能定位,合理规划产业布局,着力理顺产业发展链条,优化产业结构,形成区域间产业合理分布和上下游联动机制。

具体来说,北京应优化三产结构,发挥科技创新中心作用,突出高端化、服务化、积聚化、融合化、低碳化,大力发展服务经济、知识经济和绿色经济,加快构建高精尖经济结构。实际上,北京的高精尖经济结构已经凸显。根据北京市统计局、国家统计局北京调查总队2015年8月4日发布的最新数据,上半年北京第三产业实现增加值8 557.8亿元,占地区生产总值的比重为80.9%,对北京市经济增长的贡献率达88.1%。金融业等六大高端产业功能区规模以上第三产业占全市规模以上第三产业收入的比重为44.6%。

天津应优化发展高端装备、电子信息等先进制造业,大力发展航空航天、生物医药和节能环保等战略性新兴产业和金融、航运物流、服务外包等现代服务业,打造全国先进制造研发基地和生产性服务业集聚区。2015年7月27日,天津市长办公会上天津提出实现5个重点突破。其中,一个重点突破是要着力提高先进制造研发水平。天津要瞄准世界先进水平打造

---

① 世纪经济报道,2015年8月6日。

高端产业集群，推进工业化与信息化深度融合，构建产业创新研究中心等新型研发平台。

河北积极承接首都产业功能转移和京津科技成果转化，改造提升传统优势企业，推动产业转型升级，大力发展先进制造业、现代服务业和战略性新兴产业，建设新型工业化基地和产业转型升级试验区。

"三产"的深度协作如下：

首先，在制造业方面，瞄准国际前沿技术和产业发展趋势，依托北京科技资源优势和津冀先进制造业基础，优化产业布局，完善产业链条，打造产业集群，在河北曹妃甸和天津南港建设世界一流石化基地，在河北黄骅地区建设华北重要的合成材料和装备制造基地，在天津临港经济区建设高端装备制造产业基地，鼓励冀津钢铁企业绿色减量重组。在战略性新兴产业方面，要大力发展电子信息、生物医药、航空航天、新能源、新材料和节能环保等产业，天津和河北要加强与首都高校、科研机构合作，促进产业孵化转化。

其次，在服务业方面，国家将强化北京金融管理、天津金融创新运营和河北金融后台服务功能，建设一批枢纽型物流产业聚集区，打造具有国际水准的商务服务机构。建立京津冀"大旅游"格局，发展生产性服务业。

再次，在农业方面，加快建设环京津蔬菜基地、奶源生产和肉类供应基地，共建菜篮子产品生产基地、绿色食品生产加工物流基地，加快构建环京津1小时鲜活农产品物流圈，发展京津都市现代农业和河北高产、高效生态农业。

以天津和河北为主要承接地，以重大产业基地和特色产业园区为平台，重点承接信息技术、装备制造、金融后台、商贸物流、文化创意、教育培训、健康养老、体育休闲八大产业。

河北省在产业协同发展率先突破方面已经取得了阶段性进展，北京现代汽车沧州工厂、首钢二期、张北云计算基地、渤海新区生物医药产业园等一批转移承接重点项目正有序实施[①]。

工信部与河北省联合制定了《2015京津冀产业转移系列对接活动方案》，河北省将面向京津，组织生物医药、高端装备制造暨新能源汽车、

---

① 世纪经济报道，2015年8月6日。

第 7 章

知识文明视角下区域协调发展的北京交通博弈

新一代信息技术、资源综合利用新技术新产品、新材料、高分辨率对地观测、轻纺食品、曹妃甸区和渤海新区等 9 场专项对接活动。

产业的集散，将从需求方面减少北京等空间积聚的交通出行压力。

在政府布局方面，北京市政府整体迁往通州是空间集散理论的政府电子布局第一步，这一步其实是试探空间集散下政府电子化能否正常。将来天津市政府、河北省政府都将进行基于空间集散性的改革。中央人民政府也将基于空间集散理论进行改革。政务的集散化也将从需求方面减少北京等空间积聚的交通出行压力。

根据《2015年北京交通发展年报》[①]，2014 年居民出行入户调查得到的出行目的构成细化见图 7.3。刚性出行（上下班、上下学、接送人）仍是居民主要的日常出行目的，六环内通勤类出行占出行总量比例为 57.1%，购物、娱乐等生活类出行为 41.5%。

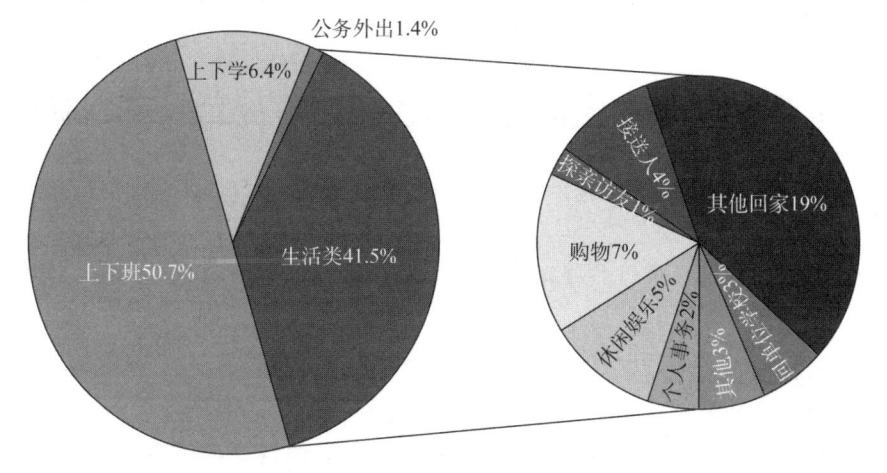

图 7.3　2014 年居民出行目的构成

而产业的集散，将有效地对刚性需求产生影响，而这一部分占的比例高达 57.1%。

政府办公的集散，将对公务外出产生影响。公务外出在出行总量中的比例不是很高，但是由于其出行的任性（交通拥堵不但不扣钱，而且还有交通补助）和在年行驶里程方面公务车比私家车高出 26.05%（见表 7.3），减少公务车出行将对减少交通拥堵起到非常重要的作用。

---

① http://www.bjtrc.org.cn/JGJS.aspx?id=5.2&Menu=GZCG.

表 7.3 车辆每年行驶里程统计表（小样本调查）

项目	调查样本数（辆）	每年行驶平均里程（千米/年）
公务车	66	14 244
私家车	934	11 301
调查样本	1 000	11 495

7.2 北京交通出行的不完全信息动态博弈——精炼贝叶斯纳什均衡

7.2.1 不完全信息动态博弈——精炼贝叶斯纳什均衡

不完全信息是指自然首先选择参与人的类型，参与人自己知道，其他参与人不知道。

动态博弈是指行动有先有后，后行动者能观测到先行动者的行动，但不能观测到其类型。

但是，参与人是类型依存型的，每个参与人的行动都传递有关自己类型的信息，后行动者可以通过观察先行动者的行动来推断自己的最优行动。先行动者预测到自己的行动被后行动者利用，就会设法传递对自己最有利的信息。不完全信息动态博弈过程不仅是参与人选择行动的过程，而且是参与人不断修正信念的过程。

精炼贝叶斯均衡是泽尔腾不完全信息动态博弈子博弈精炼纳什均衡与海萨尼不完全信息静态博弈贝叶斯均衡的结合。

黔之驴即驴虎博弈就是不完全信息动态博弈：老虎通过不断试探来修正对毛驴的看法，每一步行动都是给定它的信念下最优的，毛驴也是如此。最终老虎将毛驴吃掉。

完全信息动态博弈中引入了子博弈精炼纳什均衡的概念，剔除那些不

第7章
知识文明视角下区域协调发展的北京交通博弈

可置信的威胁。

以公司的老板和员工布置工作任务为例（图 7.4）。老板可以有选择布置或者不布置，如果选择不布置，则动态博弈结束，收益为（0，0）。如果老板布置工作任务，员工可以选择做或者不做，如果选择做，则动态博弈结束，收益为（5，5）；如果员工选择不做，则收益分别为（0，10）。这时候，在不考虑其他约束的情形下，员工给老板会做工作任务的承诺是"不可信的"；为了解决不可信的承诺：在考虑会对员工进行惩罚的情况下，如果员工不做任务，老板可以选择是否惩罚，如果惩罚，则收益分别为（0，-5），如果不惩罚，则收益依然为（0，10），此时员工会知道老板一定会选择惩罚，而会选择做工作任务。

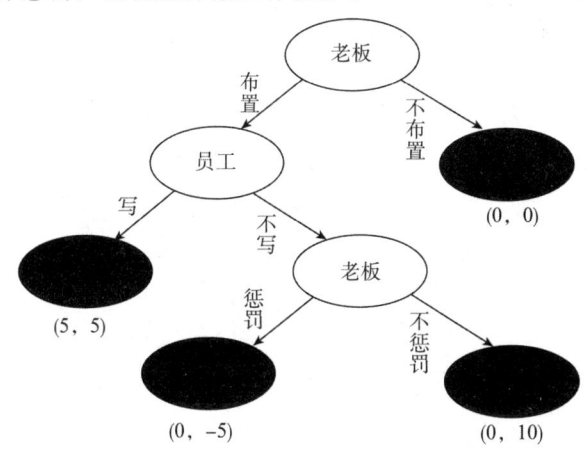

图 7.4 公司老板和员工的博弈

7.2.2 私家车车主出行违反交通法律法规的博弈

数据显示[①]，武汉 2013 年 1 月至 2014 年 1 月，除去因道路施工、车流量大等必然因素引起的堵塞报警量上升外，车损交通事故引发交通堵塞报警共计 12 761 起，仍占堵塞报警量的 23.7%，其中 5 月、8 月比例最高，高达 32.7%，最低的 12 月也有 13.4%。统计期间，因车损交通事故引发的交通堵塞报警月均千起左右。

事实上，在日常的交通出行中，经常出现私家车车主违反交通法规的情况。比如 2015 年 5 月 3 日 14 时 20 分许，在成都市三环路娇子立交桥

---

① http://inf.315che.com/n/2014_03/431821/.

下，一辆"大众"轿车上的驾驶员张某（男，33 岁，成都市人），因行车纠纷，对另一辆"现代"轿车上的驾驶员卢某（女，28 岁，营山县人）进行殴打，性质恶劣。经审查，张某因涉嫌寻衅滋事，锦江公安分局依法对其进行刑事拘留[①]。我们还原一下当时的场景：

5 月 3 日 14 时 12 分（行车记录仪显示时间，下同），在航天立交到娇子立交三环主道三圣乡出口附近，男司机张某驾驶车辆从成渝立交往航天立交行驶。其间，可以听到车内有小孩及女子说话的声音。当车辆驶过航天立交时，张某一直处于从左往右第三车道。14 时 12 分 44 秒，驾驶车辆并处于第二车道的卢女士，打起右侧转向灯向张某所在的第三车道变道，并从张某车辆前方穿过，随后继续穿过第四车道经"三圣乡出口"驶出三环主道进入辅道。变道过程中，张某曾长按喇叭，其车头险与卢女士车辆追尾。接着，张某在同一出口驶出三环主道进入辅道。而后，张某驾车加速，与本处于前方的卢女士车辆平行，并向外侧转向，将卢女士车辆别到辅道第三车道外。随后张某超车前行，将卢女士甩在后方。14 时 13 分 30 秒至 35 秒，在娇子立交三环辅道，张某的车在正常行驶中。14 时 13 分 30 秒时，张某车辆突然从辅道第三车道偏离至非机动车道（辅道最右侧）。而在同一时间，卢女士车辆则在张某车辆左侧出现并行驶在从右往左第二车道。而后，张某从卢女士车后方变道，行驶到卢女士汽车左侧。这时，卢女士则也向左打方向盘，张某顺势向左偏。14 时 13 分 35 秒到 40 秒，两车几乎呈"S"形并排向前行驶。14 时 14 分 23 秒，张某将车子向左转向，最后停车，卢女士也被逼停。而后，张某打开车门下了车。14 时 14 分 25 秒，张某突然将内侧红色轿车的车门拉开，并迅速将女司机强行拉了出来，并将女司机甩在地上，画面中女司机身上的物品掉落了一地，男子跟着上前猛打女子头部。这一拳打脚踢的过程（整个监控视频 35 秒，其中男子施暴的过程约 20 秒），恰巧被路过的另外一辆汽车上的车载记录仪拍了下来。其间，张某与围观者打了起来，一出租车司机被螺丝刀戳伤。

这种场景并不少见，那么私家车车主为什么敢违反交通法规？这涉及不完全信息动态博弈。

如果存在一种交通法规 A（比如并线要求），私家车和它的博弈如表 7.4。

---

① http://news.mydrivers.com/1/423/423576.htm.

第 7 章

知识文明视角下区域协调发展的北京交通博弈

表 7.4 交规博弈

效用		私家车车主	
		不违反 A	违反 A
交通主管部门	不惩罚	(0, 0)	(2, −2)
	惩罚	(−2, 2)	(0, 0)

从表 7.4 可以看到，私家车车主有两项策略，不违反 A 和违反 A。交通主管部门也有两项策略，惩罚和不惩罚。如果私家车车主不违反 A，主管部门不惩罚，私家车车主的收益是 0，主管部门的收益也是 0；如果私家车车主不违反 A，主管部门惩罚，私家车车主的收益是 −2，主管部门的收益是 2，当然这种情况不应该发生，但是在现实中也有这样的例子；私家车车主违反 A，主管部门不惩罚，私家车车主获得了收益，比如时间成本减少了，假定收益是 2，主管部门由于没有能够严格执法，导致信用受损，假定收益是 −2；私家车车主违反 A，主管部门惩罚，私家车车主节省了时间成本但是受到了处罚，假定两者一致，收益是 0，主管部门由于严格执法，不但信用收益，而且实际收益，假定收益是 2。那么私家车的策略违反 A 是占优策略，交通主管部门的惩罚是不可置信的，因而私家车车主愿意选择违法违规。

如果私家车车主违反 A，接受的处罚远远大于其收益，那么上述的博弈结果就不是原来的结果了，而是不违反 A。我们现有的交通法规处罚中不但有罚分的，而且罚钱，罚分的必定罚钱，罚钱的不一定罚分。这样的设置一方面使交通主管部门有实际的收益，因而有积极性进行处罚，同时也使私家车车主不敢违反交通法规。比如车辆逆行，罚 3 分，罚 200 元。200 元的值远远超过私家车节省的时间成本价值，因而对私家车车主的行为选择有制约作用。

但是，我们看到，即使有摄像抓拍，私家车车主仍然有违反的行为。其实摄像抓拍就是使交通法规可以置信。否则，由于无法取证，很难对私家车车主的违法违规做出处罚。

目前有效的交通处罚基本上不能解决交通拥堵，这涉及交通执法部门及其相关方的博弈。

交通执法部门也有一些利益相关方。这些利益相关方和交通法规的严厉执行之间存在博弈。仍然以法规 A（此时可以以 APP 提供商提供的快速

223

交通事故处理软件，即交通 APP）为例。

在事故发生后，此路段横截面行车速度缓慢，车辆集中在发生地点的 120 米范围内，交通堵塞，观察实际通行能力的折线图图 7.5[①]，发现曲线似波形在稳定的范围内进行波动，基本通行能力是 1 800 pcu/h，而发生事故后，该路段的通行能力下降了约 100~200 pcu/h，平均下降 150 pcu/h。

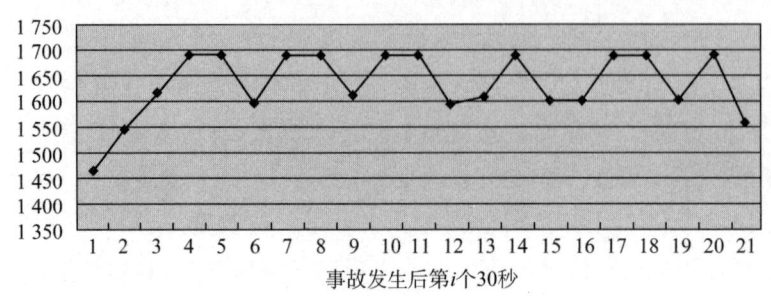

图 7.5　速度与实际通行能力折线图

在事故持续时间中，事故路段的通行能力在明显下降后又出现较稳定的波动，并且成一定的周期性，而交通流在交叉路口产生的这个周期性的变化受上游控制信号灯的影响，当路口为红灯时，事故路段交通压力较小，车辆没有形成排队，道路通行能力较强；当路口变为绿灯后，大量车辆进入事发路段，在被占用车道行驶的汽车需要并入可通行道路，因此造成道路秩序混乱，车流量增大，从而导致道路通行能力下降。如果道路通行能力过低则将导致排队队伍过长，就会影响下一红绿灯周期的通行。

显然，交通事故处理越快，交通恢复越快。交通 APP 的初衷是由于城市道路具有交通流密度大、连续性强等特点，一条车道被占用，就可能降低路段所有车道的通行能力，即使占道时间短，也可能引起车辆排队，导致交通阻塞，如果处理不当，甚至会造成区域性拥堵。

但是事实上由于利益相关方的博弈，交通 APP 的应用受到一定的影响。比如天津每年发生的交通事故中，七成以上是可以自行协商、快速处理的。然而，交管部门最新统计数字表明，仍有近四成的轻微交通事故没有实行"私了"[②]。

下面以一般的不完全信息博弈分析私家车车主和代表路权的交通主管

---

① 程望斌，等. 交通事故影响下事发路段通行能力变化分析 [J]. 湖南理工学院学报（自然科学版），2013，26（4）.

② http：//www.enorth.com.cn，2014－02－12，09：29.

第7章
知识文明视角下区域协调发展的北京交通博弈

部门的博弈。

假定有一私家车车主 A，A 有两种策略，正常出行，不违反交通法规；不正常出行，违反交通法规。交通主管部门 B 也有两种策略，处罚和不处罚。假定交通主管部门执法公正，不存在其他利益相关方。但是交通主管部门的处罚依据是 A 的违法事实，而 A 的违法事实需要视频或者照片，视频或者照片的存在，只有 B 知道，A 不知道。那么其博弈过程如表 7.5 和表 7.6。对于表 7.5，纳什均衡为 {违反，不处罚}，因为没有证据，所以私家车车主的占优策略是违反。对于表 7.6，由于有证据，因而如果出现有违反而交通主管部不处罚的，交通主管部门受到的处罚很大，同样如果出现没有违反而进行处罚 A 的，交通主管部门受到的处罚也很大。这样的纳什均衡是 {违反，处罚}。对于私家车车主，不知道证据存在的概率，因而是不完全信息博弈。由于是不完全信息博弈，多数私家车车主选择保守策略，即采取不违反交通法规。但是在现实社会，由于利益相关方的存在，导致信息由不完全到完全信息，此时我们可以看到私家车车主就有选择违反交通法规的可能性。

表 7.5 无证据的交规博弈

效用		私家车车主	
		不违反	违反
交通主管部门	不惩罚	(0, 0)	(2, 0)
	惩罚	(0, 0)	(0, 0)

表 7.6 有证据的交规博弈

效用		私家车车主	
		不违反	违反
交通主管部门	不惩罚	(0, 0)	(2, −9)
	惩罚	(−2, −8)	(−2, 2)

这种博弈告诉我们，为了减少交通违法违规的行为，制定交规时必须可以置信，同时尽量信息不完全。

7.3 知识文明视角下区域协调发展的北京交通合作博弈

7.3.1 合作博弈

博弈根据是否可以达成具有约束力的协议分为合作博弈和非合作博弈。

合作博弈研究人们达成合作时如何分配合作得到的收益,即收益分配问题。合作博弈采取的是一种合作的方式,或者说是一种妥协。妥协其所以能够增进妥协双方的利益以及整个社会的利益,就是因为合作博弈能够产生一种合作剩余。这种剩余就是从这种关系和方式中产生出来的,且以此为限。至于合作剩余在博弈各方之间如何分配,取决于博弈各方的力量对比和技巧运用。因此,妥协必须经过博弈各方的讨价还价,达成共识,进行合作。在这里,合作剩余的分配既是妥协的结果,又是达成妥协的条件。合作博弈强调的团体理性(collective rationality),是效率、公平、公正;合作博弈存在的两个基本条件:①对联盟来说,整体收益大于其每个成员单独经营时的收益之和。②对联盟内部而言,应存在具有帕累托改进性质的分配规则,即每个成员都能获得比不加入联盟时多一些的收益。

如何保证实现和满足这些条件,这是由合作博弈的本质特点决定的,也就是说,联盟内部成员之间的信息是可以互相交换的,所达成的协议必须强制执行。这些与非合作的策略型博弈中的每个局中人独立决策、没有义务去执行某种共同协议等特点形成了鲜明的对比。从现实的社会经济生活中还可以看出,能够使合作存在、巩固和发展的一个关键性因素是可转移支付(收益)的存在。即按某种分配原则,可在联盟内部成员间重新配置资源、分配收益。这就必然包含了内部成员 i 和 j 之间的利益调整和转移支付。因此,可转移支付函数的存在,是合作博弈研究的一个基本前提条件。

现有研究主要从非合作博弈和进化博弈角度对拥堵效应进行研究,而从合作博弈角度进行的相关研究相对较少。

从本书前面的多次博弈结果来看,必须进行合作才能体现知识文明时代的特征,才能彻底解决北京交通拥堵。这种合作主要体现在如下方面。

7.3.2 信息合作与博弈

目前,交通设施大量建设,北京市已经拥有路网运行监测与智能化分析平台、城市轨道交通客流仿真平台、交通领域节能减排统计与监测平台、交通运输行业综合统计平台、公交客流监测系统、公交车辆智能化运营调度系统、公交信息资源管理平台、途经首都政治中心区公交车辆安保监控系统、公众出行信息服务相关系统、无线地磁车辆监测系统等交通信息系统。下面从中选取两个进行介绍。

路网运行监测与智能化分析平台是集动态运行数据采集、运行评价和规律挖掘、发展趋势预测为一体,以服务政府科学决策、服务市民智能化出行为目的的综合信息化系统。其建设目标是:综合交通行业各类信息资源,包括道路交通基础数据、公共交通数据、交通调查数据和各类辅助决策数据,通过专题分析(包括道路运行、公交运行、长途客运等)和综合分析,实现对北京市交通系统运行的实时监测、运行状况的全面诊断、发展趋势的预测分析。2014年,北京市交通运行监测与智能化分析平台升级改造项目在原系统的基础上,一方面,对系统整体进行基于云计算全新技术架构的升级改造,另一方面,新增北京新城城区以及与中心城区联络线的运行监测与集成分析,对全市拥堵态势进行自动模式提取识别与预警研判,另外重点加入公交运行监测数据源,研究北京市公交运行评价体系,并进一步综合社会车辆与公交运行的联合诊断分析,对北京市的排堵保畅工作提供决策支持依据。

途经首都政治中心区公交车辆安保监控系统。该系统建设内容包括:在途经首都政治中心的79条公交线路、2 771辆公交车上安装视频监控探头13 562个和相应配套设施;对公交集团图像管理中心和分控中心进行扩容;完善与北京市公交总队、市交通委等主管单位的图像信息共享机制并进行配套设施建设。2014年,完成了项目软件平台开发和部署工作,实现图像实时回传功能,实现与市交通委和公交总队的图像共享功能,完成项目2 771辆公交车布线和摄像头安装工作,其中100辆公交车完成视频监控设备主机安装和调试工作,为保障APEC会议的顺利进行提供了有力支持。

另外还有公安系统的数据采集系统。

面对如此庞大的数据系统，政府部门往往采取大数据分析，而忽略与具体的私家车车主的信息合作。尤其是在危机传播中更需要信息合作。

对突发交通事故的不同阶段进行观察会发现，舆情信息在突发事件不同阶段具有不同的特点。比如，交通事故事发阶段，由于与事件相关的情况还不明朗，通常会出现大量失真的猜疑类信息；事中阶段，应急工作已经有序展开，此时，互联网上出现的舆情通常以质疑类信息为主，从各个方面对应急工作，包括信息发布、抢险救援以及事件原因等进行质疑；而到了事后阶段，由于事件基本上已经尘埃落定，造成事件发生的原因也已经水落石出，此时的舆情信息就以批判类的信息为主，对交通管理中存在的问题进行批评。

突发交通事故不同阶段不同的舆情特点，要求在进行危机传播时对信息进行更加精细化的研判，并有针对性地进行信息发布。比如，在事发初期，力争在第一时间发布事件基本信息，还原事实真相，并不断发布后续信息，通过权威信息发布避免谣言四起、人心惶惶。事中阶段，针对社会对应急工作方方面面的质疑和监督，实事求是地面对，认认真真地回应，及时澄清那些似是而非的传言，对于确实存在的问题，一定要承认，并给出解决方案，承诺尽快落实。而到了事后的恢复重建阶段，针对来自社会各方面的批判信息，一定要对舆论和民意表现出诚恳态度，认真进行反思，以此为戒，不断改进工作，同时，要逐步减少信息释放的数量，降低信息发布的频率，逐渐使舆情回到正常的状态上来。

信息对冲是危机传播中舆论博弈的一个基本思维方式，也是进行信息博弈的一种主要能力，对冲能力体现在有策略地进行信息释放上，通过形成信息对冲的效果，减少或消解负面信息形成的舆论压力。

提供事实是信息对冲。这与约翰·密尔所说的"观点的自由市场"有异曲同工之处。约翰·密尔认为，在观点的自由市场上，让真理和谎言自由去竞争，最终真理会胜出。而在突发事件舆论场上，通过提供事实信息去与谎言对冲，毫无疑问，事实会胜出。但是，并不是所有的信息都适合发布，有时候，要不要发布信息，会成为一件很难做出决断的事情。这种情况，考验的正是政府的舆论博弈能力。首先，公布不公布，取决于政府对信息有多大程度的掌握，在没有确切掌握信息的情况下，确实不能公布，这一点，与满足公众知情权并不矛盾。因此，在决定是否公布之前，必须对信息进行核实。其次，在掌握了准确信息后，需要对舆情反应进行预判,如果发布不至于引起失控,就及时准确发布,如果可能引起失控,则应该提供抚慰信息和对冲信息。

信息博弈的结果必然是次优选择,因此,交通事故的信息传播,既要迅速,而且要有序;不是要更充分,而是要更慎重;不是要更有技巧,而是要更有策略。可以在对事情有一定掌握的情况下发布信息,但要有策略,按时间线有序释放信息,调控公众预期和柔化相关信息释放可能产生的心理冲击。通过信息博弈控制社会和公众情绪,使公众安全渡过情绪敏感期,防止出现情绪失控。但需要注意的是,敏感问题可以提供模糊性信息,但不可以传播虚假信息,更不可以否认政府应知信息的存在。

如果说通过信息研判能够了解舆情发生发展的规律,通过信息对冲能够最大限度减轻负面舆情的不良后果,那么,信息阐释,则要通过信息释放,引导公众认同自己的观点,接受自己的主张,支持自己的做法。信息阐释,就是要将自己的思想装进别人的脑袋之中,必定是一件十分艰难的事情。在某些情形下,也许政府释放的信息并不能完全说服公众,但是,在泥沙俱下、鱼龙混杂的突发事件舆论场中,公众往往会出现无从判定的情况,觉得舆情的质疑批评有理,但政府的解释也有几分道理,在这种情况下,舆论压力已经大为减轻,为从根本上解决问题赢得了时间。所以提供观点是一种信息阐释。

马克·吐温曾经说过,"当真相还在穿鞋的时候,谣言就已经跑遍半个地球了。"在这个互联网技术发展日新月异,公众知情权、监督权意识日益高涨的年代,危机传播中的舆论引导面临着更加严峻的挑战,因此,一定要树立信息博弈意识,提高信息博弈能力,唯其如此,才能取得良好的危机传播效果。

7.3.3 收益分享

信息合作是利益分享的前提,如果没有信息合作,就谈不上利益分享。因而利益信息就可能是假的。

在表 6.12 的博弈中,随着选择私家车的人数越来越多,导致交通拥挤使得出行者认识到不能只注重眼前利益,更应该看重未来阶段的利益,从而采取合作方式。其实我们不一定要梦想放在未来,现实只要实现利益共享,就可以实现合作博弈。

我们仍然以表 6.12 为例。只是我们假定一方选择私家车时必须交纳一

定的费用 C（可以作为拥堵费等），这笔费用完全奖励坐公交车的私家车车主（这种奖励可以用免费停车，免费修理等）。但是为了保证道路的利用效率，我们在私家车车主都选择公交车时不能给予任何奖励，换句话说，从交通拥堵收取的费用必须返还给交通的参与者，同时不能另外支出给交通贡献的奖励。其他假定和表 6.12 相同。新的博弈见表 7.7。

表 7.7 出行者出行选择博弈

(参与者1的效用, 参与者2的效用)		参与者1的策略	
^^	^^	公交车	私家车
参与者2 的策略	公交车	(R, R)	$(R+b(x)-C, R-b(x)+C)$
^^	私家车	$(R-b(x)+C, R+b(x)-C)$	$(R-e(x)-C, R-e(x)-C)$

首先，如果 C 大于 b，那么上述博弈的结果是双方都乘坐公交车。

其次，如果 C 大于 $(b-e)/2$，那么上述博弈的结果是一方乘坐公交车，一方开私家车。

再次，如果，C 小于 $(b-e)/2$，那么上述博弈的结果是双方都开私家车。

因此 C 必须在公交内拥挤的不舒适遭受损失 b 和其与双方成员均选择私家车出行引起拥堵而遭受一定损失的差的一半之间时，可以实现两位私家车车主，一位开私家车，一位坐公交车。

第8章 面向私家车车主的城市公共交通系统设计研究

8.1 引言

在历经三十余年的改革开放后,2010年中国成为世界第二大经济体[1];且世界银行指出中国在2009年至2013年,人均GDP为6 188美元,属于中高等收入国家[2]。与此同时,中国正处于城市化的加速推进时期。人均GDP的快速攀升,正在推动城市高收入群体的形成、发展及壮大;城市化的持续推进,则引致了这一群体对私家车出行的需求。而城市"职住分离"的客观实际(郑思齐等,2010),进一步提升了这一群体对私家车的刚性需求。换言之,正是主客观原因的不断融合,在共同推动着中国城市

---

[1] 常红. 2010年中国GDP超过日本成为世界第二大经济体[N/OL]. http://politics.people.com.cn/GB/1026/13594169.html,(2014-4-5).

[2] 世界银行. 人均GDP(现价美元)[DB/OL]. http://data.worldbank.org.cn/indicator/NY.GDP.PCAP.CD; 中国 [DB/OL]. http://data.worldbank.org.cn/country/china,(2014-4-5).

私家车车主群体的不断壮大。

2013年度，中国民用汽车保有量达到13 741万辆（包括三轮汽车和低速货车1 058万辆），比上年末增长13.7%，其中私人汽车保有量10 892万辆，增长17.0%。民用轿车保有量7 126万辆，增长19.0%，其中私人轿车6 410万辆，增长20.8%。按照国际通用的每百户家庭拥有20辆汽车或者每千人汽车拥有量在60辆以上的标准，中国已进入了汽车社会并跨入了历史上从未有过的"私家车时代"（胡润州，2012）。但是，中国城市道路建设发展速度却明显滞后于汽车发展速度。从2000年到2010年，中国城市道路总长度增长率为84%，而中国汽车保有量增长率达到386%，两者增长率相差悬殊，道路供不应求必然导致车路矛盾（王佳等，2012），进而导致城市交通拥堵及尾气污染严重。而且，城市交通拥堵，已经从京、沪、穗等一线城市向二、三线城市快速蔓延，并普遍成为困扰中国城市发展的难题（郭继孚等，2011；钟培武，2012）。

为解决城市交通拥堵，中国当前交通管理倾向于"堵"的解决方式，如限牌、限停、限行，而较少从城市居民的实际出发进行交通需求诱导或引导（钟培武，2012）。以"堵"治"堵"的方式，只能在短期内解决表征的城市交通拥堵，但是不可能成为破解城市交通拥堵的长久之计。

中国原本的公共交通系统，主要是为无车居民设计的，而并没有单独针对私家车车主而设计。郑思齐等（2010）调研发现，舒适程度偏低（过于拥挤）、等待时间过长以及就近换乘不便（倒车不方便），成为居民不选择公共交通出行的三个主要原因。在重视消费体验的21世纪，当中国快速进入"私家车时代"，而公共交通系统却依旧停留在服务无车居民时，为追求舒适快捷的出行需求，众多的私家车车主就倾向于自驾出行；但是，如果大多数私家车车主均如此选择，那么城市交通拥堵就不可避免了，而且还会导致尾气污染严重等其他社会问题。而这实际上就体现了"公共地悲剧"（Garrett Hardin，1968）的思想，即在面对公共资源时，个人理性与集体理性是相互冲突的。

根据曼瑟尔·奥尔森（1980）的见解，解决个人理性与集体理性相互冲突的办法，是采取独立且选择的激励，以驱使潜在集团中的理性个体采取有利于集团的行动。据此，中国政府可根据私家车车主的出行需求，设计与之适应的以提供换乘激励为目标的公共交通系统，从而使公共交通方式成为满足其效用最大化的出行方式。郑思齐等（2010）调研表明，有63.1%的私家车出行者会在公共交通更为便捷的情况下，选择公共交通上下班；其中，当公共交通较私家车节约时间在15分钟以内、15~30分钟和 30~45 分钟时，分别有 23.6%、25.9% 和 13.6% 的私家车出行者转而选择公共交通上下班。而罗群等（2011）则通过博弈模型，得出私家车车主对公共交通与私家车的选择并不是一成不变的，而是博弈各方在长期模仿、学习及调整过程中，逐渐形成一个选择公共交通与私家车的人数间的适当比例，最终这个比例会使博弈各方的满意度达到最大化。上述两位学者的研究，在一定程度上，意味着存在一个设计以提供换乘激励来实现私家车车主换乘（清洁）出行并进而缓解城市交通拥堵为目标的公共交通系统的可能性。

8.2　文献回顾

8.2.1　私家车出行的趋势及弊端

私家车出行的趋势，源于社会进步、自驾优势、城区布局及居民偏好等因素。钟培武（2012）认为随着社会的发展，居民出行对舒适、快捷与方便的要求越来越高，对机动车的依赖程度大大增强，城市居民出行方式中私家车出行的比例迅速上升，私家车进入家庭已是大势所趋。王小广（2011）则指出居民倾向使用私家车的原因在于其直达性更强及可根据交通状况选择具体路线。Cao Xiaoshu 等（2009）通过问卷调查，发现在中国城市，城市布局特征和居民偏好，是影响其自驾与否的关键因素。就居民偏好，贾腾等（2011）提出中国私家车消费，带有明显的炫耀身份、地位或经济实力，以引起他人羡慕、尊敬和嫉妒的凡勃伦效应。

但是，私家车出行的趋势，不可避免地造成了一些弊端。如钟培武（2012）认为私家车的出行方式导致了城市交通出行结构呈现不合理性的局面，增强了对城市路网资源的高消耗和占用，动态上造成城市车均道路面积始终处于负增长状态，而无论道路等基础设施如何拓宽或重建，日益增加的私家车都使得城市道路产生拥堵，并变得日益严重。而胡润州（2012）则进一步指出私家车为中国城市和广大市民带来了"交通拥堵"这一最为棘手的社会难题，让广大市民饱受交通拥堵之苦及由此诱发的空气质量恶化、能源短缺、车祸频发等问题的伤害。

8.2.2 缓解城市交通拥堵的三种观点

1. 使用拥堵费等限制政策以约束私家车出行

众多学者将研究聚焦在以限制私家车出行的政策,来解决城市交通拥堵。而在限制私家车出行政策中,拥堵费又是许多学者研究的领域。如唐毓敏等(2008)提出在高峰时段收取拥挤费可以有效改变收费道路出行者的行为,并有助于合理消除主干道拥挤以及充分利用路网资源;但是拥挤收费也可能引起拥挤路段的转移,故建议相关政策的制定应围绕如何使出行者减少出行,并鼓励人们采用减弱拥挤外效应的方式出行。Yu (Marco) Nie 等(2010)证明了当出行者的时间价值函数为凹函数时,自负盈亏的帕累托改进型拥堵收费机制总会存在,并进一步指出,或许需要外部补贴来确保帕累托改进。而 André de Palma 等(2011)认为拥堵费的收取需因时因地因车制宜,并提出最优电子收费技术的选择需来源于具体的实践。Feng Xiao(2013)等将早高峰期间的通勤者分为代表性通勤者及非代表性通勤者,并基于此建立了可交易的交通出行权市场;他们假定在交通出行权市场里,每个通勤者最初拥有一致的交通出行权,但是在早高峰期间的不同时段内出行,需支付不同的交通出行权,并进而设计了与通勤者时间同增且凸的最优出行权收取标准,以此来管理城市交通拥堵。

2. 公共交通及其相关系统的优化设计

为缓解城市交通拥堵,部分学者立足于私家车出行的替代方,即公共交通及其相关系统的优化设计,并主要有以下三个方面的观点。

(1) 公共交通的收费设计

有学者认为,合宜的公共交通收费设计,会有效地缓解城市交通拥堵。如秦华容等(2013)提出设计一个合适的、足够高的轨道交通票价水平。该票价正好可以将一般性的乘客留置在地面常规公交,从而保持轨道交通的舒适性;同时,该票价又低于自驾出行的成本水平,从而以舒适性及价格优势诱导私家车车主放弃自驾而选择轨道交通出行。若再辅以其他"内在化"小汽车使用成本的政策,自驾出行的人将明显减少,而地面小汽车流量减少后,城市交通拥堵状况将得到有效的缓解。

(2) 公共交通的高新科技应用

在科学技术日新月异的时代,不少学者考虑到公共交通的高新科技应用,是缓解城市交通拥堵的有效路径。如 W. Wen(2008)通过模拟分析,认为动态自动的交通指示灯控制系统可以有效缓解城市交通拥堵,并指出系统可以通过控制信号灯的时间来改善交通状况。Ramon Bauza 等

(2010)基于智能交通系统的使用费用较高且提供信息较为有限的现状,设计了立足于汽车间信息交流及模糊逻辑的交通合作的观测拥堵技术,并指明其可以准确观测交通拥堵密度及长度。Alex A. Kurzhanskiy 等(2010)则通过潜在动态交通模型,说明了积极交通管理具有动态管理常态及非常态交通拥堵的功能,并指出获取及分析交通测量数据、模拟各种情境及控制策略、执行最佳控制策略和维护快速决策支持系统是其重要方面,而可支持不同情境的及时可信的交通模拟器是其根本手段。

(3) 城市布局

相关学者根据案例,认为合理的城市布局,将有效缓解城市交通拥堵。如 Loo Lee Sim(2001)等以新加坡为案例,认为城市布局、土地合理使用、交通规划及需求管理等要素综合运用的土地交通政策是缓解城市交通拥堵的成功之道,并进一步指出区域中心对 CBD 的替代,将有效减少自驾的工作出行,并进而减少商务类活动造成的交通拥堵。

3. 限制私家车出行与发展公共交通相结合

面对城市交通拥堵愈演愈烈的情形,部分学者综合了前两种观点,认为应结合限制私家车出行政策与发展公共交通政策,来解决城市交通拥堵。

如欧国立(2009)强调需要通过经济手段对私人交通需求进行管理,并指出这种管理手段包括收取交通拥堵费、提高中心区域的停车收费及收取小汽车牌照税等;且政府应当进一步加大在公共交通方面的投资比例,高度重视换乘枢纽在城市交通中的重要意义,加大不同交通方式综合性换乘枢纽的规划和建设,重视大容量、快速便捷的公共交通方式,特别是城市轨道交通和 BRT 的建设,使城市交通依靠集体理性并建立在公共交通强有力的发展和支撑基础上。王昌干(2011)认为低票价与高档舒适的城市公共交通,是引导人们主动放弃私家车出行的"推进剂";并指出政府应该进行制度设计,通过提高私家车消费税率、增加城市停车位使用费、开征城市拥堵费等措施,促使人们履行使用城市公共道路"特权"时所应遵循的"等价交换"原则。赵蕾(2013)认为对于发展中国家而言,由于受到经济发展水平等多方面的条件限制,适宜将纯限制性方案作为治理城市交通拥堵的切入点,而收费性方案则应等待时机和条件成熟后再予推行,而二者发挥效用的必要条件与共同前提是城市交通外延支撑体系的基本完善。

8.2.3 综合述评

综上,第一种观点代表的是以"堵"治"堵"的观点,即以增加私家车出行成本的方式来限制其出行，并进而缓解城市交通拥堵；第二种观点代表的是以"替"治"堵"的观点，即通过优化设计公共交通及其相关系统的方法，来缓解城市交通拥堵；第三种观点代表的是"替""堵"结合的观点，即以限制私家车出行与发展公共交通相结合，来缓解城市交通拥堵。

以"堵"治"堵"，不能完全解决城市交通拥堵，比如历史上，鲧就采取类似的方式治水，劳苦十年而无果；限制私家车出行政策，如果不能有效消除私家车出行的交通需求，那么城市交通拥堵就似潜伏的洪水，随时都有可能爆发。以"替"治"堵"，也不能完全解决城市交通拥堵，因为其没有充分考虑私家车车主的出行效用，故私家车车主未必会使用政府提供的公共交通系统。而"替""堵"结合的观点，笔者是部分赞同的，并将其进一步拓展为"疏""堵"结合。"疏"是指在充分考虑私家车车主出行的交通需求的前提下，设计并建设面向私家车车主的公共交通系统，以最大化私家车车主的出行效用；而"堵"不仅是限制私家车出行的应急性政策，也更应是全国性的规范私家车出行的法律法规的完善。故"堵"可视作为保障"疏"而进行的"河道"建设。限于篇幅，本章将重点研究以缓解乃至解决城市交通拥堵为目标的"疏"，并从建立私家车车主出行效用模型着手分析。

8.3　私家车车主出行效用模型

假定私家车车主是理性主体，追求个人效用最大化。具体而言，其理性地在出行时间、出行成本及出行舒适度等变量间进行取舍，以获取最大化的效用。鉴于私家车出行存在明显的早晚高峰的特征及公务车出行比例的逐渐下降的现实，故本模型讨论的是早晚高峰的私家车出行且并不予考虑公务车对道路资源的使用。

假设私家车车主出行效用函数为

$$u=f(t,c,s)$$

满足

$$MU_t=\frac{\partial f}{\partial t}<0,\ MU_c=\frac{\partial f}{\partial c}<0,\ MU_s=\frac{\partial f}{\partial s}>0 \tag{1}$$

假定 t、c 及 s 分别代表私家车车主的出行时间、出行成本及出行舒适度，且具有可加性。那么，式（1）分别表明私家车车主出行时间、出行成本、出行舒适度的边际出行效用的正负性。

第8章

面向私家车车主的城市公共交通系统设计研究

假定私家车车主居住地点与工作（或学习）地点距离为 l，其中 l_{sd} 段为其自驾（self-driving）距离，l_{pt} 段为其换乘（public transportations）距离，并假定其居住地点与工作（或学习）地点均位于道路旁。

$$l_{sd} = l - l_{pt}$$

由于私家车车主选择自驾或换乘，均会影响到其相应的出行时间、出行成本及出行舒适度。故

$$t = t_{sd}(l - l_{pt}) + t_{pt}(l_{pt})$$
$$c = c_{sd}(l - l_{pt}) + c_{pt}(l_{pt})$$
$$s = s_{sd}(l - l_{pt}) + s_{pt}(l_{pt})$$

其中，$t_{sd}(l - l_{pt})$、$t_{pt}(l_{pt})$、$c_{sd}(l - l_{pt})$、$c_{pt}(l_{pt})$、$s_{sd}(l - l_{pt})$ 及 $s_{pt}(l_{pt})$ 分别代表私家车车主的自驾时间、换乘时间、自驾成本、换乘成本、自驾舒适度及换乘舒适度。

假定 v_{sd} 是私家车车主自驾的平均速度，v_{pt} 是公共交通方式的平均速度。故有

$$t_{sd}(l - l_{pt}) = \frac{l - l_{pt}}{v_{sd}}$$

$$t_{pt}(l_{pt}) = \frac{l_{pt}}{v_{pt}}$$

假定 c_{petrol} 是每千米自驾所需的汽油费用，在不考虑油费外因素的前提下

$$c_{sd}(l - l_{pt}) = c_{petrol}(l - l_{pt})$$

目前，大多数城市公共交通的车票费用执行的是固定或分段计价的模式。不过，居民乘坐城市公共交通的总费用一般是有上限的。在此，假定包含车票费用及停车费用的城市公共交通的总费用上限为常数 $c_{pt}^{ceiling}$。

$$c_{pt}(l_{pt}) = c_{pt}^{ceiling}$$

假定私家车车主自驾出行时，出行舒适度系数为1；换乘出行时，出行舒适度系数为 k。为了简化分析，继续假定其有座换乘时，$k = 1$；无座换乘时，$k = 0$。

$$s_{sd}(l - l_{pt}) = l - l_{pt}$$
$$s_{pt}(l_{pt}) = k l_{pt} \quad (k \in \{0, 1\})$$
$$u = f(t, c, s) = f[t_{sd}(l - l_{pt}) + t_{pt}(l_{pt}), c_{sd}(l - l_{pt}) + c_{pt}(l_{pt}), s_{sd}(l - l_{pt}) + s_{pt}(l_{pt})]$$

$$\frac{\partial u}{\partial l_{pt}} = \frac{\partial f}{\partial t} \left[\frac{\partial t}{\partial t_{sd}(l - l_{pt})} \frac{\partial t_{sd}(l - l_{pt})}{\partial l_{pt}} + \frac{\partial t}{\partial t_{pt}(l_{pt})} \frac{\partial t_{pt}(l_{pt})}{\partial l_{pt}} \right] +$$

$$\frac{\partial f}{\partial c}\left[\frac{\partial c}{c_{sd}\ (l-l_{pt})}\ \frac{\partial c_{sd}\ (l-l_{pt})}{\partial l_{pt}}+\frac{\partial c}{\partial c_{pt}\ (l_{pt})}\ \frac{\partial c_{pt}\ (l_{pt})}{\partial l_{pt}}\right]+\frac{\partial f}{\partial s}\left[\frac{\partial s}{\partial s_{sd}\ (l-l_{pt})}\right.$$

$$\left.\frac{\partial s_{sd}\ (l-l_{pt})}{\partial l_{pt}}+\frac{\partial s}{\partial s_{pt}\ (l_{pt})}\ \frac{\partial s_{pt}\ (l_{pt})}{\partial l_{pt}}\right]=\frac{\partial f}{\partial t}\left(\frac{-1}{v_{sd}}+\frac{1}{v_{pt}}\right)+\frac{\partial f}{\partial c}\ (-c_{petrol})+$$

$$\frac{\partial f}{\partial s}\ (-1+k) \tag{2}$$

若 $t_{sd}\ (l-l_{pt})$ 与 l_{pt} 无关（比如远郊区私家车车主，由于其刚出行时，道路并不拥堵，因而其自驾时间与 l_{pt} 无关），即城市交通不拥堵时

$$\frac{\partial t_{sd}\ (l-l_{pt})}{\partial l_{pt}}=0$$

故式（2）可化简为

$$\frac{\partial u}{\partial l_{pt}}=\frac{\partial f}{\partial t}\ \frac{1}{v_{pt}}+\frac{\partial f}{\partial c}\ (-c_{petrol})+\frac{\partial f}{\partial s}\ (-1+k)$$

假设存在 v_{pt}^*、c_{petrol}^*，使得 $\frac{\partial u}{\partial l_{pt}}=0$。而当 c_{petrol}^* 确定时，若 $v_{pt}>v_{pt}^*$，$\frac{\partial u}{\partial l_{pt}}>0$；若 $v_{pt}<v_{pt}^*$，$\frac{\partial u}{\partial l_{pt}}<0$。而当 $k=1$ 时，$\frac{\partial u}{\partial l_{pt}}$ 较 $k=0$ 时，数值增大。

推论 I 当 $\frac{\partial t_{sd}}{\partial l_{pt}}=0$，$MU_t$、$MU_c$、$MU_s$ 固定不变，且 c_{petrol}^* 确定时，

（1）若 v_{pt} 足够快到 v_{pt}^* 时，私家车车主就有选择换乘出行的激励；

（2）若 v_{pt} 快到一定速度，且私家车车主为有座换乘时，其仍然有选择换乘出行的激励。

总之，在城市交通不拥堵，MU_t、MU_c、MU_s 固定不变，且 c_{petrol}^* 确定时，足够快的 v_{pt} 及有座换乘，将激励私家车车主选择换乘出行。

若 $t_{sd}\ (l-l_{pt})$ 与 l_{pt} 相关［比如当道路拥堵，且 l_{pt} 仍足够长时，若私家车车主继续选择自驾，$t_{sd}\ (l-l_{pt})$ 就会比较大］，即城市交通拥堵，且在 $k=1$ 时，

若 $v_{sd}<v_{pt}$，根据式（2），$\frac{\partial u}{\partial l_{pt}}>0$。

推论 II 当城市交通拥堵时，若私家车车主为有座换乘，且 $v_{sd}<v_{pt}$ 时，将激励其选择换乘出行。

而 $v_{sd}<v_{pt}$ 的原因除了城市交通拥堵外，还可能是由于 v_{pt} 本身就比较快。在某些大中城市，由于轨道交通和 BRT 的广泛使用，故 $v_{sd}<v_{pt}$ 是客观存在的现象。

推论 I 和推论 II 共同构成了换乘激励的充分条件。但是实际情况是，在目前中国大多数的城市中，公共交通方式不但不舒适，而且速度比较

面向私家车车主的城市公共交通系统设计研究

慢。故推论Ⅰ和推论Ⅱ缺乏成立的现实基础,进而私家车车主欠缺相应的换乘激励。

进一步假定,v_{sd}与地面道路实际自驾行车量G及l_{pt}相关〔故v_{sd}可进一步表示为$v_{sd}[G/(l-l_{pt})]$〕。而由于私家车车主出行的个人理性与集体理性是相互冲突的,故G大于地面道路社会最优自驾行车量$G**$[①],即城市交通会存在一定程度的拥堵。故

$$k_1 = \frac{\partial v_{sd}[G/(l-l_{pt})]}{\partial [G/(l-l_{pt})]} < 0, \ k_2 = \frac{\partial G}{\partial t} > 0 \tag{3}$$

$$t = \frac{l-l_{pt}}{v_{sd}[G/(l-l_{pt})]} + \frac{l_{pt}}{v_{pt}} \tag{4}$$

在式(4)中,对t求l_{pt}的偏导,并结合式(3)化简为

$$\frac{\partial t}{\partial l_{pt}} = \frac{\dfrac{1}{v_{pt}} - \dfrac{1}{v_{sd}[G/(l-l_{pt})]} - \dfrac{G\partial v_{sd}[G/(l-l_{pt})]/\partial[G/(l-l_{pt})]}{v_{sd}^2[G/(l-l_{pt})](l-l_{pt})}}{1 + \dfrac{\partial v_{sd}[G/(l-l_{pt})]}{\partial[G/(l-l_{pt})]} \dfrac{1}{v_{sd}^2[G/(l-l_{pt})]} \dfrac{\partial G}{\partial t}}$$

$$= \frac{\dfrac{1}{v_{pt}} - \dfrac{1}{v_{sd}(G/(l-l_{pt}))} - \dfrac{k_1 G}{v_{sd}^2[G/(l-l_{pt})](l-l_{pt})}}{1 + k_1 k_2/v_{sd}^2[G/(l-l_{pt})]} \tag{5}$$

若式(5)等于0,即表明存在l_{pt}^*以最大化私家车车主的出行效用,进而由式(5)分子得

$$\frac{1}{v_{pt}} - \frac{1}{v_{sd}[G/(l-l_{pt}^*)]} - \frac{k_1 G}{v_{sd}^2[G/(l-l_{pt}^*)](l-l_{pt}^*)} = 0$$

$$l - l_{pt}^* = \frac{-k_1 G}{v_{sd}[G/(l-l_{pt}^*)] - \dfrac{v_{sd}^2[G/(l-l_{pt}^*)]}{v_{pt}}} \approx \frac{-k_1 G}{v_{sd}[G/(l-l_{pt}^*)]}$$

$$-\frac{\partial v_{sd}(G/(l-l_{pt}^*))}{v_{sd}[G/(l-l_{pt}^*)]} \Big/ \frac{\partial[G/(l-l_{pt}^*)]}{G/(l-l_{pt}^*)} \approx 1 \tag{6}$$

式(6)中,$\dfrac{\partial v_{sd}[G/(l-l_{pt}^*)]}{v_{sd}[G/(l-l_{pt}^*)]}$为私家车车主自驾速度的下降率;$\dfrac{\partial[G/(l-l_{pt}^*)]}{G/(l-l_{pt}^*)}$为道路私家车辆的增长率。

推论Ⅲ 根据式(6),当私家车车主自驾速度的下降率接近于道路私家车辆的增长率时,私家车车主选择换乘出行,将最大化其出行效用。

---

① 符号借鉴:张维迎. 博弈论与信息经济学[M]. 上海:格致出版社,2012:48—50.

8.4 面向私家车车主的城市公共交通系统的设计

在构建私家车车主出行效用模型后，将立足于三个推论，重点研究"疏"，即设计面向私家车车主的城市公共交通系统，以提供换乘激励，继而实现私家车车主换乘（清洁）出行并进而缓解城市交通拥堵。而具体设计这一系统，则需重点应用三个推论，从提高 v_{pt} 和 k 及监测私家车车主自驾速度下降率和道路私家车辆增长率入手。

提高 v_{pt} 和 k，关键在于构建面向私家车车主的发达的城市公共交通道路网络及规划适宜的公共交通方式的运行频率及收费标准。城市公共交通道路网络主要由地下轨道和地面道路构成，而公共交通方式则主要由轨道交通、公共汽车及公共自行车构成，出租车为辅助。

8.4.1 面向私家车车主的城市公共交通道路网络设计

假定城市公共交通道路，为地下轨道与地面道路并存且路线一致的环线—主干道蛛网状结构；且环线为 M 条，环距为 r；平分各环线的主干道为 N 条；并在主干道和环线间的区域，根据城市规划，设有一定数量的支路。故环线与主干道有 MN 个交汇处；且在每个交汇处设置换乘枢纽，并具体建设轨道交通站、驻车换乘（P+R）停车场、公交车站及自行车站。环线的特征及环线—主干道道路网络，分别如表 8.1、图 8.1 所示。

表 8.1　环线的特征

环线	半径	周长	主干道间的环线距离
第 1 条环线	r	$2\pi r$	$2\pi r/n$
第 2 条环线	$2r$	$4\pi r$	$4\pi r/n$
……	……	……	……
第 m 条环线	mr	$2\pi mr$	$2\pi mr/n$

注：长度单位为 km。

第8章
面向私家车车主的城市公共交通系统设计研究

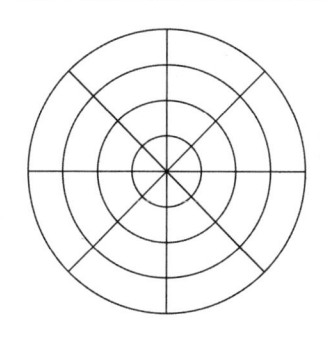

图 8.1　环线－主干道道路网络示意图（以 4 环线－8 主干道为例）

在换乘枢纽处，根据推论Ⅰ和推论Ⅱ，无论城市道路是否拥堵，在保证是有座换乘的前提下，提高 v_{pt} 势必会增强对私家车车主的换乘激励。

在换乘枢纽中，轨道交通站与驻车换乘（P+R）停车场是其十分关键的"点"。假定在每个换乘枢纽，有且仅有一个驻车换乘（P+R）停车场。轨道交通作为地下轨道，其运行是不会与地面道路的私家车及公交车争抢路面资源的，故其速度 v_{rt} 较快，甚至完全有可能超过 v_{sd}。

驻车换乘（P+R）停车场是私家车车主将其私家车临时停放的地点。如果没有设计特征为高效实惠的驻车换乘（P+R）停车场，纵使有快速的公共交通方式，私家车车主也不大可能在换乘枢纽选择换乘。

从高效性而言，驻车换乘（P+R）停车场需要有足够的停车位及快捷的停车路线指引。假定该城市的私家车保有量（car parc）为 G^{cp}，地面道路最优行车量为 G^{**}。那么每个驻车换乘（P+R）停车场停车位（parking lot）的最优容量 OC_{pl} 可设计为：

$$OC_{pl} = \frac{G^{cp}G^{**}}{MN}$$

从实惠性而言，驻车换乘（P+R）停车场的一次停车收费应该是较低的，从而不会影响到私家车车主的出行效用。

公交车站及自行车站作为地面道路公共交通方式的提供"点"，其有效地满足了轨道交通所不能实现的居民交通需求。为换乘方便，根据表1和图1，从换乘枢纽处，平均每隔1千米，在地面道路上（包括环线、主干道及支路），设置一个公交车站及公共自行车站（总称为公共车站）。由于公共车站较轨道交通站规模较小，故建议在公共车站，采用统一的标示，以方便私家车车主前来换乘。

在"点"确定后，"线"就需要仔细考虑了。对于地下轨道而言，每条轨道的立体分布均有一定的特征，故在具体设计时，政府必须要考虑到其在 MN 个交汇处的会接及相应出站口的布局，从而便利私家车车主在轨道内的换乘及出站。

对于地面道路，政府则必须专门设置公共交通车道（包括公交车道、自行车道），并严禁私家车进入，从而避免了私家车对 v_{pt} 的干扰。进一步而言，设置公共交通车道，可以为常规公交升级为快速公交提供必要的硬件条件。而在"线"确定后，"点""线"之间相互关联，就构成了公共交通道路网络的"面"。

当城市交通不拥堵时，在包括两端步行时间及候车时间的出行方式中，轨道交通平均速度 v_{rt} 最快，约是 40 km/h，快速公交平均速度 v_{BRT} 则约达到 30 km/h，而自行车平均速度 v_{bike} 约为 15 km/h[①]。而私家车，工作日早高峰（7：00—9：00）期间，平均速度为 26.0 km/h；晚高峰（17：00—19：00）期间，平均速度为 23.5 km/h[②]。鉴于城市交通拥堵会在工作日早晚高峰时出现，故将私家车工作日早晚高峰的平均速度 24.75 km/h 视为私家车拥堵时的自驾速度。

在城市公共交通道路网络中，若私家车车主选用轨道交通作为最主要的公共交通方式，公共交通方式的平均速度大于拥堵时的自驾速度是不言而喻的。故本书仅比较快速公交与自行车相结合的公共交通方式的平均速度及拥堵时的自驾速度。

作为理性人的私家车车主，在不考虑出行成本及出行舒适度的前提下，其总是愿意以最少的出行时间（即最快的平均速度）达到目的地。由于在地面道路上，公共车站的距离为 1 km，故可知，私家车车主如果选择自行车出行，其最多骑行 1 km，且假定其骑行 1 km。

自换乘枢纽始，假定 l' 是私家车车主可选择的换乘距离。只要 l' 满足式（7），就会激励私家车车主选择城市公共交通方式。

$$\frac{l'-1}{30}+\frac{1}{15}<\frac{l'}{24.75} \tag{7}$$

---

① 数据来源：百度百科，http://baike.baidu.com/view/62933.htm，http://baike.baidu.com/view/60500.htm?fromId=702 41，http://baike.baidu.com/view/6328.htm，(2014-4-5)。

② 以北京市 2012 年工作日早晚高峰的路网平均速度视作小汽车的平均速度。数据来源：北京交通发展研究中心．2013 北京市交通发展年度报告 [R/OL]．http://www.bjjtw.gov.cn/gzdt/ghjh/tjxx/201207/P020130712556825016638.pdf，(2014-4-5)。

经计算，当 $l'>4.76$ km 时，式（7）成立。

"点""线""面"相结合的城市公共交通道路网络，是保证 v_{pt} 及私家车车主出行效用的基石。但是在具体建设时，为确保成效，政府必须多方论证，审慎施工。

8.4.2 面向私家车车主的城市公共交通方式运行频率及收费标准的设计

在"点""线""面"相结合的城市公共交通道路网络确定后，城市公共交通方式的运行频率及收费标准就必须加以揣摩。不然，无序的城市公共交通方式的运行频率或者昂贵的收费标准，都会造成公共交通资源的浪费及私家车车主出行效用的降低。

适宜的城市公共交通方式的运行频率，可以保证最小化私家车车主的换乘时间及最大化其出行舒适度。由于城市公共交通道路网络在一定程度上已经提供了私家车车主换乘时间的保证，且私家车车主在早晚高峰期间，特别是早高峰期间，出行数量最多。故本书将以北京市为例，重点探讨在早高峰期间，城市公共交通方式运行频率对私家车车主换乘舒适度的影响。

目前，北京正在通过大力建设地铁网络及换乘枢纽等方式来逐步完善城市公共交通道路网络，其早在2007年即规划在2015年建成90座以上换乘站[1]，并计划采用可承载2 480人的8节A型地铁列车替代通用的仅可承载1 460人的6节B型地铁列车[2]。与此同时，北京市自2011年始就实行严格的小客车总量控制措施，当年私人小微型客车增长率仅为4.2%；2012年私人小微型客车增长率为4.8%，从而遏制了私家车保有量的大幅增长。而且其小汽车出行比例2011年为33%，较2010年年底下降了1.2个百分点；其小汽车出行比例2012年为32.6%，较2011年年底下降了

---

[1] 数据来源：李志勇. 2015年北京轨道交通网络将有90座以上换乘车站 [N/OL]. http://news.xinhuanet.com/life/2007-12/09/content_7219783.htm,（2014-4-5）.

[2] 数据来源：李秋萌. 16号线首次启用大容量列车编组 [N/OL]. http://epaper.jinghua.cn/html/2013-04/25/content_1985228.htm,（2014-4-5）.

0.4个百分点。故对于北京而言，其小汽车日均出行比例将处于稳中有降的趋势，而这就间接地表明北京私家车车主换乘出行的比例在上升。根据《2013北京市交通发展年度报告》，2012年北京市六环内小汽车出行量为990万人次/日；而早高峰两个小时的出行约占全天总出行量的28%[1]。假定当小汽车早高峰出行量占全天比例为之前的α（$0<\alpha<1$），即28α%〔换言之，即在早高峰时，新增$277.2(1-\alpha)$万人次选择在换乘枢纽驻车换乘出行〕时，私家车车主位于换乘出行效用与自驾效用相等的临界点；而当小汽车早高峰出行量占全天比例大于之前的α时，私家车车主换乘出行效用大于自驾效用。

若假定北京的换乘枢纽为100个，且居民居住地点和工作（学习）地点都是平均分布的，故早高峰时每个换乘枢纽每分钟约新增了$231(1-\alpha)$人次选择换乘出行。在城市公共交通道路网络中，无车居民一般会就地选择公共交通方式，故在地铁列车承载量升级及早高峰新增换乘出行人次的基础上，选择各类城市公共交通方式在早高峰期间恰当的运行频率，是有可能实现1人1座，即$k=1$的。纵使难以达到$k=1$，但是在此情形下的各类城市公共交通方式的拥挤度也较之前有明显的下降，从而激励私家车车主选择换乘出行。而在晚高峰及非早晚高峰期的城市公共交通方式的运行频率，也可以类似计算。

合宜的收费亦可激励私家车车主选择换乘出行，其设定的标准应满足$c_{pt}^{ceiling}<c_{sd}(l-l_{pt})$，即私家车车主的城市公共交通的总费用上限应小于其自驾成本。

8.4.3 面向私家车车主的城市换乘预警机制的设计

根据式（6），假设私家车车主自驾速度的下降率为$y=\dfrac{\partial v_{sd}[G/(l-l_{pt}^{*})]}{v_{sd}[G/(l-l_{pt}^{*})]}$，道路私家车辆的增长率为$z=\dfrac{\partial[G/(l-l_{pt}^{*})]}{G/(l-l_{pt}^{*})}$。那么，推论Ⅳ可表示为图8.2。

---

[1] 数据来源：北京交通发展研究中心. 2013北京市交通发展年度报告[R/OL]. http://www.bjjtw.gov.cn/gzdt/ghjh/tjxx/201207/P020130712556825016638.pdf, (2014-4-5).

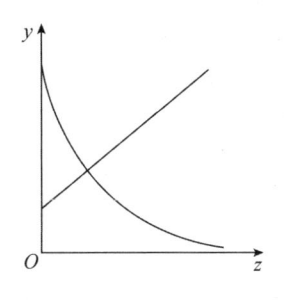

图 8.2 推论 Ⅳ

在图 8.2 两条线的交点处，即私家车车主自驾速度的下降率等于（接近于）道路私家车辆的增长率时，私家车车主选择换乘出行，出行效用最大。

但是对于私家车车主而言，其无法自行获取 y 和 z 的信息，故需要政府设计城市换乘预警机制，以提供这些信息。政府，首先要通过监测路段车速及车流，分别获取私家车车主自驾速度的降低率及道路私家车辆的增长率；然后在这两项指标接近时，进行换乘预警，并提示私家车车主在邻近的换乘枢纽选择换乘出行。

8.5 结 论

中国的改革开放，推动了"私家车时代"的快速来临，但由于各种主客观因素，也随之带来了城市交通拥堵及伴生的尾气污染等快速蔓延全国的社会问题。本书在回顾国内外学者关于缓解城市交通拥堵的文献后，主张在充分考虑私家车车主出行效用的前提下，通过"疏""堵"结合的方法来解决此症结。在具体分析中，构建了私家车车主出行效用模型，设计了面向私家车车主的城市公共交通系统，并得出了以下五个重要结论。

（1）城市交通拥堵的存在，使得换乘出行在理论上具备了成为最大化私家车车主出行效用的出行方式的可能性。

（2）在城市交通拥堵存在的前提下，切实提高公共交通方式的换乘速度和换乘舒适度，才能使换乘出行具备成为最大化私家车车主出行效用的出行方式的现实性。

（3）在面向私家车车主的城市公共交通系统设计时，政府构建面向私家车车主的"点""线""面"相结合的城市公共交通道路网络及规划适宜的公共交通方式的运行频率及收费标准，是激励私家车车主在遭遇城市交通拥堵时选择换乘出行的关键。

（4）政府基于私家车车主自驾速度降低率接近道路私家车辆增长率而设计的城市换乘预警机制，可以通过提示私家车车主在邻近换乘枢纽换乘出行的方式来最大化私家车车主出行效用，而且是面向私家车车主的城市公共交通系统的必备组成部分。

（5）作为换乘枢纽关键点之一的驻车换乘（P+R）停车场，政府规划的停车位规模及具体收费标准，都会直接影响到私家车车主的换乘选择。

在上述重要结论中，第三个结论至第五个结论，本质上是面向政府缓解城市交通拥堵的政策建议。政府若能有效应用这些结论，将有助于克服城市交通拥堵的"公共地悲剧"，并实现私家车车主出行的个人理性与集体理性的有机统一。在任何一种情况下，规模是决定对个体理性的追求是否会导致有利于集体理性的关键因素。故对于特大城市而言，缓解城市交通拥堵，要比中小城市困难得多，更需要其政府审慎应用本书的重要结论，并合理把握公共交通系统建设适度超前的客观规律，以不断加强对私家车车主的换乘激励。

当前，中国改革已进入更加充分惠及于民的深化改革期，政府要加强发展战略、规划、政策、标准等的制定和实施，加强市场活动监管，加强各类公共服务提供。面对日益壮大的私家车车主群体，在城市交通不拥堵时，政府应该支持其自主选择出行方式；而在城市交通拥堵时，在政府已经设计并建成面向私家车车主的城市公共交通系统的前提下，可以通过系统内生的换乘激励，来促进私家车车主自主选择换乘（清洁）出行。政府之于私家车车主的政策出发点，就应是充分考虑其交通需求，并提供可最大化其出行效用的出行方式。而这样，政府就实现了其善治的目标，并且有效地与私家车车主共同合作管理了城市交通。

参考文献

[1] 郑思齐，霍燚. 低碳城市空间结构：从私家车出行角度的研究 [J]. 世界经济文汇，2010（6）：50—65.

[2] 中华人民共和国国家统计局. 中华人民共和国2013年国民经济和社会发展统计公报 [R/OL]. http://www.stats.gov.cn/tjsj/zxfb/201402/t20140224_514970.html，（2014-4-5）.

[3] 胡润州. 私家车时代缓解城市交通拥堵的双重策略 [J]. 上海城市管理，2012（11）：10—15.

[4] 王佳，刘斌. 汽车社会中面临的交通问题及建议 [J]. 汽车工业研究，2012（5）：8—10.

[5] 郭继孚，刘莹，余柳. 对中国大城市交通拥堵问题的认识 [J]. 城市交通，2011（3）：8—14.

[6] 钟培武. 城市交通拥堵的公共治理分析 [J]. 开发研究，2012（3）：56—59.

[7] Garrett Hardin. The Tragedy of the Commons [J]. Science，1968（162）：1243—1248.

[8] 曼瑟尔·奥尔森. 集体行动的逻辑 [M]. 陈郁，郭宇峰，李崇新，译. 上海：格致出版社，2011.

[9] 罗群，黎玉琴. 交通拥堵现象的进化博弈分析 [J]. 河北大学学报（自然科学版），2011（11）：573—577.

[10] 王小广. 治堵经济学漫谈系列之三公交优先战略中的误区 [J]. 南风窗，2011（9）：72—73.

[11] Cao Xiaoshu, Chen Hemei, Li Linna, Zhen Feng. Private Car Travel Characteristics and Influencing Factors in Cites—A Case Study of Guangzhou in Guangdong, China [J]. Chinese Geographical Science, 2009（19），325—332.

[12] 贾腾，欧国立. 基于凡勃伦效应的城市交通拥堵定价理论研究 [J]. 北京交通大学学报（社会科学版），2011（7）：19—23.

[13] 唐毓敏，冯苏苇. 政策博弈下的道路交通拥挤定价 [J]. 管理科学学报，2008（8）：76—82.

[14] Yu（Marco）Nie, Yang Liu. Existence of Self-financing and Pareto-improving Congestion Pricing：Impact of Value of Time Distribution [J]. Transportation Research, 2010（44）：39—51.

[15] André de Palma, Robin Lindsey. Traffic Congestion Pricing Methodologies and Technologies [J]. Transportation Research Part C, 2011（19）：1377—1399.

[16] Feng Xiao, Zhen（Sean）Qian, H. Michael Zhang. Managing Bottleneck Congestion with Tradable Credits [J]. Transportation Research Part B, 2013（56）：1—14.

[17] 秦华容，杨铭. 北京地铁低价政策为何难解城市交通拥堵 [J]. 综合运输，2013（2）：43—46.

[18] W. Wen. A Dynamic and Automatic Traffic Light Control Expert System for Solving the Road Congestion Problem [J]. Expert Systems with Applications, 2008（34），2370—2381.

[19] Ramon Bauza1, Javier Gozalvez1, Joaquin Sanchez-Soriano. Road Traffic Congestion Detection through Cooperative Vehicle-to-Vehicle Communications [C]. 4th IEEE Workshop On User Mobility and Vehicular Networks, 2010：606—612.

[20] Alex A. Kurzhanskiy and Pravin Varaiya. Active Traffic Management on Road Networks：A Macroscopic Approach [J]. Phil. Trans. R. Soc. A,

2010 (368)：4607—4626.

[21] Loo Lee Sim, Lai Choo Malone-Lee, Kein Hoong Lawrence Chin. Integrating L and Use and Transport Planning to Reduce Work-related Travel: A Case Study of Tampines Regional Centre in Singapore [J]. Habitat International, 2001 (25)：399-414.

[22] 欧国立. 合作博弈、集体理性与城市交通效率 [J]. 中国地质大学学报（社会科学版），2009 (1)：100-104.

[23] 王昌干. 运用公共交通低票价缓解城市拥堵 [J]. 人民公交，2011 (2)：44-46.

[24] 赵蕾. 城市交通拥堵治理：政策比较与借鉴 [J]. 中国行政管理，2013 (5)：82-85.

[25] 贾康. 交通运输基础设施的地位、特点、财力管理与支持政策 [J]. 经济与管理研究，2009 (6)：82-88.

[26] 中国共产党第十八届中央委员会. 中共中央关于全面深化改革若干重大问题的决定 [N]. 人民日报，2013-11-16 (1).

[27] 俞可平. 治理和善治引论 [J]. 马克思主义与现实，1999 (5)：37-41.

[28] A. 韦伯. 工业区位论 [M]. 李刚剑，等译. 北京：商务印书馆，1997.

[29] 埃德加·胡佛. 区域经济学导论 [M]. 王翼龙，译. 北京：商务印书馆，1990.

[30] 奥古斯特·勒施. 经济空间秩序 [M]. 王守礼，译. 北京：商务印书馆，1995.

[31] 包丹文，等. 停车收费对居民出行方式选择的影响分析 [J]. 交通运输系统工程与信息，2010 (6)：818-825.

[32] 保罗·克鲁格曼. 地理和贸易 [M]. 张兆杰，译. 北京：北京大学出版社，2000.

[33] 贝蒂尔·俄林. 地区间贸易和国际贸易 [M]. 王继祖，等译. 北京：首都经济贸易大学出版社，2001.

[34] 陈诚，谭满春. 交通事故影响下事发路段交流变化分析 [J]. 科学技术与工程，2011，10 (28).

[35] 程望斌，等. 交通事故影响下事发路段通行能力变化研究 [J]. 湖南

理工学院学报（自然科学版），2013，26（4）.

[36] 杜能. 孤立国同农业和国民经济的关系 [M]. 吴衡康，译. 北京：商务印书馆，1997.

[37] 段志，李善同，王其文. 中国投入产出表中投入系数变化的分析 [J]. 中国软科学，2006（8）：58－64.

[38] 方创琳. 中国城市发展方针的演变调整与城市规模新格局 [J]. 地理研究，2014（4）：674－686.

[39] 韩凤. 城市空间结构与交通组织的耦合发展模式研究 [D]. 长春：东北师范大学，2007.

[40] 贾腾，欧国立. 基于凡勃伦效应的城市交通拥堵定价理论研究 [J]. 北京交通大学学报（社会科学版），2011（7）：19－23.

[41] 克里斯塔勒. 德国南部中心地原理 [M]. 常正文，王兴中，等译. 北京：商务印书馆，1997.

[42] 李新安. 我国中央、地方政府区域调控的利益博弈分析 [J]. 财贸研究，2004（4）：1－6.

[43] 刘冬梅，等. 北京市居民出行时间小样本调查分析 [J]. 交通运输系统工程与信息，2009（4）：23－26.

[44] 刘东生，马海龙. 京津冀区域产业协同发展路径研究 [J]. 未来与发展，2012（7）：48－51.

[45] 刘明君，等. 私人小汽车出行行为特征分析与建模 [J]. 吉林大学学报，2009（9）：25－30.

[46] 刘然，朱丽霞. 中央与地方利益均衡分析 [J]. 云南行政学院学报，2005（3）：25－28.

[47] 刘晓明. 城市交通与管理——中国城市交通科学发展之路 [J]. 交通运输系统工程与信息，2010（12）：11－21.

[48] 柳泽，等. 国外资源型城市发展与转型研究综述 [J]. 中国人口资源与环境，2011（11）：161－168.

[49] 陆化普. 解析城市交通 [M]. 北京：中国水利水电出版社，2001.

[50] 钱喆，等. 世界级城市交通发展战略演变综述及启示 [J]. 城市交通，2015（1）：52－59.

[51] 盛科荣，樊杰. 范围经济与商业企业地理集群 [J]. 经济地理，2010（4）.

[52] 盛来芳. 基于时空视角的轨道交通与城市空间耦合发展研究 [D]. 北京：北京交通大学，2012.

[53] 申金生. 交通运输区域经济效应若干问题的研究 [D]. 上海：上海交通大学，1989.

[54] 王煌. 交通拥堵现象背后的社会问题 [J]. 城市问题，2004（2）.

[55] 汪娟，孙艳，赵芳芳. 北京市私家车车主出行特征调查研究 [J]. 交通工程，2011（11）：153－157。

[56] 唐茂华，陈柳钦. 从区位选择到空间集聚的逻辑演绎 [J]. 财经科学，2007（3）.

[57] 谢识予. 经济博弈论 [M]. 第二版. 上海：复旦大学出版社，2002：50－52.

[58] 颜燕，等. 伦敦交通拥挤收费的实施效果及相关思考 [J]. 城市公用事业，2009（1）：12－14.

[59] 张国强，等. 中国交通运输发展理论研究综述 [J]. 交通运输系统工程与信息，2007（8）：14－18.

[60] 张亚雄，赵坤. 国家间投入产出模型方法、研制与应用 [J]. 经济研究，2010.

[61] 赵蕾. 城市交通拥堵治理：政策比较与借鉴 [J]. 中国行政管理，2013（5）：82－85.

[62] Bagg, D.. Car Free Cities. Reducing Traffic in Cities：Avoiding the Transport Time Bomb [A]. Third Car Free Cities Conference [C]. Edinburgh，1998.

[63] Baker, J. Product Differentiation through Space and Time [J]. Antitrust Bulletion，1995，42（8）：177－196.

[64] Baltimore. Wilfred Owen：Transportation and World Development [M]. Johns Hopkins University Press，1987.

[65] Banister, D.. Transport Planning [A]. Button, K. J., Hensher, D. A. (Eds.) Handbook of Transport Systems and Traffic Control [C]. Oxford：Pergamon，2001.

[66] Baum H., Korte J. Transport and Economic Development：Report 1，European Conference of Ministers of Transport：Round table 119，2000（9）.

[67] Berry, S. T. Estimating Discrete Choice Models of Product Differentiation [J]. Rand Journal economics, 1994, 25 (9): 242—262.

[68] Berry, S. T. Levinsohn, J. and Pakes, A. Automobile Prices in Market Equilibrium [J]. Econometrica, 1995, 63 (4): 841—890.

[69] D'Aspremont C, Gabszewicz J, Thisse J. On Hotelling' "Stability in Competition" [J]. Ecinimetrica, 1979 (47): 1145—1150.

[70] Dargay, J.. The Effect of Income on Car Ownership: Evidence of Asymmetry [J]. Transportation Research A, 2001 (35): 807—823.

[71] Demurger, Sylvie. Infrastructure Development and Economic Growth: An Explanation for Regional Disparities in China [J]. Journal of Comparative Economics, 2000 (29): 95—117.

[72] Eaton, B. C., Lipsey, R. G. Product Diffentiation Hangbook of Industrial Organization [J]. Amsterdam: North Holland, 1989: 723—768.

[73] Economides, N. Minimal and Maximal Producet Differentiation in Hotelling's Duopoly [J]. Economic Letter, 1986, 21 (3): 67—71.

[74] Economides, N. Symmetric Equilibrium Existence and Optimality in Differentiated Product Markets [J]. Journal of Economic Theory, 1989, 47 (16): 178—194.

[75] Economidea N. Minimal and Maximal Droduct Differention in Hotelling' Duopoly [J]. Economics Letters, 1986 (61): 67—71.

[76] Feng Xiao, Zhen (Sean) Qian, H. Michael Zhang. Managing Bottleneck Congestion with Tradable Credits [J]. Transportation Research Part B, 2013 (56): 1—14.

[77] Garrett Hardin. The Tragedy of the Commons [J]. Science, 1968 (162): 1243—1248.

[78] Goodwin, et al. Car Dependence a Report to the RAC Foundation for Motoring and the Environment [M]. 1995.

[79] Holtz-Eakin, D. and Schwartz, A. E. Infrastructure in a Structural Model of Economic Growth [J]. Regional Science and Urban Economics, 1995, 25 (2): 131—151.

[80] Hotelling, H. Stability in Competition [J]. Economic Journal,

1929, 39 (153): 41—57.

[81] Jehiel, P. Product Differentiation and Price Collusion [J]. International Journal of Industrial Organization, 1992, 10 (5): 633—641.

[82] Kajal Lahiri, Wenxiong Yao. The Predictive Power of an Experimental Transportation Output Index [J]. Applied Economics Letters, 2004 (11).

[83] Kats, Amoz. More on Hotelling's Stability in Competition [J]. International Journal of Aindustrial Organization, 1995, 13 (1): 89—93.

[84] Marshall, A. Principles of Economics (8th edn.) [M]. Macmillan, London, 1920.

[85] Martin, Philippe and C. A. Rogers. Industrial Location and Public Infrastructure [J]. Journal of International Economics, 1995 (39): 335—351.

[86] McGee, T. G. "The Emergence of Desakota Region in Asia: Expanding a Hypothesis." [M] // Ginsberg, N.: Koppel, B. and McGee, T. G., eds. The Extended Metropolis: Settlements Transition in Asia. Honolulu: University of Hawaii.

[87] Oliver M. et al. Defining International Public Goods: Conceptual Issues, International Public Goods: Incentives, Measurement and Financing, eds, Maro Ferroni & Ashoka Mody [M]. World Bank Publications, 2002: 31—46.

[88] Perloff, J. and Solop, S. Equilibrium with Product Differentiation [J]. The Review of Economic Studies, 1985, 52 (25): 107—120.

[89] Ramon Bauza1, Javier Gozalvez1, Joaquin Sanchez-Soriano. Road Traffic Congestion Detection through Cooperative Vehicle-to-Vehicle Communications [C]. 4th IEEE Workshop On User Mobility and Vehicular Networks, 2010: 606—612.

[90] Sharon Cullinane, Kevin Cullinane. 在公交占主导地位的香港居民对小汽车的依赖性 [J]. 袁国林, 译. 城市交通, 2005 (5): 10—16.

[91] Tyagi, R. K. Sequential Product Positioning Under Differential Costs [J]. Management Sciecce, 2000, 46 (7): 928—940.

[92] Wootton, J. . Replacing the Private Car [J]. Transport Review, 1999 (19): 157—175.

[93] W. Wen. A Dynamic and Automatic Traffic Light Control Expert System for Solving the Road Congestion Problem [J]. Expert Systems with Applications, 2008 (34): 2370—2381.

[94] Yu (Marco) Nie, Yang Liu. Existence of Self-financing and Pareto-improving Congestion Pricing: Impact of Value of Time Distribution [J]. Transportation Research, 2010 (44): 39—51.